普通高等教育规划教材

Chuanbo Jiashitai Ziyuan Guanli

船舶驾驶台资源管理

（船舶驾驶专业）

方泉根　主编

乔归民　主审

人民交通出版社

内容提要

本书共十三章。内容包括绪论、船舶事故与人为失误、文化意识、情景意识、通信与交流、团队与团队工作、决策与领导、航次计划、疲劳与压力、程序与制度、船舶应急处理、工作危害性分析和BRM案例分析。另有驾驶值班标准与应急操作检查表和驾驶台资源管理的应用与实践两个附录。

本书为船舶驾驶专业的本科生、专科生的专业教材，亦可供驾驶人员、海事航管人员和科研人员学习参考。

图书在版编目（CIP）数据

船舶驾驶台资源管理/方泉根主编. —北京：人民交通出版社，2006.8（重印2009.5）

ISBN 978-7-114-05995-7

Ⅰ.船… Ⅱ.方… Ⅲ.船舶驾驶－资源管理 Ⅳ.U675

中国版本图书馆CIP数据核字（2006）第040614号

书　　名：船舶驾驶台资源管理
著 作 者：方泉根
责任编辑：蔡培荣
出版发行：人民交通出版社
地　　址：(100011) 北京市朝阳区安定门外外馆斜街3号
网　　址：http://www.chinasybook.com
销售电话：(010) 64981400，59757915
总 经 销：北京交实文化发展有限公司
印　　刷：北京鑫正大印刷有限公司
开　　本：787×1092　1/16
印　　张：14
字　　数：346千
版　　次：2006年6月　第1版
印　　次：2014年8月　第7次印刷
书　　号：ISBN 978-7-114-05995-7
印　　数：12001－14000册
定　　价：25.00元

前言

国际海事组织在1995修订的《1978年海员培训、发证和值班标准国际公约》(STCW 78/95)的B-VIII/2部分中，强调了船舶驾驶人员团队工作的重要性，并指出："参加驾驶台团队工作的人员必须由足够的、称职的和不同职级的航海人员组成，他们必须分工明确、任务到人，各人之间的对话与联系应明确无误，集中精力工作，能随时对环境与局面的变化作出及时反映和采取有效的措施。"

近年来，根据国际海事组织的有关规定，为了保证确保船舶在海上的安全，欧美的一些国家，如瑞典、挪威、荷兰和美国的交通与海事安全主管部门、船东协会、航运公司和引航员协会在自我开发船舶驾驶人员安全教育与技能课程(如驾驶台团队工作/驾驶台团队管理，Bridge Team Work/Bridge Team Management等)的基础上，借鉴北欧航空公司(SAS)成功地为航空飞行人员举办飞行机舱团队管理和控制课程的经验，并结合各自实际情况为船舶驾驶员和引航员开发了"驾驶台资源管理"(Bridge Resource Management，BRM))教学培训课程。

为了改进和完善船舶航行安全工作，上海海事大学近年来先后与上海港引航管理站和中远集装箱运输有限公司/上海远洋运输公司共同立项展开了船舶驾驶台资源管理应用方面的研究工作，并举办了"船舶驾驶台资源管理"系列讲座和研修班。同时，上海海事大学已为国内其他许多公司的船员举办了多期"船舶驾驶台资源管理"培训班。

为了全面推广"船舶驾驶台资源管理"的理念和知识，提高船舶驾驶人员在驾驶台资源管理方面水平，作者通过参加船舶驾驶台资源管理应用研究和教学培训的实践，在参考国内外相关教材和结合国内船舶安全管理实际情况的基础上编写了本书。

本书共十三章，内容包括绪论、船舶事故与人为失误、文化意识、情景意识、通信与交流、团队与团队工作、决策与领导、航次计划、疲劳与压力、程序与制度、船舶应急处理、工作危害性分析和BRM案例分析；附录部分的内容包括船舶驾驶值班标准与应急操作检查表和船舶驾驶台资源管理的应用与实践。本书可用作高等航海院校海洋船舶驾驶专业本科生、专科生的教材，并可供船长、驾驶人员、海事和航运安全管理与研究人员使用。

本书由上海海事大学教授方泉根主编，上海远洋运输公司总船长乔归民主审。参加编写与整理工作的人员有胡甚平、席永涛、文建平、尤庆华、夏海波等老师。上海港引航管理站陈正华站长、洋山深水港区分站薛一东站长和中远集装箱运输有限公司安全技术管理部徐伯民副总经理、上海远洋运输公司多名船长为本书的编写提供了资料和帮助，特此表示诚挚的谢意。

限于时间与水平，本书难免存在错误与不足之处，敬请使用人员批评指正。

编者

2006年3月

目录

第一章 绪 论

(Preface)

第一节 “船舶驾驶台资源管理”的由来与目的

(History and Aims of“Bridge Resource Management”)

一、“船舶驾驶台资源管理”的由来(History of“Bridge Resource Management”)

在绝大多数海损事故是因人的失误造成的观点已形成共识的今天,很多人都认为只要船舶驾驶人员具有良好的知识与技能,并制定相关的操作程序与规定,就能保证船舶航行与操作的安全和营运效益。实际上,除了上述这些重要的因素外,船舶驾驶人员对待自己工作的态度和日常的管理技能在船舶安全和营运效益上也有着非常重要的作用。因此,为了提高和确保船舶的安全与营运效益,在为船员提供业务知识与技能培训的同时,还必须紧密结合知识与技术的培训,积极采取措施加强他们的安全意识,改进和提高他们的工作态度与管理船舶技能的水平。

国际海事组织在 1995 年修订的《1978 年海员培训、发证和值班标准国际公约》(STCW78/95)的 B-VIII/2 部分中强调了船舶驾驶人员团队工作的重要性,并指出:“参加驾驶台团队工作的人员必须由足够的、称职的和不同职级的航海人员组成,他们必须分工明确、任务到人,各人之间的对话与联系应明确无误,集中精力工作,能随时对环境与局面的变化作出及时反应和采取有效的措施。”

近年来,欧洲一些国家的交通安全主管部门和航运公司在对事故的发生与预防作进一步全面调查、分析的基础上,在安全教育和多种使用知识及技能的培训方面也作了很大的努力。根据国际海事组织的有关规定,为了确保船舶航行的安全,瑞典、挪威、芬兰和荷兰等欧洲国家的交通与海事安全主管部门、船东协会、航运公司和引航员协会等在自我开发船舶驾驶人员安全教育与技能课程,如驾驶台团队工作/驾驶台团队管理(Bridge Team Work, BTW / Bridge Team Management, BTM)等的基础上,借鉴北欧航空公司(SAS)成功地为航空飞行人员举办飞行团队管理和控制课程的经验和结合各自实际情况,共同开发了“驾驶台资源管理(Bridge Resource Management, BRM)”培训课程。目前,英国和美国等许多先进海运国家的航海院校都已全面展开这方面的研究,并为其国内的船舶驾驶人员开设了 BRM 培训课程。

我国航海院校自上世纪末以来,通过参加国际航海学术会议的交流,结合自身参加这种课程培训的情况,对该课程的开发与设置进行了一些研究,并在 2000 年以来为香港和内地一些航运公司的船舶驾驶人员正式开设了“驾驶台资源管理”课程。

二、“船舶驾驶台资源管理”的目的(Aims of BRM)

“船舶驾驶台资源管理”的目的在于通过进一步加强安全工作的理念的学习与教育,以便使船舶驾驶人员能在正确思想认识的基础上，提高与转变思想认识与理念，端正自己的工作态度，熟悉与掌握一些实用的船舶驾驶台资源管理的相关知识与方法，进而提高自己在船舶安全管理方面的水平，确保船舶的航行安全。

《船舶驾驶台资源管理》教材的内容与以往许多技术或技能性学习与培训教材不同，它着重于较为系统地为船舶驾驶人员提供船舶安全管理方面的方法与经验教训，便于自我进行船舶驾驶台资源管理的理念与实际操作方面的综合学习。事实证明，目前大多数船舶事故发生的主要原因并不都是船舶驾驶人员缺乏技能及培训或船舶缺乏相应的规章与程序，而往往是船舶驾驶人员在从事具体工作或履行其职责的过程中缺乏正确的思想认识与工作态度。通过对船舶驾驶台资源管理理论与知识的学习，应使船舶驾驶人员能更好地做到以下各点：

1. 转变思想理念，端正工作态度（Getting proper attitude by changing the concept）

为了有计划、有组织、有控制、有激励、有协调、有创新性地将船舶安全管理水平上升到一个新台阶，驾驶人员必须通过船舶驾驶台资源管理的理论与知识的学习，通过改变理念、端正态度、规范行为来理顺工作思路与关系、改变和完善自己的工作行为，从而能将相关的理论知识与管理方法应用到实际工作中，确保船舶及其人员、货物和环境的安全。

2. 提高情景意识，及时发现和中止失误链与事故链（Discovering and breaking-down error and events chain by raising situation awareness）

船舶驾驶人员应能正确认识和了解各种内、外界因素对船舶航行安全的影响，掌握船舶的实际状态，始终保持高度的情景意识，对即将发生的情况或局面作出正确的判断，检查和监督其他驾驶台成员所采取的操作行动，注意这些行动对船舶航行安全的影响，利用集体的智慧来规避风险。船舶事故大多数是由人为失误造成的。每一事故都是由导致其发生的一系列失误链或事故链而发生的。正确了解船舶周围局面的情况，认识每一个失误链或事故链的形成过程与迹象，并能采取相应的措施，及时破断失误链或事故链，就可以终止失误链或事件链的发展和避免事故的产生。为此，船舶驾驶人员应对船舶的安全航行作出周全的计划，并加以认真的实施和全程监控，以达到预期的安全目标。

3. 注重不同文化意识与背景，保持良好的通信与交流（Attaching importance to cultural awareness & background and keeping proper communication）

船长或其他相关人员在从事船舶安全管理的工作中，应始终贯穿人性化管理的理念。他们应充分注意船员在生理、心理因素方面的特点；特别应注重相关人员之间，包括和引航员之间各自的文化意识与背景，了解不同国家与民族之间的文化差异，并通过采用尊重、理解、学习等方法化解异国异族之间在信息沟通方面的障碍。同时，他们还应采取多种有效的手段加强和保持内部与外部之间的通信与交流，正确掌握和充分运用适当的通信与交流方法，积极有效地沟通、协调自己与船员、VTS 管理中心、靠离码头泊位和港作拖船等多方之间的各种工作关系，从而有序和安全地完成船舶航行的各项工作任务。

4. 改进管理作风，提高操纵决策水平和应变能力（Enhancing abilities of decision-making and dealing with emergencies by improving management styles）

作为船舶团队工作重要成员的船舶驾驶人员，应明确驾驶台团队工作的要求，摆正自己在该团队成员中的位置，并充分发挥团队成员的作用，认真地收集信息资料，正确地操纵船舶。同时，这些人员在工作与生活中应协调好与他人的关系，尊重并虚心听取其他人员的意见，形成一种和谐的船舶氛围。特别是在关键或发生紧急情况的时刻，他们能在船长的统一指挥下，采取积极果断的措施，防止事故的发生。

5．执行规章制度与操作程序，确保船舶引航作业的安全（Ensuring safety operation through performance of rules and procedures）

船舶驾驶人员应合理使用驾驶台的人力与设备资源，充分认识认真执行规章制度与操作程序的必要性与重要性，在本人自觉遵守相关的规章制度和严格执行操作程序的基础上，督促其他船员认真自觉地执行规章制度和工作程序，检查和监督驾驶台工作团队其他人员所采取的操作行动对船舶航行安全的结果与影响，确保船舶在航行与靠、离泊等作业中的安全。特别应重视船舶在不同状态下发生失控等紧迫危险时应急程序的执行与操作，以不断地提高自己在船舶航行中的操纵决策水平和在紧急情况下的应急技能和应变能力。

第二节 “船舶驾驶台资源管理”的定义与内容
（Definition and Contents of BRM）

为了解和明确“船舶驾驶台资源管理”的实际内涵，更好地应用现代管理方法做好船舶的安全工作，船舶驾驶人员有必要正确认识和熟悉相关“船舶驾驶台资源管理”的定义与内容。

一、“船舶驾驶台资源管理”的定义（Definition of BRM）

英国的一些著名英文字典将“资源”定义为“可利用的资产（Available assets）”或“用以维持的财源（Means of support）”，我国在“辞海”词典中将其定义为“资产的来源”。实践证明，任何一个组织若要维持自己的生存与发展，首先是需要拥有一定的资源，其次是要能够对有限的资源进行合理应用和配置，使其达到最佳的使用效果，以支持组织目标的实现。以上这些都说明了资源是各种经营活动不能缺少的根本保证。

船舶在港内的航行或靠、离泊位等作业的过程中，船舶驾驶人员必须通过本身的智慧，在充分利用船舶自身的各种不同设备，综合考虑外界自然环境对船舶的作用与影响的基础上，驾驶和控制船舶按照预定的计划和其他相关的要求，安全地完成货物的运输或人员的转运工作。实际上，船舶的所有安全运输环节就是一种对以上多种不同资源的合理应用和配置的过程。

对资源的应用和配置实质上就是对资源的管理。资源管理则是对可利用的资产或用以维持财产的控制和组织，也可以认为对可利用的资产或用以维持财产的管理技艺、行为或处理。因此，“船舶驾驶台资源管理”是指对船舶驾驶台工作环境中的各种可利用资产的控制和组织，或是对船舶驾驶台工作环境中的各种可利用的资产的管理技艺、行为或处理。它也可以定义为：为达到船舶安全营运的目的而运用和协调好全部船舶驾驶台团队人员所能应用的技能、经验与其他各种相关的资源。“船舶驾驶台资源管理”中需应用到以下几方面的资源。

1．人力资源（Human resource）

涉及船舶安全航行的所有人员，包括船长、引航员、驾驶员、舵工和保证船舶动力、导航和其他相关设备正常工作的其他人。人力资源是指以上人员的技能、能力、知识以及他们的潜力和协作力，这类资源是最为重要的资源。

2．物质资源（Material resource）

涉及确保船舶本身正常航行和操作所需要的设备、仪器、物品、工具、备件等。物质资源是指船舶航行中所需要的物质性条件，这类资源是确保船舶正常航行与操作的基本资源。

3．信息资源（Information resource）

涉及确保船舶本身正常航行和操作所需要的信息与资料，包括电子海图、AIS、命令簿、操作手册、使用指导书、海图、航次计划、航海出版物、港口信息等。这类资源是确保船舶正常航行与操作的必要资源。

4. 其他资源(Other resources)

涉及确保船舶本身正常航行和操作所需要的时间、空间、技能、经验和与有关部门(如主管当局与机关、公司、团体、人员等方面)的合作及支持的程度与广度。这类资源将有助于组织目标的实现。

为了合理应用和配置以上不同类型的资源,在从事船舶安全航行的工作中,船舶驾驶人员应能掌握现代管理的基本知识与技能,通过对管理本身5大不同功能(计划、组织、控制、指挥和协调)的运用,做到事先周密计划、现场组织和实施有效的控制,加以正确的操纵与指挥,并合理协调相关各方之间的关系及工作,从而顺利完成船舶安全航行的任务。

二、"船舶驾驶台资源管理"的内容(Contents of BRM)

根据国际海事组织和我国交通部海事局有关海员培训、发证和值班标准、海上防污染、海上人命安全和安全管理等公约与规定的内容与要求,结合船舶航行安全工作的实际情况与需要,"船舶驾驶台资源管理"主要包括以下内容。

1. 分析人为失误和船舶事故的发生与预防之间的关系(Analysis of relationship between human errors and occurrence & prevention of ship accidents)

绝大多数船舶事故是与船员的人为失误有关的。为了减少和预防船舶事故的发生,必须明确人的因素在船舶航行中的失误链与最终事故发生相互之间的关系,并根据这些特定的关系采取相应的措施,减少或破断失误链的产生与发展,从而达到减少和预防船舶事故发生的目的。

2. 注意多元文化意识对船舶安全工作的影响(Attaching importance to influences caused by multi-cultural awareness)

船舶驾驶人员的实际工作涉及不同国家、不同地域、不同公司的船舶与人员。来自不同国家、不同地域的船员在他们各自的工作中经常体现出多元文化意识的特点,并对船舶安全工作的实际操作产生一定的影响。为此,船舶驾驶人员之间应通过对彼此文化意识的理解与尊重从而保证船舶的正常航行和安全。

3. 阐述情景意识对船舶航行安全的作用(Describing functions of situation awareness to safety navigation of ships)

船舶航行时经常会面临紧张而复杂的通航或作业局面。船舶驾驶人员必须随时保持高度的情景意识,全面了解和掌握当时的通航或作业局面与相关的信息,才能积极地采取合理的措施与行动避免船舶事故的发生。为了能保持高度的情景意识,船舶驾驶人员首先必须要具有正确的工作态度。

4. 强调船舶通信和人员交流沟通在船舶航行安全中的重要性(Emphasizing importance of communication during navigation of ships)

船舶之间的通信和人员之间的交流沟通是船舶安全航行的基本保证之一。由于通信设备与外界条件的局限性和人员之间在不同语言等方面的限制,船舶在航行的过程中常因这些局限性与限制而引发紧迫局面的产生或导致事故的发生,所以船舶驾驶人员应注重船舶通信与人员交流沟通的重要性,并通过采取必要的措施防止类似情况与事故的发生。

5. 明确团队与团队工作在船舶航行中的必要性(Making clear of necessity of team and team-

work during navigation of ships)

船舶在海上、沿海或港内航行时，在驾驶台上工作的所有成员都是团队成员之一。这意味着当引航员登船后，他也成为了驾驶台团队的重要成员。为了确保引航作业的顺利和安全进行，他必须得到船长和驾驶员在工作中的积极配合和协调。因此，船长、驾驶员和引航员都应充分认识驾驶台团队工作的必要性，并在明确自己职责义务的基础上，协调好相互的关系，共同协作做好船舶的航行工作。

6. 探讨船舶航行中的决策与领导工作的改进(Discussing improvement for decision-making and leadership during navigation of ships)

鉴于船舶航行工作的特点，船舶驾驶人员在船舶航行与靠、离泊等作业的过程中必须根据船舶操纵与安全的需要作出一些决策，并客观地在驾驶台团队工作中发挥领导的作用。他们所作的决策和自己所处的指挥地位，在船舶的实际航行工作中具有非常重要的作用。如何改进和提高自己的决策能力，更好地发挥驾驶台团队工作领导的作用，对船舶安全航行具有非常积极的意义。

7. 掌握正确处理船舶航行中的工作压力和消除疲劳的方法(Mastering proper ways of reduction of working stress and fatigue during navigation of ships)

由于通航或作业局面的复杂性和一些港口自然航道的实际情况，船舶航行作业在特定的条件下，有时是一项高难度和高强度的工作。再加上有时工作繁忙、船期周转快，而船员编制又有限等因素，船舶驾驶人员极易产生很大的工作压力和过于疲劳的现象，而许多船舶事故都是在这些情况下发生的。为此，船舶驾驶人员在实际工作中有必要掌握自我正确处理工作压力和消除疲劳的方法。

8. 规范化执行规章制度和操作规程(Standardizing actions for performance of rules and operational procedures)

船舶航行时必须严格执行国际海上避碰、防污染等相关公约与安全规则，并遵守各国政府和主管部门制定的涉及特定水域安全的规章制度。同时，船舶驾驶人员还必须根据航行与作业的需要，认真地按照规定的各类操作规程来控制和操纵船舶。为了提高船舶安全航行的水平，必须进一步规范船舶驾驶人员执行规章制度和操作规程的行为。

9. 提高船舶应急处理的技能(Enhancing abilities to deal with ship emergencies)

船舶航行时经常面临一些由于自然原因、船舶原因或人的因素而突然发生的异常情况与紧迫局面。因为航行水域的限制与复杂性，如果驾驶人员稍有处理不当，即可引起严重的后果。为此，船舶驾驶人员必须在工作中熟悉和掌握各种不同紧急情况与局面下的应急处理方法，并不断提高自己在处理和应对这些不同紧急情况与局面的技能。

值得注意的是，为了充分发挥驾驶人员的积极性和促进船舶的安全管理工作，在切实做好船舶驾驶台资源管理的工作中还包括了以人为本、努力在船舶上创建和保持和谐氛围的内容。由于和谐是一个涉及人类各种活动和工作领域的概念，它是人们处理各种相互关系的准则或价值取向，甚至还是我们工作与生活中相互信赖和合作情感的来源。因此，船舶驾驶人员应充分认识和谐与安全的关系，深入研究工作中的人际关系与规律性，努力使船舶的航行与作业处于动态的平衡或均衡稳定的和谐状态，尽可能创造良好的工作与生活条件，以达到预期的工作目标。

"船舶驾驶台资源管理"是当今国内一项较为新型的航海类专业技术与管理技术相结合的研究内容。随着国内主管机关、航海院校与研究单位、航运管理单位和船舶驾驶人员对"船舶驾驶台资源管理"研究的逐步深化，船舶安全管理水平将一定会得到更大的提高。

第二章　人的失误与船舶事故的预防
(Human Errors and Prevention of Ship Accidents)

正如人们从日常生活中收听广播或观看电视所知道的那样，事故经常在空中、公路与铁路上发生，也经常会在大海上发生。对在船舶上工作的人员来说，往往能深刻地理解对海员而言的三条真理：

大海是危险的(The sea is dangerous)；

你改变不了自然规律(You can not change the law of nature)；

我们都会犯错误(We make mistakes)。

由于从事船舶运输工作具有较高的风险，人的失误(Human Errors)也极易产生，所以全世界船舶搁浅、碰撞、翻船、油污、火灾等事故屡有发生，并造成了严重的后果。根据国内一些航运公司对船舶事故的统计，有50%以上的船舶海事都发生在港内航行过程之中，有的航运公司在港内引航期间发生的船舶事故占了该公司全部事故的80%。为了有效地控制和预防船舶事故的发生，船长、驾驶员和引航员都应高度重视这种现象，并积极采取措施减少和避免船舶在航行过程中产生的人的失误，以确保船舶航行的安全。

第一节　人的失误与人的行为
(Human Errors and Human Behaviors)

实践证明，世界上所有事故的发生都具有它们的共性与特性，其中最为突出的共性就是绝大部分事故的主要原因均与人的因素(Human factor)有密切的关系。人的因素是指人在完成某一特定任务时，人的行为对这一系统的正确功能或成功性能的不良影响。人的因素涉及心理学、行为科学、管理学、系统安全学、人机工程学等广泛领域。个人远远不止只是一种因素。在任何组织中存在人与人、人与物的关系，但人与物的关系最终表现为人与人的关系，任何资源的分配也都是以人为中心的。由于人不仅有物质的需要还有精神的需要，因此，社会文化背景、历史传统、社会制度、人的价值观、人的物质利益、人的精神状态、人的素质和人的信仰都会对人的活动产生影响。由于以上种种因素的影响，人在完成某一系统中的特定任务的过程中，人是否有足够的综合能力处理系统中出现的种种情况，就成为安全完成任务的关键因素。人的因素对安全的影响最终是由人的失误所体现出来的。这些人的失误的产生和人们在工作中的不安全行为有着不可分割的关系，而这些不安全的行为是在与物的某些不安全状态发生交叉时而导致事故发生的。

一、人的失误(Human errors)

人的失误是指在某一特定系统中的操作人员在完成任务的过程中因意识、判断或行为等出现疏忽(Neglect)，从而不能根据当时环境和情况进行适当的操作，最终致使其无法正确处理面临的情况而发生系统运行的失常。从通俗的意义而言,它就是通常人们认为的该做的未做,不该做的却做了。在这种所谓的失误中,也存在着操作人员水平不高和缺乏必要的学习与训练等因素。

众所周知,80%以上的船舶海事是由于人的失误造成的。在这种观点已成为人们共识的今天,许多人往往只是将其停留在文字或语言的表达与说明之中,而对形成这种观点的来由及其内涵尚缺乏全面的了解和正确的理解。实际上,根据对国内某远洋运输公司1993年1月至2005年6月所发生船舶事故的调查、统计和分析,船舶在航行、靠离泊位过程中所发生事故涉及人的因素的达到了86.4%(包括本船船员、他船船员、引航员或其他第三方人员的因素),其中船舶碰撞事故涉及人的因素的达到了95.9%。由此可见,人的因素与船舶事故之间具有非常密切的关系。从事船舶航行和安全管理的所有人员都必须深刻认识人的失误的产生原因、特点及其后果,及时发现已产生的人的失误与形成的失误链,果断采取有效措施来避免人的失误,中断失误链的继续发展,从而达到船舶安全的目的。

1. 失误链与事件链(Error chain and event chain)

实践证明,海上事故或灾难很少是由一种人的失误或单一事件所造成的,它们几乎都是由一系列不严重的失误或事件的叠加、互为因果导致的。也就是说,这些事故或灾难都是失误链或事件链发展的最终结果。换言之,一系列失误链或事件链的连续发展,将导致事故或灾难的发生。这些失误链或事件链可能是顺序地发展,也可能是无序地发展;它们之间可能有联系,也可能没有联系;它们之间的联系可能是明显的,但也可能是不明显的。无数事故证明,在事故发生以前,实际上已经存在了正在不断发展的失误链。这种失误链客观上也就形成了事件链(也有人称其为事故链,Accident chain)。在常规情况下,由潜在因素而形成的失误链通过一定时间与条件的发展而进入增长期,在特定条件下,当不安全行为发生后,又发展进入了临界期,直至最后的工作差错而导致事故的最终发生,见图2-1。

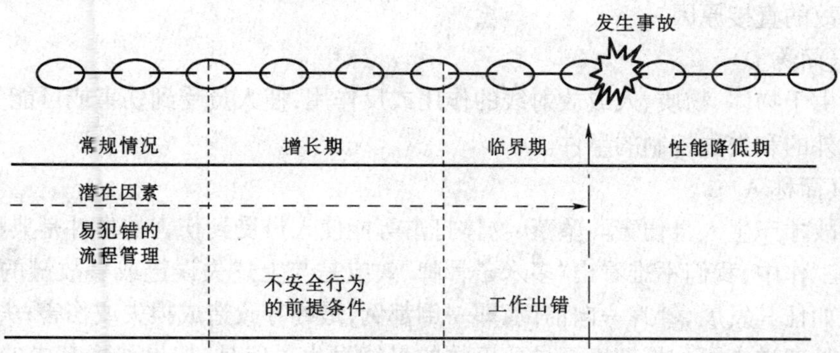

图2-1 失误链的发展过程

从表面上看,很多船舶事故都发生在船舶航行中与他船会遇或靠、离泊位等作业的过程中突发紧急情况和/或主机、辅机、舵机等主要船舶设备发生故障时的实际操纵之中。实际上,导致这些紧急情况和故障发生的原因往往是与船舶航行与作业中的人的失误紧密联系在一起的。客观地讲,失误链或事件链的发展导致最后事故的产生就是一种因果的连锁反应。

2 "多米诺骨牌"效应(Domino effect)

1936年美国人海因里希(H.W.Heinrich)首先提出了事故因果连锁的理论,用以阐明导致伤亡事故的各种原因和伤害之间的关系。该理论认为,伤亡事故的发生不是一个孤立的事件,尽管伤害可能在某瞬间突然发生,却是一系列原因事件相继发生的结果,并用5个竖立的骨牌

(骨牌效应)来形象说明这种因果关系,即当第一块倒下后,会引起连锁反应而导致其余的骨牌倒下。因此,这一效应也被称为"多米诺骨牌"理论,见图 2-2。

海因里希提出的事故因果连锁过程包括 5 个因素,如图 2-2 所示。认为伤害事故的发生、发展过程为 5 个具有一定因果关系的因素。发生事故的因果关系如下:

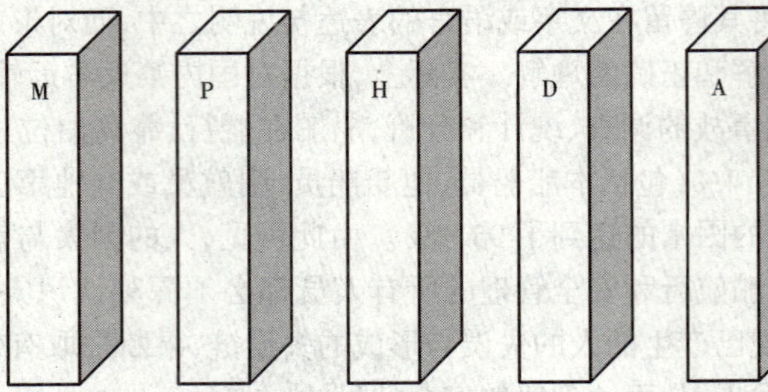

图 2-2 "多米诺骨牌"理论

1)遗传以及社会环境(简称 M)

人的性格上缺点是由于遗传因素及社会环境而产生的。遗传因素可能造成鲁莽、固执等不良性格;社会环境可能妨碍教育、助长性格上的缺点发展。

2)人的缺点(简称 P)

人的缺点是使人产生不安全行为或造成机械、物质不安全状态的原因,它包括鲁莽、固执、过激、神经质、轻率等性格上的先天的缺点,以及缺乏安全生产知识和技能等后天的缺点。

3)人的不安全行为或物的不安全状态(简称 H)

事故的发生是由于人的不安全行为或物的不安全状态造成的。所谓人的不安全行为或物的不安全状态是指那些曾经引起过事故,或可能引起事故的人的行为,或机械、物质的状态,它们是造成事故的直接原因。

4)事故(简称 D)

事故是由于物体、物质、人或放射线的作用或反作用,使人员受到伤害或可能受到伤害的、出乎意料之外的和失去控制的事件。

5)伤害(简称 A)

由于事故才产生人身伤害。坠落、物体打击等能使人员受到伤害的事件是典型的事故。

在实际工作中,我们不难看出"多米诺骨牌"效应是与上述失误链或事故链的结论具有相同的道理。如任其发展,骨牌一向前倒,即一倒都倒,最终导致造成损失或伤害;失误链或事故链也将从增长期进入了临界期直至导致事故的最终发生。但是,如果移去其中的一块骨牌或连锁中的一个部分(因素),则这种骨牌和失误链或事故链之间的连锁关系即被破坏,事故发展的过程也就被中止了。在船舶航行中,只要真正认识事故的作用机制和人的不安全行为的危害性,并及时发现和中止人为失误即不安全状态,中断事故连锁的进程,就能避免事故发生。

3. 人的失误的类型(Types of human errors)

人的失误可以发生在正常工作或发生特殊情况的不同的环境之中。在船舶事故中,经常涉及两种主要的情况,一是由于船舶的技术性故障引起的事故,二是完全由人的失误造成的事故。前者主要涉及影响船舶运动的 3 个主要技术系统发生的故障,它们包括动力系统、操舵系统和导航系统。这些系统产生的故障可能是完全性故障(Total fault)或间歇性故障(Intermittent fault),但是它们在船舶航行过程中所导致的后果都是非常严重的。必须注意的是,有些因船舶动力系统、操舵系统和导航系统导致的船舶事故中也常掺杂着一些人的失误的因素，例如在发生这些故障后的应急措施不当或不力等。由人的失误造成的船舶事故中，往往涉及不同因素的人的失误。由于人不同于机器，具有自己的头脑和思维，且每个人的智商、知识、技能等都因各自的智能、身体、受教育与学习情况、工作与生活环境等背景而各不相同。所有这些特点都会在实际的工作及发生的事故中加以体现。另外，虽然人擅长于应用知识来分析局面，解决问题，但是人不擅长于长时间进行重复工作和长期不间歇地保持精神高度集中，容易因厌烦、疲劳和枯燥而产生迟钝，所以在船舶航行的过程中经常可能发生船长或引航员下达了错误的指令，值班驾驶员摇错了车钟，或是舵工操错了舵或航向等。以上这些不同因素也反映出以下几种人为失误的不同类型。

1）疏忽或差错（Slips and lapses）

由于疏忽或差错而导致的失误是最为常见的。它们的产生往往是与人本身对待工作的态度和自己在工作所处环境中的实际情况密切相关的。例如由于自己对工作掉以轻心而引起注意力分散，或是对船舶的安全工作重视不够而未能保持高度警惕性，或是在实际工作中因工作压力太大和由于过度的疲劳等而造成对正常可预见环境的变化不能采取适当而有效的行动而导致失误的发生。这类失误在船舶驾驶人员的实际工作中是经常发生的。

另外，心理上注意力的不稳定和分配不当也会造成疏忽和差错。注意力是一种常见的心理现象。它是指一个人的心理活动对一定对象的指向和集中。注意力受到很多主、客观因素的影响，如需求、兴趣和爱好、知识和经验、情绪状态、人的精神状态以及受到的训练。注意力的稳定性指注意长时间保持在某种事务或活动上的特性。心理学家们通过很多实验和调查，得出了一个基本结论：任何人的注意力不能以同样强度维持在 30min 以上，超过 30min，作业效率将明显下降，错误率上升。这就是“三十分钟效应”。注意力的分配是指在同时进行两种或两种以上活动时，把注意力指向不同对象的特征。严格地说，在同一时刻，注意力不能分配，即所谓“一心不能二用”。当同时在进行智力和运动活动时，智力活动的效率会降低得多些。因此，当一位驾驶员在数个小时的值班中，要同时进行多种智力和运动活动时，如要避让、瞭望、用车、用舵、记录、看雷达、计算、观察等，“走神”或发生差错的概率就会增加。

2）基于知识的失误（Knowledge-based mistakes）

基于知识的失误主要是指因本身的无知而犯错，即由于自己缺乏足够的相关知识或错误理解了船舶航行或作业中的一些关键性原则，而无法或不能正确应对或处理相关的局面或情况而导致的失误。这种失误在当今受过良好教育的船舶驾驶人员中间并不多见，但客观上因自己对工作的知识理解不深和运用不当的错误还是存在的。即使具备了基本的知识，在考试中能够获得满分，但从知识到技能，从经历到经验还有相当的距离，需要通过实践中的操作去完成这种转化和升华。这好比人们尽管具备了所有的有关游泳的知识，但要真正学会游泳，还需在水中进行一定时间的实际操练。

3）基于法规的失误（Rule-based mistakes）

基于法规的失误主要是指因本身没有正确或充分考虑相应的法规而草率决定并采取行动，或是没有注意到法规的适用性而错误地执行了法规、或是凭主观意念错误地应用被“简化的”法规而导致的失误。它也包括了由于对相关法规的内容不明确而犯错的现象。从现有的一些船舶事故来看，这类失误在客观上是经常发生和存在的，它与船舶事故有着非常密切的联系。

4）基于技能的失误（Skill-based mistakes）

基于技能的失误主要是指因本身由于缺乏从事本职工作的操作技能而导致在实际工作中发生的失误。它往往是由于缺乏足够的训练或缺少实际工作的实践经验而发生的，当然这也和自己与同事间相互交流经验过少有关。这类失误在一些担任驾驶工作时间不长或工作经历还不多的船舶驾驶人员中还是屡有发生的，并与船舶事故也有着非常密切的联系。

5)基于文化制约的失误(Cultural conditioning based mistakes)

基于文化制约的失误主要是指因本身工作环境中的团队人员由于文化意识与背景的不同而产生的局限性所引发的失误。它可以包括团队人员中由于不同语言的使用与理解、或缺乏上下级人员之间的交流与质询、或可能对意图的误解和毫无疑问地服从等具体原因而产生的失误。由于船舶驾驶人员所涉及工作环境的特殊性，如在国外港口经常需与不同国家或地区的引航员组成新的驾驶台团队，所以这类涉及不同文化制约所导致的失误也是常有发生的。

6)基于违反安全惯例的失误(Violation of safe practices based mistakes)

基于违反安全惯例的失误是指本身因未能严格遵守实际工作中形成的通常的安全习惯做法所引发的失误。导致这类失误的发生常与自己的过于自信或自满、对工作中良好的通常习惯做法与安全之间的关系不够重视、喜欢凭个人经验办事、不注重团队工作的作用、忽视别人的建议、查阅的书或出版物有误以及背离原定的计划航线有关。而因以上原因发生的失误，在目前船舶驾驶人员的实际工作中也是客观存在的，并在所有的失误中占有一定的比重。

二、人的行为(Human behavior)

人的行为是复杂和动态的，它具有计划性、多样性、目的性、可塑性，并受各人安全意识水平的调节，也受到理智、情感、意志等心理活动的支配；同时，它还受到道德观、人生观和世界观的影响。人们的工作态度、意识、知识、认知往往决定了人的安全行为水平，因而人的安全行为表现出差异性。不同的船舶驾驶人员，由于上述人文素质的不同，会表现出不同的安全行为水平；同一个单位或生产环境，同样是船长、驾驶员或引航员，由于责任、认识等因素的影响，会表现出对安全的不同态度、认识，从而表现出不同的安全行为。为了达到抑制不安全行为的目的，有必要了解掌握影响人的行为的因素，并从安全行为科学的角度来认识和解决这一问题。

1. 影响人的安全行为的因素(Influent factors of human safety behaviors)

1)个性心理因素的影响(Influence of the individual psychological character)

情绪为每个人所固有的，它是受客观事物影响的一种外在表现。这种表现是体验又是反应，是冲动又是行为。从安全行为的角度看，当情绪处于兴奋状态时，人的思维与动作则非常敏捷；处于抑制状态时，思维与动作显得迟缓；处于一定的紧急局面时，往往会产生反常的举动，这种情绪可能导致思维与行动不协调、动作不连贯，所以这是不安全的行为的一种反映。

(1)气质(Temperament)对人的安全行为的影响。气质是人的个性的重要组成部分，它是一个人所具有的典型的、稳定的心理特征。气质使个人的安全行为表现出独特的个人色彩。例如，同样是积极工作，有的人表现为遵章守纪，动作及行为可靠安全，有的人则表现为蛮干、急躁，安全行为较差。

(2)性格(Characteristics)对人的安全行为的影响。性格是每个人所具有的最主要的和最显著的心理特征。它表现为对某一事物稳定和习惯的方式。性格表现在人的活动目的上，也表现在达到目的行为方式上。人的性格表现为多种多样，有理智型、意志型、情感型。理智型用理智来衡量一切，并支配行动；情感型对情感体验深刻，安全行为受情感影响较大；意志型有明确目标，行动主动，安全责任心强。

2)安全行为自觉性方面性格特征的影响(Influence of characteristics consciousness on safety behaviors)

这种影响表现在从事安全行为的目的性或盲目性、自动性或依赖性、纪律性或散漫性。在安全行为的自制方面，表现为自制能力的强弱、约束或放任、主动或被动等。安全行为果断性方面的特征，表现在长期的工作过程中，安全行为是坚持不懈还是半途而废，严谨还是松散，意志顽强还是懦弱。

2. 社会心理因素的影响(Influence of the social psychological factor)

1)社会知觉对人的行为的影响(Influence of the social perception on human behaviors)

知觉(Perception)是眼前客观刺激物的整体属性在人脑中的反映。客观刺激物既包括物也包括人。人在对别人感知时，不只停留在被感知的面部表情、身体姿态和外部行为上，而且要根据这些外部特征来了解他的内部动机、目的、意图、观点、意见等。人的社会知觉可分为3类：

(1)对个人的知觉。主要是对他人外部行为表现的知觉，并通过对他人外部行为的知觉，认识他人的动机、感情、意图等内在心理活动。

(2)人际知觉。人际知觉是对人与人关系的知觉。人际知觉的主要特点是有明显的感情因素参与其中。

(3)自我知觉。自我知觉是指一个人对自我的心理状态和行为表现的概括认识。

2)价值观对人的行为的影响

价值观是人的行为的重要心理基础，它决定着个人对人和事的接近或回避、喜爱或厌恶、积极或消极。因此，要使相应的人员具有合理的安全行为，首先要使他们具有正确的安全价值观念。

3)角色对人的行为的影响

在生活与工作中，每个人都在扮演着不同的角色。每一种角色都有一套行为规范，人们只有按照自己角色的行为规范行事，社会生活才能有条不紊地进行，否则就会发生混乱。从某种程度上讲，这也是工作中是否和谐的一种体现。角色实现的过程，就是个人适应环境的过程。在角色实现过程中，常常会发生角色行为的偏差，使个人行为与外部环境发生矛盾。在安全管理中，需要利用人的这种角色作用来为安全服务。

3. 环境与物质的影响(Influence of environmental and material factors)

人的安全行为除了内因的作用和影响外，还有外因的影响。环境、物质的状况对劳动生产过程中的人也有很大的影响。环境变化会刺激人的心理，影响人的情绪，甚至打乱人的正常行动。物的运行失常及布置不当，可影响人的识别与操作，造成混乱和差错，打乱人的正常活动。

除了以上所述的影响因素外，还必须考虑到从事不同工作的人员在生理或心理方面的局限性，如警惕性、注意力、适应性和其他与这些局限性相关的各种因素。船长、驾驶员、引航员和其他有关人员是根据STCW国际公约适任评估体系而被任命的。由于船舶是在动态的环境中运行，船舶航行的时间也受到进港、装卸货物、离港时间和潮汐等因素的制约。这种由于工作环境和条件决定的，没有固定时间规律的工作与生活方式，很可能增加船舶驾驶人员产生人为失误的风险。

必须强调的是，有两个非常重要的因素也可能影响船舶驾驶人员的行为：第一，由于工作性质和连续的工作时间造成的精神疲劳；第二，由于生理节奏的打乱和不连续的睡眠，尤其是在夜间值班所引起警惕性的降低。精神疲劳可能会随着工作的单调程度和压力大小成比例地增加。从人的行为矩阵图(见图 2-3)中可以看出与驾驶人员行为相关的警惕性、注意力和适任性与其他各种制约因素也具有非常密切的关系。

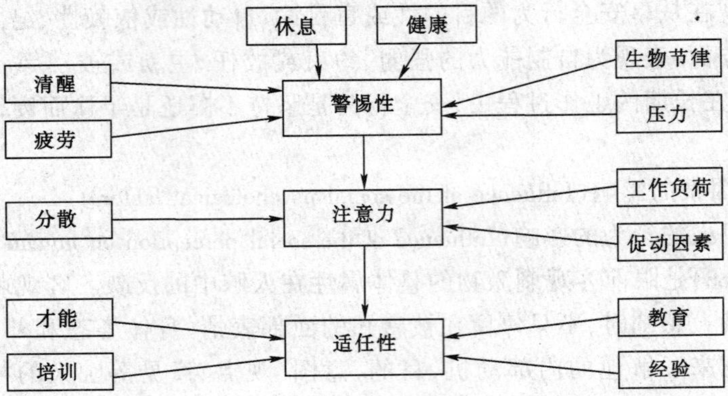

图 2-3　人的行为矩阵

船舶驾驶人员在实际工作中经常遇到高强度的工作负荷和压力,休息时间的不足和过于疲劳导致一些生理方面的问题,或因缺乏足够的技能、经验或教育与培训等而带来心理方面的问题,所有这些问题都会对他们的行为带来一定的影响。

第二节　影响船舶航行安全的因素和作用机制
(Influent Factors and Functional System in Safety Navigation of Ships)

一、影响船舶航行安全工作的因素(Influent factors to safety navigation of ships)

船舶的航行工作是由人(船员、引航员)、机(船舶、货物、设备等)、环境和管理等 4 个要素组成的有机整体。该项工作在进行过程中,将受到人的因素、船舶因素,环境因素和管理因素的影响与制约。为了全面了解船舶事故的发生原因,掌握产生原因的由来及其相关的因素,以便采取有效的措施和行动来避免,有必要对以上各因素作一定的分析和研究。

1. 人的因素(Human factor)

在船舶航行工作中,船舶驾驶人员等的人的因素是最活跃、最重要的一个因素。如前所述,船舶事故绝大部分是人的失误造成的,因为这类事故的发生总是直接或间接地与船舶驾驶人员的人的因素有着密切的联系。

在这种人的因素中,它们包括了船舶驾驶人员的责任、知识、技能、经验、气质、健康状况以及心理、生理和行为特点等方面的情况。首先,在所有这些因素中,最为基本的因素是责任和知识。责任心是做好任何工作的基础。尽管不同的船舶要求船舶驾驶人员知识的深度、广度会有差别,但为使船舶安全航行所必需的知识是不可缺少的。而且船舶越复杂,自动化程度越高,所要求的知识水平就越高。

其次,船舶驾驶人员的技能也是构成人的因素的重要部分。技能与知识虽有密切关系,但在本质上却各有其特殊的内容与要求。即使理论知识学得非常好,但没有从事船舶操纵的实际经验,也是不能安全驾驭船舶的。当然,如只有一些实际技能而无足够的理论知识,也将对自己的工作带来极大的局限性。一般地说,这些操作技能只能通过实际技术训练或实践才能获得，它们必须能适应经常不断变化的外界条件的要求，还必须能及时满足不断更新的技术与设备的发展的需要。

再次，另外一个非常重要的因素是船舶驾驶人员的健康状况，因为它是充分运用自己知识和技能的基本条件。很难想象一位健康状况不良的船舶驾驶人员会有足够的精力和体力去学习和灵活应用自己的知识和技能，会适应船上多变的自然条件以及紧张工作的要求。健康状况不良，会降低各感官的功能，容易疲劳，难以集中注意力以致不能正常和安全地完成自己的任务。

最后，必须强调的因素是船舶驾驶人员的心理状态。他们应具有极高的责任心和职业道德水准，极强的情景与安全意识，顽强的战胜困难的意志与毅力，忠于职守的热忱与执著，模范的工作习惯以及临危不惧巧于应变的能力等所反应出的心理状态。如无上述心理状态，再丰富的技术知识、熟练的技能和健康的体魄都将难以发挥作用。

2．船舶因素(Ship factor)

船舶因素主要表现在其本身的适航性能方面，即船舶设备装置、操纵性能资料、货载配置等方面的状况。没有适航的船舶，即使有再好的驾驶技术，不论怎样遵守规章，事故还是难免的。由于航行环境千变万化，船舶在设计、建造和性能方面，应具备在各种海况或工况下正常航行与操纵的能力。具体来说，船舶的船体结构、水密隔舱、助航设备和各种工具，如锚、舵、缆绳和无线电通信等设备都应符合安全航行的要求。反之，就会形成船舶的不安全状态。

船舶的不安全状态是构成船舶事故的物质基础，它可以由一种不安全状态转变为另一种极端状态，即事故的发生。事故的严重程度也随着船舶不安全程度的增大而增大。从某种意义上来讲，生产发展和技术进步的过程，实际上就是人们对物的不安全状态不断认识，并对这些工作和问题不断完善并逐步克服的过程。当船舶的不安全状态还没有被人们认识的时候，一旦时机成熟就很有可能转变为事故。而当船员认识到船舶的不安全状态，并想方设法加以预防时，船舶的不安全状态就会消除。

3．环境因素(Environmental factor)

环境因素主要包括了船舶所处水域的自然条件、航道条件和交通条件等。这些条件的具体内容如下。

1)自然条件(Natural condition)

自然条件是指船舶所处水域的气象、水文、潮汐的情况。通常船舶在航行过程中受到了风浪、潮流、雾以及其他自然现象的影响，这些自然现象在多数情况下是无法彻底回避的。船舶驾驶人员必须应用良好的船艺，采用合理的操纵方法顺应自然条件。

2)航道条件(Fairway condition)

航道条件是指船舶所处水域的航路的地理情况。船舶在航行中由于航道宽度、弯曲度，以及岩礁、浅滩等碍航物的客观存在，风和流的实时变化，要求船舶驾驶人员必须如同对待自然条件一样，积极控制好船舶的动态与位置，适应航道条件的种种限制。

3)交通条件(Traffic condition)

交通条件则是指船舶所处水域中的交通密度、流量方向、交通秩序、交通局面以及保障航行安全的航道设施状况。船舶驾驶人员必须充分考虑交通条件，注重不同时间、季节、航段等的特点。

此外，自然条件、航道条件和交通条件有极大的相关性，若将能见度不良、航道狭窄和通航密度增加等条件加在一起，往往会给船舶的航行带来更大的难度。

4. 管理因素(Management factor)

发生事故的直接原因虽然是由于人、船舶、环境等因素引起来的,但发生船舶事故的本质往往是与管理不善或管理中存在缺陷密切相关的。目前,国际上有几种关于人的因素对海事影响的说法。如果将其联系起来,可以大致得出以下结论:即在海上事故中,约有80%与人的因素有关;而在与人的因素有关的事故中,约有80%与管理有关;而在与管理有关的事故中,约有80%与公司岸上管理有关。如果按照这种逻辑以数学方法计算,即所有事故中有51.2%与公司管理有关。这种主流观点将管理因素含盖在人的因素之中。不论上述说法和推断正确与否,不能不说它代表着相当一部分人的看法。对船舶航行安全来讲,生产管理和安全管理是密不可分的一个问题的两个方面,安全寓于生产当中,没有安全就不可能实现生产。可以说,没有管理就无法组织运输生产,船舶安全就无保障。而在目前的实际工作中,存有将经验和管理分开的趋势,如何使二者加以统一是人们遇到了一些新的课题。

涉及船舶航行安全管理的单位与内容是多方面的。外部管理部门主要涉及对船舶通航加以管理与监控的港口主管机关,安排港口的引航、码头泊位、港作拖船与带缆艇等作业的港务集团相关部门等;内部管理则主要为船舶驾驶人员对自己船舶的全局管理,包括船舶驾驶人员的学习与船舶安全航行工作的指导与安排,以及在船舶航行作业中安全保障体系的正常运作等。实践证明,许多船舶事故中所存在的船舶驾驶人员的不安全行为,船舶主机、设备、环境的不安全状态和相关单位与部门之间的协作问题等都与这些管理中的缺陷有关。

二、船舶事故发生的作用机制(Functional System of occurrence of ship accidents)

目前国内外一些从事海事预防和海上安全研究的专家学者认为,海事的基本致因条件可归纳为5方面的条件,它们分别为自然条件、航道条件、船舶条件、交通条件和人员条件。这些条件的单独作用,相互间的综合作用及它(们)在发生海事中所处的地位,即海事发生条件的作用机制,通常也称之为海事结构,见图2-4。

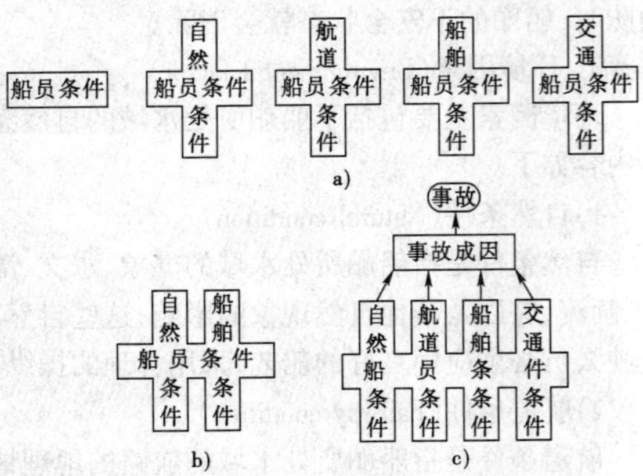

图2-4 船舶事故的各种不同作用机制示意图

船舶事故是海事之一,它本身的发生也离不开上述作用机制或结构。研究船舶事故发生条件的作用机制,不但可以了解这类事故的致因条件,而且还可以了解到相关的条件是怎样起作用和如何相互作用的,从而使我们可从中得到重要启迪,以便抓住关键环节,对事故发生的条件实施最佳的控制,尽可能预防事故的发生。

在某种特定情况下,因单一事故条件的作用而导致船舶事故,在整个船舶事故统计中只占有极少的比例。在多数情况下,发生船舶事故是由于两个或两个以上的事故条件相互作用的结果。

在实际工作中,上述5种致使事故发生的条件组合类型可分为以下3类情况。

1. 单一条件发生船舶事故的作用机制(Functional system of occurrence of ship accidents on single condition)

船舶事故发生的诸条件中,因单一条件的作用而引发的事故,称为单一条件导致的事故。由于共有5个事故发生条件,所以只能有5种单一条件的船舶事故。

1)自然条件事故(Natural conditional accident)

由自然条件单独作用造成的事故称为自然事故。该类事故应仅局限于目前尚不可预测的自然条件导致的事故。如果自然条件可以预测,并已发出明确预报,而船舶驾驶人员应完全能够收到该预报并予以回避,但事实上却未予回避而导致事故,则不应列入该类事故。

2)航道条件事故(Fairway conditional accident)

由航道条件单独作用而造成的事故称为航道条件事故。该类事故中不应包括错认陆标或灯标、错估风流等包括船员因素在内而导致的事故。海图标记的水深与实际水深不符而造成的搁浅事故,灯塔或灯标因事故而熄灭,在发出航海通告之前业已发生的搁浅事故则属于航道事故。

3)船舶条件事故(Ship conditional accident)

由船舶条件单独作用而造成的事故称为船舶事故或船舶条件事故。例如,因船舶材质缺陷、工作状态不良出现的主机故障、设备损坏,而且这些故障与损坏又与外力无关的一些事故,即可列入船舶条件事故。

4)交通条件事故(Traffic conditional accident)

交通条件单独作用而造成的事故称为交通事故或交通条件事故。许多事故均与水域的交通条件密切相关,但绝大多数也同时与船员等条件密切相关。交通条件单独起作用的事故则极少。

5)船员条件事故(Human conditional accident)

由船舶驾驶人员和其他相关人员的条件单独作用而造成的事故称为船员条件事故。在单一条件事故中出现最多的即船长、驾驶员、引航员或其他相关人员条件事故。例如,因值班时疲劳过度而瞭望疏忽导致搁浅或碰撞,听错车、舵口令、误操车、舵而导致触礁和与他船或物体触碰等。

2. 不涉及船员的复合条件事故的作用机制(Composite functional system of occurrence of accidents not involving crew)

在不涉及船员条件的情况下,由其余 4 个事故条件复合而成的情况,包括 2 个条件的至 4 个条件的共有 11 种。不含船员的复合条件事故往往是事故中的一些特异情况。例如在航行过程中,因遇异常大风浪而导致船体外板破损而进水的事故,应属于自然条件与船舶条件组成的复合条件事故。但如认定所遇到的风浪非常之大,一般认为可以列入自然条件事故之中。如果是属于应能抗御的一般风浪,则属于经过操纵等人为措施应予避免的事故,因而必然要涉及船员条件的作用,成为自然条件、船舶条件和船员条件的事故,即含船员的复合条件事故。由此可知,是否涉及船员条件并非可以主观认定的内容,必须有足够的客观认定条件。如确属不含船员的复合条件事故,则大体上应按特异情况考虑较为妥当,也应列入不可抗力范围处理。

3. 涉及船员的复合条件事故的作用机制(Composite functional system of occurrence of accidents involving crew)

在涉及船舶驾驶人员条件的情况下,与其余 4 个事故条件复合而成的情况,包括 2 个条件至 5 个条件的共有 15 种。含船员的复合条件事故是事故中最常见的,并占事故中的绝大部分。为了理解该类事故各条件组合的作用机制,先将其中基本组合加以分析,在此基础上再去分析由这些基本组合形成的更为复杂的组合。所谓含船员的复合条件事故的基本组合,是指船员条件与其他单个事故条件的组合。可分成以下 4 种:

(1)自然条件与船员条件的组合;

(2)航道条件与船员条件的组合；

(3)船舶条件与船员条件的组合；

(4)交通条件与船员条件的组合。

自然条件为环境因素中不可控制的部分，主要包括船舶所处水域的气象、水文、潮汐的情况；航道条件为环境因素中可控的部分，主要包括船舶所处水域的航路地理及危险障碍物的情况；交通条件为环境因素中可控的部分，主要包括船舶所处水域中的交通密度、流量方向、交通秩序、交通局面以及保障航行安全的航道设施状况对事故的影响；船舶条件主要是指船舶的结构、强度、性能，以及船舶的机器、设备等方面；船舶驾驶人员条件为人的因素部分，主要包括船长、驾驶员、引航员和其他相关人员的知识、技能、经验及健康状况等。

从这些基本组合构成的事故来看，不妨将事故理解为，除了不可抗力情况外，事故就是因船员单独造成和由船员与其他事故条件相互作用而发生的船舶事故。在此基础上再来考察由基本组合组成的更为复杂的组合，并将各基本组合中的船员条件一体化，即将2个至4个基本组合中的船员条件作为一根轴来贯通其他有关的事故条件，则事故结构中各条件的关系就会更加鲜明化。

图2-4b)所表示的是由自然条件与船员条件、船舶条件与船员条件2个基本组合联合作用的事故结构图。顺此逻辑推理即可得出如图2-4c)所示由5个事故条件综合作用的事故结构图。该图说明，事故结构中存在着由船员条件横贯自然、航道、船舶和交通条件的交织关系。由于船员条件的重要、直接的影响和与其他条件的交织关系，将会诱发事故原因，并最终导致事故。

第三节　船舶事故的预防

(Prevention of Ship Accidents)

船舶航行安全是船舶安全工作的最重要的组成内容之一。由于近年来全世界船舶交通流量的大幅度增加，通航的环境与条件日趋复杂，船舶航行的难度日益增大，致使船舶航行安全工作面临更为严峻的局面。为了确保船舶航行的安全，船舶驾驶人员必须正确认识在上述新形势下的特点，高度认识人的因素与船舶安全航行之间的重要关系，并切实采取一些有效的措施来做好预防船舶事故发生的工作。

一、全面认识人的因素与船舶事故的关系(Full understanding of relationship between human factor and ship accidents)

如前所述，在船舶事故所涉及的各种不同因素中，船舶驾驶人员的人为失误往往是导致这类事故发生的最为主要的因素，因为它们总是直接或间接地与人的因素有着密切的联系。因此，为了预防船舶事故的发生，船舶驾驶人员必须充分考虑和结合自己行为模型中的错觉和在实际工作中对信息处理、决策和操作过程中可能产生的失误及其对本职工作的影响，从思想上全面认识人为失误与船舶事故之间的密切关系。

1. 船员行为的模型(Behaviour Models of crew)

船员在船舶航行中主要是依靠自己的视觉、听觉或其他适应当时环境和情况的一切手段，如通过雷达、AIS等导航或通信设备的使用来对当时航行条件、船舶动态和与船舶相关的时间与空间等情况进行观察。当他们在长期和反复从事某一操作时，有时会因人本身的特点与局限性而产生自己的视觉与客观环境中对象之间的不一致，这种自己的视觉和客体不一致的错觉往往是不安全行为的起因，有时会导致事故的发生。它们大多是因视觉差错或思维判断差错而引起的，这主要涉及船舶运动与定位的错觉或差错。如两船相遇已构成危险，有些船舶驾驶人员在特定的情况下而误认为两船没有危险，还有的把正在航行的船舶误看成是锚泊船。这些错觉和差错的产生经常与他们所处工作环境（如过大的噪声、振动、极端的温度变化或照明的不足等）和人的生理与心理状况（过于疲劳、压力过重或生病等）相关的。

2. 船员的信息处理（Information process of crew）

人对信息的处理是受其信号通道限制的。研究表明，人只有一个单一的信号通道，所有的信息要按次序通过这个通道。当两个信息同时传向大脑时，其中一个必须等到另一个放入工作记忆中之后方传入大脑。这就是为什么人在同一时间只能注意一件事情的原因。但也有人认为人在同一时间能做两件事情。事实上，这只是人对一个信息源到另一信息源之间很快地进行扫描。例如，在正常情况下，船舶驾驶人员在值班瞭望中和他人聊天时，当他突然发现前方有来船或是通航条件发生变化等情形时，他就会停止了在两种信息源之间的扫描，而把注意集中到后一信息源上。但是，船舶驾驶人员的注意力往往会受到人的生理和心理因素的影响，有时还可能会被某种事情的预先占有而分散了工作中的注意力，而这些客观存在的影响因素就难以保证他们的正常工作，甚至引发事故。

另外，“不正确的假设”往往会影响船舶驾驶人员正确处理信息的能力。当有大量的信息冲击船舶驾驶人员的大脑时，他们不可能都非常仔细地处理全部的信息，而只能对有些信息作一些粗略的推论和假设。但当这些信息进入工作记忆以后，信息被转化为判断，接着可在长期记忆中的有关判断被激活，最后形成新的命题网络。船舶驾驶人员脑中的不正确的假设可能会在自己工作记忆和长期记忆的命题联络之中产生错误，而这些错误的假设也常会引起工作中的失误而引发事故。

3. 船员的决策（Decision-making of crew）

船员在避让他船或操纵船舶靠、离码头的过程中，都是根据自己所做的决策而采取具体行动的，而这些决策是根据自己掌握的信息，运用专业技能与工作经验而制定的。但是，一旦信息来源有误或不全，或是本身的技能与经验的缺乏，有些船舶驾驶人员就会作出不当或不力的决策，而这些不当或不力的决策将导致船舶事故的发生。

实践证明，决策不当或不力在船舶事故原因中占有很大比例，即使受过正规教育与培训且有丰富经验的人，有时也会作出不当或不力的决策。因为船舶驾驶人员在作出决策时，经常会受到情感、信息等因素的影响，或是因未能充分考虑所有的相关的因素与信息和为了怕麻烦、走捷径而作出了不当或不力的决策。由于船舶航行的外部环境和内部条件的复杂性，船舶驾驶人员处理信息的时间是非常关键的。通常情况下，判断必须是在感知外部的信息后才能进行，而操作又必须基于判断的基础之上，所以内外部信息越复杂，决策难度就越大。同时，这种情况对决策的反应时间也相对增长，且易引起错误的决策而导致错误的行为发生。

4. 船员的操作（Operation of crew）

船员的所有操作行动，实质上是为了安全控制船舶。这些包括定位、加速、减速、转向等操作行动的正确与否是直接受航行信息的收集情况和对船舶动态的感知与思维的判断所制约的。也有一些技术能力较强的操作者虽因错误信息和感知而产生船舶的危险，但可能因其最后有效的应急决策和行动，最终控制危险而避免船舶事故的发生。但也有许多因错误信息和感知而产生的船舶的危险的情况最终还是以事故的发生为后果的。

关于人类活动能力的研究证明，只要工作范围与内容的不断增加，其操作的准确性就会随之下降。例如船舶驾驶人员在靠、离泊位的作业中，码头障碍物越多，作业环境越复杂，甚至出现一些未预料到的特殊情况，则其用于思维决策的时间就越长，从而给操作的时机、时间和空间带来了影响，也容易因这些影响而产生操作的失误。

以上所述船舶驾驶人员的人的因素在自己行为模型中的错觉和在实际工作中对信息处理、决策和操作过程中的具体反映，再次要求相关的人员必须全面认识和高度重视人的因素与船舶事故的关系，以便能积极采取针对性的措施做好事故的预防工作。

二、认真分析船舶事故中涉及人的综合影响因素(Careful analysis of composite factors of ship accidents involving human)

船舶航行是一项涉及多种因素与条件的综合性的工作。与海上航行相比，当船舶在沿海水域或狭水道航行时，由于通航密度较高，水文、气象和交通的条件又比较复杂，所以船舶驾驶人员除了对船舶周围的通航情况应保持高度的戒备外，还必须熟悉自己船舶及其设备的性能，及时和正确地保持驾驶台团队人员之间的沟通与合作，以便保证船舶的安全航行。在船舶靠、离泊位的过程中，船舶驾驶人员必须正确地指挥拖船和码头人员，以期通过有效的合作，确保船舶靠、离泊位作业的安全。因此，船舶驾驶人员在以上工作中往往要承受很大的工作强度和心理压力，因为在以上这些水域的航行与操纵中，任何的疏忽或过失都有可能导致船舶事故的发生。

为了降低航行风险，保证航行安全，除了应全面认识人的因素与船舶事故的关系外，还应对船舶事故的综合因素加以认真分析，以有利于制定有效的措施来消除或减少人为失误。根据船舶事故发生的实际情况，可将这类事故涉及人的原因及其综合因素归纳如下：

1. 主要原因的分类(Types of main causes)

如前所述，船舶航行涉及多系统与多人员的工作，所以可以将船舶事故原因分成主体原因和客体原因来加以分析。其中主体原因是指船舶驾驶人员自身的原因，客体原因则是船舶驾驶人员以外的其他原因，包括风流、航道、通航密度等外界环境和拖船、会遇的他船等因素。

2. 主体原因(Subjective cause)

主体原因是船舶事故中人的因素的一个重要组成部分。从许多船舶事故的原因分析中可以得知这些事故的发生往往涉及船舶驾驶人员自身航行技术方面的原因，如船舶航行中的定位、避让、操纵、应急处理等技术因素。这些与航行技术相关的因素包括：

(1)航次计划：指船舶开航前的航行准备、计划、资料等。

(2)航行操作：指航行中对于船位与船速的控制程度。

(3)航行戒备：指驾驶人员对船舶和周围外界局面情况的了解与判断。

(4)避让行为：指航行中对于会遇船舶的避让行为。

(5)操纵判断：指船舶在风、流、拖船外界条件作用下对船舶影响程度的判断。

(6)操纵行为：指航行过程中船舶在抛锚、靠离泊作业过程中的具体操作。

(7)应急能力和处理：指船舶在突发紧急事件时的应急方案、处理与行动等。

(8)通信与合作：指船舶通过各种方式与外界各方的联系、沟通、合作等。

3. 客体原因(Objective causes)

客体原因也是船舶事故中人的因素的一个重要组成部分。它们包括：

(1)他船原因：指所会遇船舶的设备装置、操纵性能、货载等状况及其行动的影响因素。

(2)他船的船员原因：指会遇船舶上的船员行为的影响因素。

(3)拖船原因：指航行过程中协同作业拖船的行为的影响因素。

(4)环境因素包括自然原因、航道与码头原因、交通原因、他船原因等：

①自然原因：指航行水域的能见度、风、流等气象条件；

②航道与码头原因：指航行水域航道的自然特性与助航设施、码头条件；

③交通原因：指航行水域的船舶交通状况与通航管理。

通过对以上各种影响因素的深入分析，船舶事故中人的因素的影响可以细化成图2-5所列的情况。

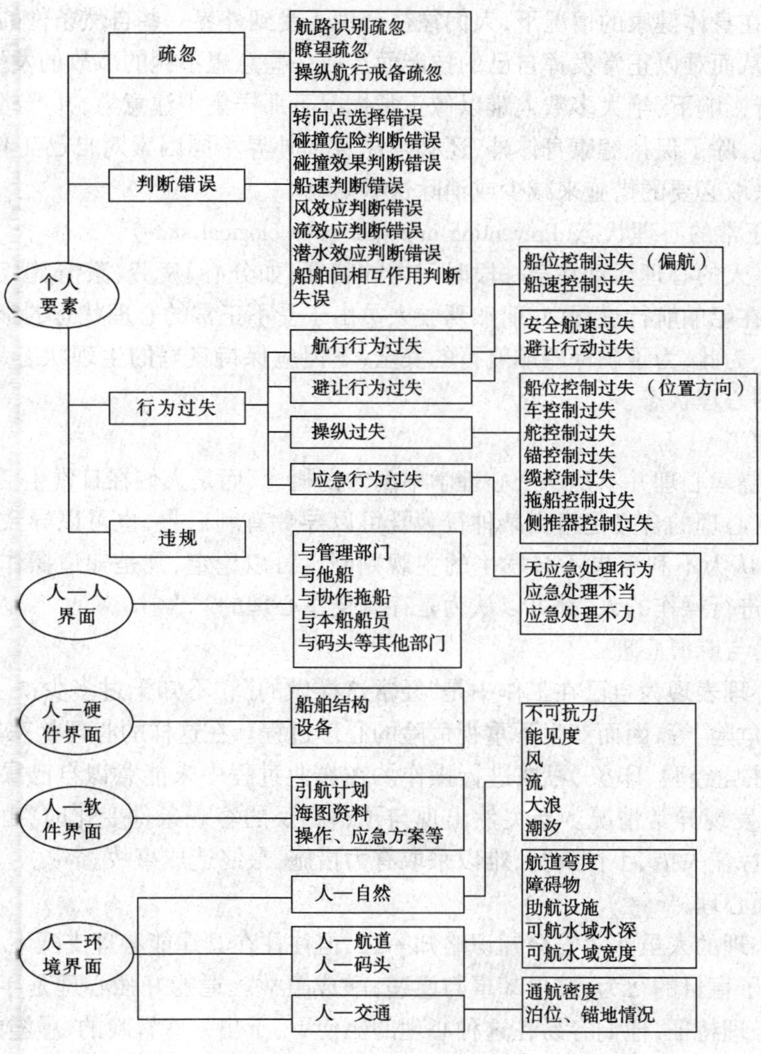

图2-5 船舶事故中人的因素与其他因素间的影响关系示意图

三、注意调节生理与心理状态(Attaching importance of adjustment of physiological and psychological state)

1. 保持良好的生理状态(Keeping proper physiological state)

人的生理状态对自己的感知和反应有着非常密切的关系。当人觉得身体疲倦时对周围的认知肯定与在精力充沛时的认知有很大差异。这就是说，当人精疲力尽的时候，他对周围感觉的思绪就跟着停滞，会反应迟钝；当人在精力充沛时，他的思绪就开始激扬。因此，生理状态往往是改变心理状态的杠杆。

在平时的生活与工作中，人们经常会提到身与心的健康的问题。实际上这两者是相辅相成的，即没有身则没有心；没有心则没有身。而每一种生理状态都有一个对应的心理状态。例如，当一人身体生病时或具有沮丧的心理状态时，他的这种身体情况和心理状态完全会从他的生理状态上表现出来。带病工作实际上是一种不安全的行为。因此，船舶驾驶人员在生病的情况下继续坚持工作，往往会因为自身生理问题而产生对外界情况的观测不全面或因反应不灵敏而产生误判断、误动作，或者是操作不到位，从而发生事故。

另外，即使在身体健康的情况下，人们往往会由于受到外界一些自然条件的限制而影响自己的正常工作，从而难以正常发挥自己的技能而造成一些意想不到的事故的发生。例如，在极端的高温或噪音影响下，绝大多数人难以像正常情况下那样集中注意力，并严格按照操作规程进行工作。因此，除了保持健康身体外，还必须注意到外界不同因素对自己工作的影响，在可能的情况下应采取必要的措施来减少或消除这些影响。

2．避免不正常的心理状态（Preventing improper psychological state）

心理状态是人的心理活动在某一段时间内的特征，如分心、疲劳、激情、镇定、紧张、松弛、克制、欲望等。在船舶航行过程中，船舶驾驶人员由于受不正常的心理状态的影响而引发的事故也屡有发生。为此，为了确保船舶航行的安全，不但应保持良好的生理状态，也必须避免以下一些不正常的心理状态。

1）侥幸心理

严格地说，侥幸心理并不是一个心理学中的专门概念，而是人们在日常生活中经常使用的一个词语。侥幸心理的含义是指当某种行为既可以导致有利后果，也可以导致不利后果的情况下，行为人自认为不利后果不会发生的主观判断。可以论定，凡是知道操作行为有一定危险，但仍然冒险进行操作的人，都可以认为是存有侥幸心理的。

2）盲目自信与麻痹心理

盲目自信心理表现为自己在工作中是“经常这样做的”、“不知干过多少次了”、“自己很有把握”、“不会有危险”等，因而产生不重视危险的心理过程。在这样的心理状态支配下，有些船舶驾驶人员往往凭经验、印象、习惯进行操作。在作业过程中未能意识自己操作方法中的错误，也没有及时发现异常情况。当突然出现与预料相反的客观条件变化时，由于没有心理准备，往往表现为惊慌失措、手忙脚乱，难以采取有力措施，最终造成事故。

3）逞能好强心理

具有逞能心理的人虽然对安全知识略知一二，但往往在其逞能心理支配下，为表现自己而头脑发热，产生了盲目的行为，结果却事与愿违，酿成事故。逞能好强心理是年轻船舶驾驶人员较为普遍的心理特征，他们容易在这种心理的驱使下，干出一些冒险的、愚蠢的事情，使一些本来不该发生的事故发生了。

4）捷径心理

捷径反应是人类行为的共同特征，图省事、走捷径的心理人皆有之。实际上，捷径心理是由人类追求个人利益最大化的需求而产生的。这里所说的个人利益是广义的概念，包括省时间、少费力等。在船舶营运过程中，捷径心理的表现形式多种多样，常见的是为了赶时间完成航行任务，在不注意安全航速的情况下，不愿受安全规章制度的制约，或是简化必不可少的操作步骤，或违反操作规程，结果往往导致事故发生。

5)胆怯心理

由于船舶航行具有较高的风险,船舶驾驶人员在工作中稍有不慎就很容易引发事故。这种致使少数船舶驾驶人员从思想上对自己的工作产生了胆怯的心态,造成在工作中有时缩手缩脚,心神不安;也有的在突如其来的变故面前缺少心理准备和承受能力,惊慌失措或束手无策,导致反射性行为而发生事故。

6)逆反心理

人的动机具有内隐性的特征,逆反心理便是这种内隐性的特征之一。逆反心理往往在年轻人身上比较明显,其表现一般是“你让我这样,我偏要那样”。逆反心理通常是在思想上带有偏见而产生的。有了逆反心理,会引起心理上的不快,产生与领导或规章制度的对抗情绪。从而对各种安全法规、规章制度缺乏理性认识,这直接影响到他们的安全意识和在工作中的实际行为。在特定的条件下,持有这种心理的船舶驾驶人员极易在工作中固执己见,不听他人的劝告或意见,从而导致船舶事故的发生。

四、及时识别和破断安全工作中的失误链与事故链(Identifying and breaking-down error chain and event chain of ship in time)

本章第一节的内容强调了船舶事故与人为失误之间的密切关系,指出了人的失误和人们在工作中的不安全行为有着不可分割的关系,而这些不安全行为在与物的某些不安全状态发生交叉时易导致事故的发生。同时,还专门就失误链和事故链的形成与发展作了说明。因此,为了防止船舶事故的发生,就必须及时识别和破断与其相关的失误链和事故链。

为了能及时发现失误链与事故链的存在及其发展过程,船舶驾驶人员首先必须通过保持高度的情景意识(关于情景意识的详细说明,可详见本书第四章的内容),了解自己船舶内外部的实际情况,掌握和知晓周围局面对本船将产生的影响,从而能在发现失误链与事故链的存在后及时采取相应的措施来终止它们的发展。实践证明,一旦船舶驾驶人员丧失了情景意识,失误链与事故链客观已经形成,并将不断发展并可能导致事故的发生。由此可见,保持高度的情景意识是及时发现和中断失误链与事故链发展的基本保证。

在及时识别失误链与事故链和果断采取措施将其破断的过程中,必须做好一些具体的细节性工作。实际上,在船舶航行中只要能注意好一些细节问题,就能做好失误链与事故链的识别与破断工作,甚至有时只要有一个细节真正做到了位,就能破断失误链与事故链,也就可能避免事故的发生。因此,从某种意义上讲,细节可以决定成败,而做好细节方面的工作必须认真做到以下几点。

1. 用心(Making every effort by mind)

实践证明,认真能将事情做对,而用心才能将事情真正做好。船舶航行是一项系统工程,而作为这项工程的主体,船舶驾驶人员需要充分发挥其适应能力、判断能力、操纵能力、应变能力、应急能力,以及自己的定力和体力。因此,仅有认真的工作态度还是不够的,还必须时时刻刻地用心做好工作。特别是应在工作中不能死板,而惟有多用心、多动脑才能及时识别失误链与事故链,并将其立即彻底破断才能确保船舶航行工作的安全。

2. 积累(Accumulation)

船舶航行是实践性特别强的技术工作,及时地识别失误链与事故链,并将其彻底破断,需要依靠船舶驾驶人员自身的经验的积累和综合能力的提高。换言之,这些经验的积累和综合能力的提高是实现安全航行的重要保证。为此,船舶驾驶人员必须在工作中注重自己经验的积累和综合能力的提高。事实告诉人们，聪明的船舶驾驶人员不仅仅通过自己的工作实践来积累经验与教训，他们更多的是总结了其他人的经验，或从其他人所发生的事故中吸取教训来提高自己的业务水平。这种通过自己的工作实践不断总结经验与教训和通过交流吸纳以承袭别人的间接经验的方式，可以使自己具有更为良好的技术业务素养，拥有及时发现失误链与事故链和有效地破断它们的能力。

3．勤勉(Hardworking and encouragement)

近几年来，随着世界航运业的快速发展，国际海运贸易量和船舶吨位与数量的剧增导致船舶驾驶人员处于长期的高强度的工作状态之下。这种情况很容易使他们产生心理方面的惰性、懈怠和自负等不良心态。而这些情况的产生恰恰又形成了失误链与事故链产生的温床。在这方面最为突出的反映便是瞭望疏忽。由于对潜在的危险不敏感，以及自身应急反应不了等而导致船舶事故的发生是客观存在的。为了减少或避免这类事故，就必须勤勉，即对工作的一丝不苟，因为在许多情况下勤勉往往是避免最初失误的一大利器。

4．遵章(Performance of rules and procedures)

船舶常年航行在大海、沿岸或港内的航道上。由于不同的水域与地区航行的特点与要求，有关主管部门或机构为之制定了许多相关的规章制度或操作规程。可以肯定的是，这些众多的规章和操作规程会使工作在第一线的船舶驾驶人员受到一定的约束。但从更高原则来讲，正是有了这些规章制度和操作规程才能使船舶在这些地区的航行安全得到保障。特别是当船舶在靠近港口或港内航行与作业时，只有严格地遵章才能保证船舶处于较为有序和受控状态，从而大大降低了因无序和混乱而导致人为失误最终造成事故的可能性。正是因为有了严格的操作规程，从而大大限制了船舶驾驶人员的随意性和冒进行为，同时在一定程度上弥补了一些年轻船舶驾驶人员在经验上的欠缺。更为重要的是，在执行这些相关的规章制度或操作规程的过程中，能有利于船舶驾驶人员及时做好对失误链与事故链的识别与破断工作。由此可见，作为担负船舶安全航行重任的船舶驾驶人员如能严格遵守规章和操作规程，就能确保船舶航行的安全。

综上所述，船舶驾驶人员在实际工作中虽然难以避免失误链或事故链的产生，但是可以通过自己的努力及时发现失误链与事故链的形成，并采取果断有效的措施来中断它们的发展，达到避免事故的目的。在采取破断失误链与事故链行动后，还应注意到这些失误链与事故链可能会再次产生。因此，船舶驾驶人员必须在随时密切注意失误链与事故链的是否存在的基础上，在采取破断和终止其发展的措施后，还应继续保持高度的警惕，认真观测和判断所采取措施或行动的效果。在必要时，可采取进一步的措施以确保船舶航行工作的最终安全。

第三章 文化意识
(Cultural Awareness)

就船员这一职业特点而言,它是国际化特征最明显的职业之一。船员在每一次派遣工作中都可能接触到不同的船舶和不同的船员,这些船员在国别、性别、语言、种族等方面往往存在着很大差异,即使都是同一国家的船员,也会有地区差异和文化层次参差不齐的情况。为了实现船舶的安全航行,船员也应当重视和学习不同国家和地区的语言、文化、习俗等,考虑不同个体和团队的文化背景,培养自己的文化意识,克服多元文化和文化差异带来的困难,实现不同文化的协同作用,从而避免由于文化的不同而导致交流与沟通中的冲突。

第一节 多元文化及其特点
(Multi-culture and Its Characteristics)

一、文化的概念及其特征(Definition and characteristics of culture)

文化,广义上指的是人类社会历史实践过程中所创造的物质财富和精神财富的总和,狭义上指的是社会的意识形态以及与之相适应的制度和组织结构。对文化的概念,有人作过统计,认为至少有260余种关于文化的定义。

然而,就人的思维方式及其在组织中的行为特点方面来说,有一种解释是比较客观的,即:所谓文化是指不同的国家、民族、人种所具有的不同的文化模式。每一种文化模式都有自己的价值体系和行为准则,并与造成这种差异的特定社会环境相联系。各种文化模式的特点可以通过属于各文化的成员的行为、信仰、习惯和社会组织形式表现出来。一般的特点可以表现在服装、饮食和语言中;比较复杂的特点则融化在人的信仰、价值观、思维方式和言行举止当中。这种文化习惯和价值观念会自觉或不自觉地反作用于人所处的社会环境,并对周围的人产生影响。

二、多元文化的差异(Differences of multi-cultures)

众所周知,航运业是一个全球性的行业,航运业各主体之间的关系同样错综复杂,见图3-1。

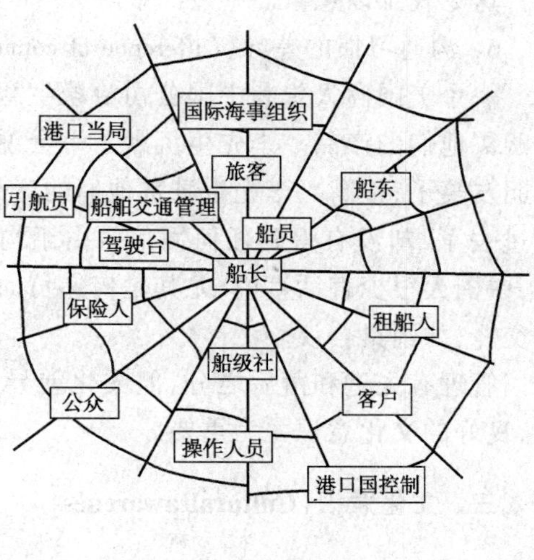

图 3-1 航运业关系

航运业联系着世界上不同的国家和地区,联系着不同的民族和人种,也联系着不同的文化。然而,当不同的文化相遇时,文化差异就会集中地表现出来,特别是对于船舶这一相对独立的环境而言，尤其如此。图 3-2 说明了每个船员的文化背景差异。

综上所述，多元文化之间的文化差异主要表现在以下几个方面：

1. 语言差异(Difference of language)

语言文字是人们交流、传递信息和思想的产物，也是人们进行交际沟通的工具。语言文字的相通或相歧，往往是由不同文化的共同性和差异性所造成的。当说者和听者的语言不一致时，就会产生沟通的困难。

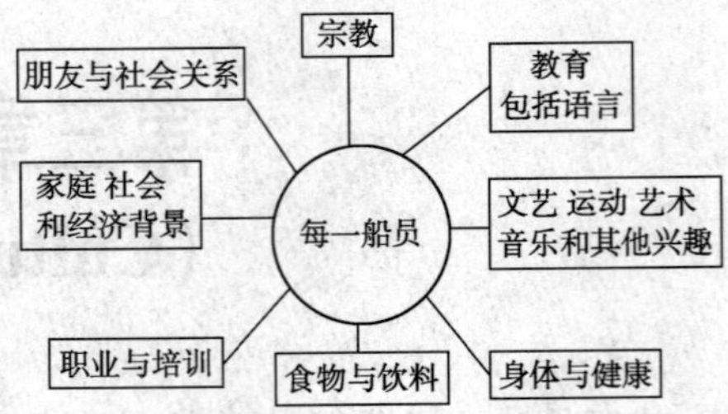

图 3-2　每个船员的文化背景

2. 价值观的差异(Difference of values)

来自不同文化背景的人的价值观不同，其行为方式和态度也不同，容易造成一定的冲突。比如：在年龄观念上，东方尊重长者，而西方重视青年；在自我观念上，东方主张“无我”，从众心理严重，而西方强调“自我”，竞争欲望强烈；在成就观念上，东方侧重守业，表现出集体精神，而西方追求创业，个人利益为先。

3. 认知差异(Difference of perception)

偏见是跨文化沟通中难以避免的一种现象，因为在跨文化沟通中，信息来源是有限的或存在不正确的信息，从而造成一些模棱两可的情景，不同文化背景下的人们通过自己独特的视野来看待与己相关的事情，必然会给沟通带来障碍。

4. 非语言沟通的差异(Difference of non-language communication)

沟通的手段不限于语言，非语言沟通同样可以帮助我们传达信息和思想。由于不同国家的管理不同，非语言沟通也会造成跨文化交流中的障碍。

5. 生活和工作方式的差异(Difference of life and working styles)

在强调个人为主的文化里，他们往往把生活的各个部分都分得很清，在工作、家庭、朋友之间有着明确的界限。

一家西方杂志研究了 3 个成功的中国企业，它们都是家庭经营的。当记者采访其中一个电子公司的老板王先生时，他惊讶地获悉，王先生曾在美国学医 4 年。王先生说他那时一直想当医生。记者问：“那你为什么回来做生意呢？”王先生回答：“因为我哥哥在一次车祸中死了，我得接过他的责任。”记者说：“可是你怎么能放弃自己的人生愿望，把时间花在做别的事情上呢？这令我难以想象。”

6. 沟通习惯的差异(Difference of communication custom)

一个美国商人想和中国公司洽谈生意。他问李先生，保守估计，中国公司是否有足够的资金购买他们的产品。李先生沉默了一会说：“你们的产品很好，西方国家的人们一定喜欢。”美国朋友笑了，很高兴李先生赞赏他们的产品，于是给了对方一份合同，请他尽快签约。可是几周过去了，却没有得到任何回信。由于沟通方式的差异，使这位美国先生误以为称赞就是同意，中国人很少直话直说，尤其是传递负面信息时；中国人也不习惯西方人的追问方式以及直面交锋，如圆桌会议。

管理有先进和落后之分，但文化差异却无对错之分，因而在不同文化的相互理解和融合中，良好的文化意识尤为重要。

三、文化意识(Cultural awareness)

文化意识是我们船员所应具备的一个基本素质，具体地说，它要求船员对所工作的船舶驾驶台班组人员的文化背景、生活习惯、行为方式和思考方式等有深入的了解，能站在对方文化背景的立场上，协作处理各种问题。

实际上，在许多跨国公司的管理中，许多劳动关系纠纷的产生、劳资矛盾的激化，并非是简单的双方在经济利益上的博弈的失衡，相当大的一部分是因为劳动关系的主体双方由于文化背景的差异，从而造成一种文化碰撞。而这种文化上的不协调，致使劳动关系的和谐度的侵害面更加广泛，因为对一种文化的忽视和不理解，就是对一个群体的忽视和不理解，而这会给公司带来巨大的损失。这一点在跨国公司中表现得尤其明显。以广州标致公司为例，其在中国当"短命"便是因为公司的管理方未能很好地解决多元文化管理的问题。举其中一个对复印机管理的小例子，便能"管中窥豹"。法方的管理人员的习惯是，随到随用，无需专人看管，没有必要增加办公室人员，坚决反对中方人员提出的专人看管的办法，沿用国外普遍采用的无人看管，机器放在办公室通道，用者随时自行打开复印机使用。结果由于一些中方人员擅自操作或大量复印私人东西，造成设备的损坏和纸张的大量浪费，最后不得不改用专人看管。由此可见，文化意识的缺乏而导致管理上的举步维艰是经常发生的。

在船员每一次被派遣工作的过程中，同样也是如此，他和该船的其他所有工作人员一起组成了一个新的团队或者群体。如何来协调和管理具有多元文化背景的班组成员，这对于船员来说是一种新的挑战。船员往往希望生活在其他文化环境中的人们与自己一样，能按自己的方式处理问题，也希望他人的工作责任和权利也与自己社会中的情况一样，但这些想法有时会落空或遭到失败，而如果船员又没有意识到这一点，甚至认为班组其他成员和自己过不去，则会使驾驶台班组成员之间的关系处于紧张状态，甚至会对船舶的安全状况产生不利的影响。

四、民族文化的划分方法(Methods of classifying national culture)

对文化差异在组织管理领域进行比较全面的分析，是荷兰林堡大学的组织人类学教授霍夫斯泰德(G·Hofsted)首先进行的。霍夫斯泰德的研究有极为重要的意义，他提供给人们一种认识自己文化和借鉴其他文化的有效方法。而且，他告诫说，管理者必须具有"文化敏感性"。

霍夫斯泰德对来自40多个国家、使用20多种不同语言的116 000人进行了调查，发现国家之间的差异主要是民族文化的差异，并以人类社会对权力差、不确定性的回避、个人主义或集体主义、男性化或女性化等几方面的价值判断作为基本标准来对比分析不同民族的文化差异，对于这几个方面的标准，不同国家的文化会有不同的反映。

1. 权力差(Power distance)

权力差是民族文化差异的最典型特征。什么是权力差？它指的是社会对权力分配不平等的接受和认可程度，即权力差与政治集中程度和领导专制程度有关。权力差越大的社会，就越会认可组织内权力的巨大差异。

在一个权力差大的组织中，成员会认可组织内权力的巨大差异，对权威显示出极大的尊敬。称呼、身份及地位发挥着重要的作用。在领导与被领导之间存在着不可逾越的鸿沟，并使组织内部等级森严、职位分明、少数人独立而多数人依赖。

相反，权力差小的组织尽可能减少这种不平等。上级仍拥有权威，但下级并不恐惧和敬畏。领导与被领导之间没有多大的界限，具有微弱等级，彼此依赖、关系和谐、相互接近。不同权力差国家比较见表3-1。

不同权力差国家比较　　表 3-1

序号	权力差小的国家	权力差大的国家
1	人员之间不平等减少到最低程度	希望人员之间的不平等
2	拥有不同影响或权威的人员之间应该相互依赖	权威性不够高的人员应该依靠社会影响大或有权威性的人
3	家长平等对待子女	家长教育子女要服从
4	学生平等对待教师	学生尊重教师
5	分权十分普遍	集权十分普遍
6	受教育程度较高的人比受教育程度较低的人拥有较少的权力主义价值观	受不同教育程度的人拥有几乎相同的权力主义价值观
7	组织内的等级制度意味着角色的不平等，但组织制度的建立绝大部分是为了便利	组织内的等级制度反映了组织内较高层次与较低层次之间存在不平等
8	组织内高层人员与基层人员之间的工资差别较小	组织内高层人员与基层人员之间的工资差别较大
9	理想的雇主是足智多谋的民主主义者	理想的雇主是乐善好施的独裁者
10	人们对特权和地位的象征表示不满	特权和地位的象征十分普遍，为人所期望

2．个体性与群体性(Individual and group)

个体性体现的是一种松散结合的社会结构，在这一结构中，人们只关心自己和自己接近的亲族的利益。群体性指在一个紧密的社会组织结构中，人们以“在群体之内”还是“在群体之外”来区分，渴望得到群体内的成员的照顾，并以对该群体的绝对忠诚作为报答。

一个国家的个体性程度与这个国家的富足程度密切相关。个体性程度不同的国家比较见表 3-2。

个体性程度不同的国家比较　　表 3-2

序号	群体性文化的国家	个体性文化的国家
1	人们生长于一个不断对其进行保护的家庭，忠于自己的家庭	人们长大以后，被期望只照顾自己和其家庭
2	人的个性以其社会网络为基础	人们的个性以个人为基础
3	小孩从小就被教育要以“我们”来想问题	小孩从小被教育要以“我”来想问题
4	应该保持调和的态度，直接对抗应该避免	表达自己的思想是诚实正直的表现
5	教育的目的就是学习如何干事	教育的目的就是如何去学习
6	教育和文凭提供了进入更高地位的可能性	文凭增加了个人经济价值，使人更加尊重自我
7	雇主与雇员的关系被视为家庭关系	雇主与雇员的关系是以互利为基础的合同关系
8	关系超过工作	工作胜于关系

3．张扬(男性化)或平和(女性化)(Masculine and feminine)

张扬(男性化)是指：在社会中占统治地位的价值是成功、金钱、事业，它将收入、赏识、进步和挑战这 4 种因素看得很重，个人被鼓励成为独立的决策者，受人赏识与积累财富就是成功的标志。在企业里工作压力很重，许多经理相信自己的属下并不喜欢自己的工作，因此必须将他们置于一定的控制之下。

平和(女性化)是张扬的反面，在社会中占统治地位的价值观念是关心他人并讲求生活质量。人们十分崇尚关系与合作、友好氛围和职业安全。个人被鼓励成为集团的决策者，人际友好交往和优美的生活环境是取得成功的标志。在企业里，工作的压力较低，经理们信任其下属并给予他们较大的自由度。

4. 对不确定性的回避(Uncertainty avoidance)

人们所生活的世界在很大程度上是未知的、不确定的，而不同的社会以不同的方式对这种不确定性作出反应。不同国家对回避不确定性的不同态度见表3-3。

部分国家对回避不确定性的不同态度

表3-3

序号	低度不确定性回避的国家	高度不确定性回避的国家
1	很少法律法规，法律法规通常是一般的	较多法律法规，且通常是非常具体的
2	人们相信，如果法规得不到尊重，就应该加以改变	如果法规得不到尊重，人们相信自己就是罪人，应该悔改
3	居民的异议是可以接受的	居民的异议是不能接受的，应予以抑制
4	人们对社会制度的看法是积极的	人们对社会制度的看法是消极的
5	对年轻人的看法是积极的	对年轻人的看法是消极的
6	容忍和温和是社会的特征	极端主义及法律秩序的利害关系是社会的特征
7	相信具有多方面才能的人和一般的常识	相信专家和内行
8	人们认为一个集团的信仰不应该强加给另一个集团	人们相信只有一个真理，且他们拥有它
9	对宗教、政治和思想意识的容忍	对宗教、政治和思想意识的不容忍
10	在哲学与科学方面，存在着相对主义和经验主义的倾向	在哲学和科学方便，存在着完美的理论倾向

“低度不确定性回避”(Low Uncertainty avoidance)的社会中，人们对不确定性和风险能够泰然处之，对与自己不同的行为和意见表示容忍，因为人们并没有感觉到威胁。

“高度不确定性回避”(High Uncertainty avoidance)的社会，以其成员的高焦虑水平为特征，表现为不安、紧张、进取。人们对异常思想和行为缺乏容忍，社会成员趋向于相信和追求绝对真理。人们感受到了社会中不确定性和模糊性的威胁，并试图回避。回避的方法有提供更大的职业稳定性、建立更多的正规条例等。在一个高度不确定性回避的国家里，有较低的工作流动性，终身雇佣政策普遍实行。

第二节　多国籍人际关系的处理
(Dealing with Multi-nationarity Human Relations)

人际关系即人与人之间的关系，是一个人与他人相互接触和相互沟通的结果。一个人不可能独立地在社会中生活，人与人之间的合作与竞争是我们社会生存和发展的动力，把握好两者的关系，建立良好的人际关系是一个人工作和事业成功的重要保证。因此，处理和维持良好的人际关系非常重要，特别是对于在船上工作的船员和引航员而言尤其如此，因为船上的船员来自于全国各地甚至不同国家和地区，多元文化碰撞与融合，这时候就特别要求船员具有跨文化沟通和交际的能力，从而有助于处理好船上的各种问题。

一、处理人际关系的一般原则(Guidelines for dealing with human relations)

1. 处理好与下属的关系(Properly treating relations with subordinates)

在与下属建立信任和坦诚的关系方面，要注意以下几点：

1)交流(Communication)

交流就是随时与下属沟通，提供准确信息，解释作出决定与制定政策的缘由，对自己存在的问题坦诚相对，避免将信息当作工具或者奖赏来使用。重要的一点是，与下属沟通时，不仅要同全体下属进行交流，还要同下属个人进行交流。

2)支持(Support)

给予支持意味着给下属以关心，意味着帮助、教导下属，赞同他们的想法，巩固他们的职位，当然还意味着对员工的生活和职业给予重视。一位员工遇到麻烦，或者与上级的利益发生冲突，或仅仅是不受欢迎时，上级往往要背弃他。但如果老板为了员工的利益而作出努力，在事后就可以获得更多的回报。下属最信任的是当困难降临时能和他们站在一起的上司。上级要为员工提供成功机会，这或许是与下属沟通中最无声的但却是最有效的沟通方式。

3)尊重(Respect)

尊重的最重要方式是授权，其次是倾听下属的意见并采纳他们的意见。当上级对下属的判断和能力给予真诚的信任时，他同时也赢得了下属的信任和尊重。要考虑到下属的心理感受，顾全下属的面子。在实际工作中，平等而宽容地对待下属，他们会在工作中更用心地支持你；当出现问题时，不冷静的处理方式会伤害下属的自尊，这对工作的进一步开展及私人间的正常交往都是极为不利的。要避免使用下命令式的口气，因为没有人会喜欢被呼来唤去，用下命令式的口气来指挥别人做事，效果不如采取建议性指令方式："你可以考虑这样做吗？""你认为这样做行吗？"这样的沟通方式会使下属有一种被重视的感觉，使其能认真地完成任务。

4)公正(Fairness)

公正意味着客观、公平，对下属的工作要给予足够的赞扬。相反的行为则是偏袒、虚伪、错误的观念和行为、不道德的举止，这些会极大地破坏上下级间的信任关系。长期缺乏公正的环境使人们不再相互信任和坦诚相待。

5)守信(Honesty)

守信意味着行为的可预测性，上级对下级的行为前后一致可靠，以及遵守直接和隐含的承诺。守信也常指人的性格和品格，它是一个人真实性的最好证明。记住并经常将员工的名字挂在嘴边，这条简单原则的效用其实很大，上司记住员工的姓名对员工来说是一种心理满足和精神鼓励。

6)能力(Ability)

赢得下属的信任需要你有良好的技术和职业能力、商业直觉和判断。员工们不愿成为无能领导的下属。信任来源于公正，而长期信任关系的维持，则还依赖下属对上司的崇拜和尊敬。

2. 处理好与上级的关系(Properly treating relations with superiors)

每个员工都应清楚，假如没有主要上司的支持和协助，自己根本无法圆满完成工作任务

不能处理好各种工作关系。要处理好与上级的关系,也要注意以下几点:

1)了解并在适度的范围内尊重上司的习惯

要了解上级的目标、他承受的压力、他的长处和弱点、他的行为风格和处事作风,并在工作中尽量不去违背。不可否认,现实中一些领导的习惯的确令你很难适应,你的确没有理由去忍受,但你至少应该在不影响原则的情况下不去随便和上司发生冲突。

2)要清楚自己的需要、目的、长处、弱点和行为风格

利用对彼此的了解与上司建立一种以双向期待为特点,同时符合双方的需要、与双方风格相吻合的关系。

3)设法保持这种关系

经常向上司汇报工作情况,行为处事诚实可靠,有选择地占用上司的时间和他提供的其他资源等。争取成为上司值得信赖的下属,不要让上司认为你的存在是对他的威胁。应对上司说些工作方面有建设性的话,向上司提出你的新看法及你乐于接受的新任务、新挑战。如果工作中出现了失误,应勇于承认错误。

4)处理好与上司的私人感情关系和工作关系间的平衡

如果和上司间进行太多的私生活话题交流,会影响你在同事心目中的形象,他们会觉得你与上司的私交甚笃,从而对你产生微词。最常见的一种情况是即使你靠自己的努力取得成绩时,留言蜚语也会四处散播,当然也有人会刻意亲近你,想借此巴结上司;另一部分同事则会对你有所顾忌,使你的工作及社交出现障碍,这些都不利于你长远的事业发展。

5)多说多做,并争取得到上司的认可

这里的多说多做是指,多说与工作有关的事,多做与工作有关的事。你可以主动请缨,在力所能及的范围内向上司要求更多的工作任务,这些举动至少可以让上司感受到你的进取精神;永远都提前完成上司交给你的工作,以合理的方式让上司注意你的成绩,如你可以定期将自己的工作进度及所完成的任务上报,让上司了解到你的贡献。

除了以上提示外,你还要有所准备,即当你确实和上司发生矛盾的时候应该怎么办?最坏的情况是上司有可能会处处冷淡你,这时你千万不能意气用事,针锋相对或漠然置之。最好的态度应当是积极、心平气和地找上司进行沟通。选择沟通的时间、场合以及谈话的气氛都很重要。首先你得真心感谢上司的帮助和栽培;其次你最好请上司指出自己的缺点和不足(可以作适当辩解),希望上司能继续对你严格要求,帮助你改掉缺点。这样可以使上司觉得你很尊重他的意见,从而对你有一个新的认识。

3. 处理好横向人际关系(Properly treating human relations with transverse)

1)树立平等共处的观念

不管你是行内的老手还是初出茅庐的新人,都应从意识上绝对摒弃自大或自卑的想法。要知道和谐的同事关系对工作大有裨益,你可以试着将同事看作工作上的朋友,不要让同事觉得你自命清高、难以相处,或者是觉得你没有什么价值可以利用。当你和同事有了竞争性的利益关系时,如遇到晋升、加薪等问题时,同事间的关系就会变得尤为敏感和脆弱。此时,你最好的应对是抛开杂念,专心投入工作,不要手段和技巧,与之公平竞争。

2)掌握真诚的分寸

真诚并不等于完全无所保留、和盘托出自己的想法。对于你并不十分了解的同事,最好还是有所保留。同事间相处的最高境界是永远别把同事当坏人,但却要牢记每个人不可能都是你心目中的好人。

3)要为同事保守秘密

无论这个秘密是同事基于对你的信任,或是无意中向你透露的,都是如此。不论是善意或恶意的泄漏秘密,都是同事间交往的大忌。

4)不要有过多的牢骚和抱怨

偶尔一些推心置腹的诉苦是对同事信任的一种表达,但喋喋不休的抱怨会让身边的人苦不堪言。也许你把诉苦看成是开诚布公的一种方式,但人们会奇怪既然你对现状如此不满,为何不干脆换个环境,远走高飞。

5)不要把交往圈子限定在几个人或一个人身上

应该尽量保持平衡,也就是说,不要对其中某一个特别亲近或特别疏远。在平时,不要老是和同一个人说悄悄话,参加各种活动时也不要总是和同一个人在一起。否则,在你们两个亲近的同时可能疏远了更多的同事。

二、船上多元文化的交流(Multi-cultural communication on board)

1. 文化意识的需要(Necessity of cultural awareness)

在船上,船长、驾驶台其他成员以及引航员应相互对来自于不同文化背景的船员的文化差异和文化相似性保持敏感。如果不具备这种"文化敏感性",就会产生交流和协作方面的许多问题。正如图 3-3 所示。

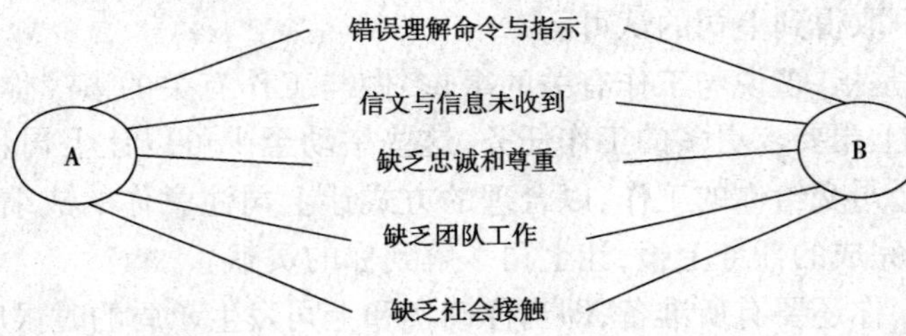

图 3-3　多元文化可能产生的问题

2. 文化轮(Culture wheel)

为了解决和处理船上好多元文化所产生文化差异的问题和有效地进行跨文化沟通,船员应认真地学习和采用图 3-4 文化轮所示的方法。

文化轮所示的方法可以概括为如下 3 个方面:

1)尊重他人的文化(Respect of other's culture)

每个人都会有这样的倾向,觉得自己的文化都是最好、最文明的和最优秀的,其他文化都不如自己文化好,这种态度叫"文化优越感"(Ethnocentrism)。培养接受和尊重不同文化的意识,是掌握拓展我们的视野的良好开始,同时,我们也了解对方对我们的期望。当然,了解文化的最佳方法是学习其语言,通过语言了解和熟悉不同文化的价值观。学习跨文化沟通的第一步是建立对其他文化的敏感度,摒除自己"文化优越感"。

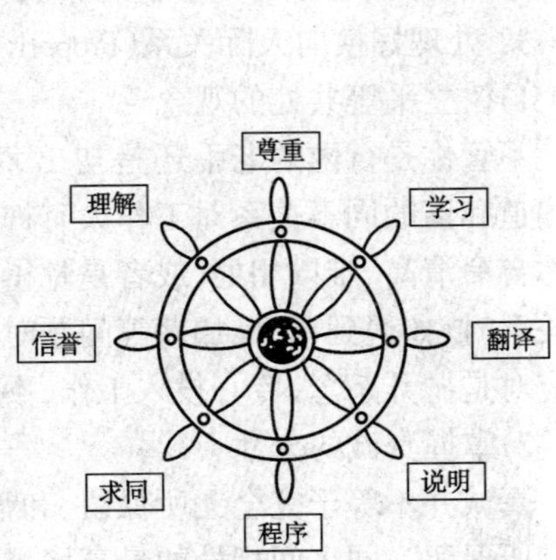

图 3-4　文化轮

2)认识文化差异(Recognition of cultural differences)

只有认识在不同文化里什么是可以做,什么是禁忌,方能避免误会。要做到这点,首先要了解自己所在的文化,还需要了解跨文化基本理论和具体国家文化的知识。通过学习和训练在了解自己文化的基础上,会提高对其他文化的敏感度和对其他不同文化的认知。通过了解和学习其他船员所在的国家文化,认识其与中国文化的差异。

3)协同文化差异(Reconciling cultural differences)

在充分了解自己的文化的基础上,通过学习掌握跨文化理论,比如了解文化国家文化模式,知道其他船员所在国家属于哪类文化模式,掌握跨文化一些基础理论后,再加上进一步了解其所在国家的具体文化。这样,在与来自不同文化背景的人员交往中,能在意识上清楚文化差异,在态度上尊重其文化,同时在行为上能正确表现自己,避免文化差异所造成的误会和不信任感,建立良好的跨文化工作关系。

3. 多元文化的沟通(Multi-cultural communication)

要实现船上多元文化间的良好沟通,重点要做到以下方面:

1)培养文化融合的团队

以前在考察船员能力时,往往只注意到他们的技术能力,而忽视了他们的人际交往能力,甚至是跨文化的人际交往能力。真正的国际化的船员,必须是一些确实愿意与不同于自己文化背景的人打交道、有很高的文化敏感性和灵活性的人。总的来说,良好的"文化敏感性"应该是:

(1)对其他文化中的价值观、信仰和习俗有所了解,尤其是对有古老文化的国家的历史;

(2)理解不同国家的基本经济和社会观念;

(3)了解其他国家语言,对语言和非语言交际都很敏感;

(4)尊重不同的生活哲学和道德观念,意识到自己的价值观和行为准则受自己的文化背景的影响,但不一定就是正确的;

(5)对同种文化中不同个体间的差别有足够的认识,能够预测差异,积极面对挑战和变化;

(6)具备对文化的整合能力、对文化环境的应变能力、决策和决断能力。

2)创造良好的组织沟通氛围

船上不同船员的价值观不同,因此应该让船员意识到多元文化价值观的存在,发现他人重要的价值观,并能理解他人的价值观。和谐融洽的组织气氛,可以消除沟通时双方的紧张感和约束感,做到知无不言、言无不尽。另外,要保证组织有畅通的沟通渠道。船上的高层管理者如船长应主动创造沟通交流的机会,增加对下属船员的信任,保证沟通渠道清晰明确。

3)建立共同的价值观

在一种文化中被认为是有价值或者是神圣的事物,可能在另一种文化中会被认为是无关紧要的。问题在于我们很难发现那些我们已经习以为常的事情,对于另一种文化会存在什么问题。共同的价值观可以消除文化差异造成的隔阂,使人们更快地融入到组织当中来。价值观的渗透常常比我们意识到的还要广泛,这不仅是因为价值观、信念在不同文化中的差异,而且是由于它们的重要性并不被真正认识到。

第四章　情景意识
(Situation Awareness)

情景意识,是安全意识的一个重要组成部分,在船舶安全中起着相当关键的作用。许多事故的经验教训表明,有着良好的对当时情况和局面的安全戒备,是预防和控制事故发生的有效措施。本章就情景意识的定义、构成要素、团队情景意识、情景意识的作用与培养等方面进行说明和讨论。

第一节　情景意识的定义与要求
(Definition and Requirement of Situation Awareness)

一、情景意识的定义(Definition of Situation Awareness)

情景意识(Situation Awareness, S/A),有的译作"局面意识"、"警惕性"等,是指在一个特定的时间对影响船舶的因素和条件的准确感知。它是人们对于事故发生的一种预知和警惕,属于思维和思想活动的范畴。

从理论上讲,船舶运动是一个充满了事物发展复杂性和偶然性的特点。船舶运动的变化要求我们对船舶所处环境和条件的复杂性和偶然性有更加全面综合和有动态感的了解。从认识上讲,复杂性表现为一种众多因素相互作用的状态。在控制论、系统论和独立组织的理论范畴中,复杂性概念不仅仅表现为一个系统内各种因素之间极大的差异性,而尤其表现出这样一种极其难以预料的活跃性,即一种由极其众多因素以及这些因素的可变性和它们之间大量不同性质的关系而产生的活跃性;实际上,复杂性这一概念近似于偶然性概念。所谓偶然性,指的是两个或两个以上的因果关系或不同目的组成的"链条"不期而遇的不可预见性;从更广泛的意义上讲,对偶然事件的确定,既涉及对属于同一个数量级复杂程度的说明,又牵扯到对既定对象特点的描述。正因为如此,为保证船舶的安全营运,保持对船舶运动的情景意识是十分必要的。

情景意识不是一种特定的行为,而是工作态度和思维的产物,它决定着人的行为与动作。同时,情景意识具体指由理解力、注意力、判断力和适应性所组合而成的一种表现,见图 4-1。

良好的情景意识表现为:

1. 正确地感知船舶条件实际状态与变化趋势的理解力(Ability of proper understanding of practical condition and changing tendency)

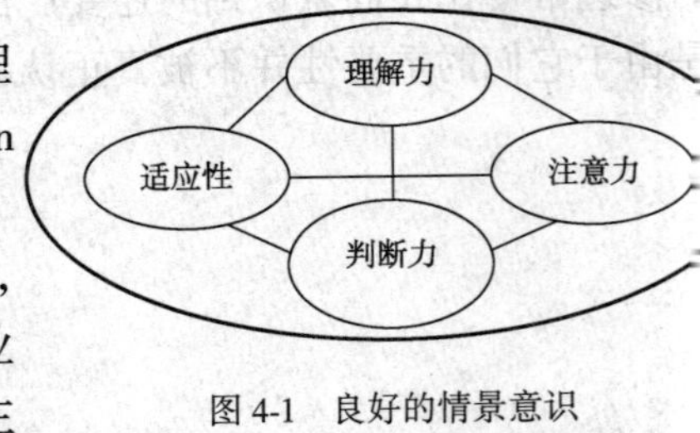

图 4-1　良好的情景意识

船舶是船舶驾驶人员和引航员操作和控制的工具,同时也是人员和货物的载体。船舶本身对于船舶作业安全有重要的关系,也是安全营运系统的组成因素,主要表现在适航性上，即船舶设备装置、操纵性能资料、货载配置等方面的状况。没有适航的船舶，再好的驾驶技术，不论如何遵守规章，事故都是难免的。由于航行环境千变万化，船舶在设计，建造和性能方面，具备了一定程度上的在预定航区航行承受一般风险的能力。具体来说，船体结构、水密隔舱、机械设备和各种工具，如锚、舵、缆、侧推器、消防、救生、信号和无线电等设备都应符合安全航行的要求，反之这就会形成船舶不安全状态。这种不安全状态常常是以静态的形式出现。因此，对于船舶条件的实际状态与变化趋势能正确地感知，并对船舶适航状态的完全理解是良好情景意识的要求之一。

这种船舶的不安全状态正说明事故的潜在原因，在船舶未航行之前或航行之时都可能存在。比如是船舶设计错误、制造缺陷、装配缺陷、安装缺陷、调整缺陷，以及管理缺陷等早期故障。据劳埃德船级社统计，在船舶损失的海难事故中，约45%与人的行为和通常做法有关，它导致船舶沉没、搁浅、碰撞、翻船等。典型的海难事件和其他55%的损失(每年超过200艘船舶)多半是属于技术上(设计，技术条件或操作)的原因而造成。还有，船舶检验期内，按技术标准是符合适航条件的。但目前船舶有时在检验期内，因维修保养不良或存在潜在缺陷而引起不具备适航条件。比如，在检验期内遇到船员的不安全行为或船舶主机、设备本身潜在缺陷超过安全值，而导致船舶实质上的不适航。

船舶的不安全状态是构成船舶事故的物质基础，它可以由一种不安全状态转变为另一种不安全状态。事故的严重程度随着船舶不安全程度的增大而增大。从某种意义上来讲，生产发展和技术进步的过程，实际上就是人们对物的不安全状态不断认识，不断完善并逐步排除物的不安全状态的过程。当船舶的不安全状态还没有被人们认识的时候、一旦时机成熟就很有可能转变为事故。而当船员认识到船舶的不安全状态，并想办法预防时，船舶的不安全状态就会消除。而以上表现出来的感知就说明了船员能正确地感知船舶条件的实际状态与变化趋势的理解力。

2. 能敏捷地察觉船舶周围的实际情况与变化趋势的注意力(Ability of sensitive observation of practical condition and changing tendency around ship)

船舶在多种介质中运动，包括风、流、浪、涌等环境因素对于船舶运动与安全的影响是船舶人员所熟知的。船舶周围的实际情况应包括船舶所处水域的自然条件、航道条件和交通条件等。

自然状况是指船舶所处水域的气象、水文、潮汐的情况。时至今日，尽管科学技术飞速发展，但仍然不能依靠人力改变台风的路径，仍难于彻底避免大洋上波浪中船舶航行的有害影响和雾的障碍作用。驾、引人员除利用适合于各种自然条件的航行方法谋求安全之外，再无其他办法。也就是说，目前的主要着眼点仍放在船员或者船舶巧妙地顺应自然条件，以克服其不利影响来谋求航行安全的方面。因此，大多数与自然条件密切相关的海事均可认为是与之失衡的结果。

航道状况是指船舶所处水域的航路地理及危险障碍物的情况。大洋中距岸较远的航船，因水深原因虽与航道关系不太密切，但任何船舶都会有近岸航行的情况。航道状况与自然状况的不同点在于，它可以通过人们有目的的治理而直接或间接地使航道环境得到改善，如除去碍航物、对航道疏浚或裁减其弯度以及设置各类助航标志等。

海上交通状况是指船舶所处水域中的交通密度、流量方向、交通秩序、交通局面以及保障航行安全的航道设施状况对事故的影响。除大洋航行海域宽广之外，沿岸、狭水道及港湾航行均可认为会造成各类船的各种形式会遇，特别是进行渔捞作业的渔船大量存在的海域，更是交通密集、常发生海事的地区。交通状况还会随社会经济的发展以及季节、时间的变化而变化，所以渔汛期渔船密集于某一特定的水域，而由于进出港时间的关系，在港湾进口附近水域，多在某一时间段内表现得特别密集。

此外，交通状况与自然状况和航道状况有极大的相关性，若将能见度不良、航道的狭窄等条件加在一起，即使是在一定的交通量下，交通状况的影响程度便会很大。这样，交通状况并不是固定不变的，它是随附近环境的变化而变化的。因此，驾、引人员应随时随地较为确切地掌握交通状况，并与之相适应地驾驶自己的船舶。注意和察觉船舶周围的实际情况与变化趋势，对于船舶安全是很有意义的，同时也是情景意识的组成要素之一。

3. 能全面地了解周围情况变化对船舶运动影响的判断力(Ability of thorough identification of influence of changing situation around ship on ship movement)

信息输入是操船者进行操纵决策的前提部分。按照船舶操纵理论，影响船舶操纵的信息有：船舶信息，包括动态信息（通常称为信息 A）、静态信息（通常称为信息 D）；环境信息，包括自然环境信息（信息 B）、航行条件信息（信息 C）。见图 4-2，信息 A 为本船的运动信息，包括船舶位置、航向、航速及变化趋势，还有各种操纵仪器的作用状态和发挥作用情况等。信息 B 为自然环境信息，包括风、流的方向及其强弱，尤其是对船舶运动施加的外力造成的影响情况。信息 C 为航行条件信息，包括航道环境和交通状况，即航道的可航水深、可航宽度，航道助航设施情况，航行航道的交通状况，附近船舶的运动状况以及有关的操船法规等等。信息 D 为本船的尺度、主机性能、操纵性能，载货状态等船舶静态信息。

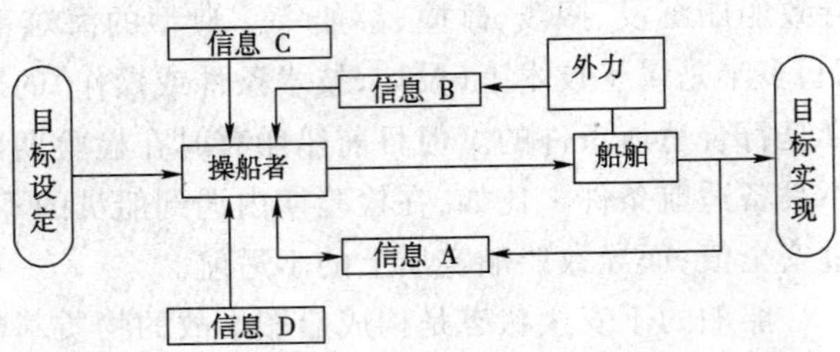

图 4-2　影响船舶操纵的信息

为了实现有效而正确的操纵决策（Decision-making），操船者还必须对信息进行分析，特别是全面地了解周围情况变化对船舶运动影响，以及正确判断相互作用的效果和结果。

4. 能正确地预测船舶即将面临的局面和安全状况的适应性(Adaptability of proper prediction of near-term future and safety situation)

船舶驾、引人员应当具有一定的专业技能知识来预见自己的特定行为会导致可能发生船舶的动态结果，比如安全或事故。如果由于自己的疏忽大意而没有预见到以致发生船舶事故的后果或者是已经预见到船舶有危险，但因轻信不一定会导致发生事故后果的行为就是疏忽。情景意识要求船舶驾、引人员应尽其技能和谨填驾驶的职责。在特殊情况下应有必要的戒备和采取适当措施避免事故后果。由此可见，良好的情景意识能够使驾驶人员了解船舶即将面临的局面，并能正确地预测船舶安全状况。

二、情景意识和安全的关系(Relationship between S/A and Safety)

情景意识是指识别一个过失链和在事故发生前将其破断的能力，可随时知晓与团队和任务相关的将发生的事情，识别和找出失误。丧失情景意识表明一个过失链正在形成。情景意识越好，事故风险越小。低情景意识产生高风险，而高情景意识减少风险，见图 4-3。

某船于 1998 年 2 月 12 日上午抵加拿大的温哥华港锚地等泊，15 日该船进港靠泊准备装货时，在进港航道上发生了触底事故，见图 4-4。事故发生的环境状况为：气象条件正常，能见变 5n mile，东风 3 级，处于高潮前 2h，锚地水深 15m，船舶前吃水 4.65m，后吃水为 6.65m。

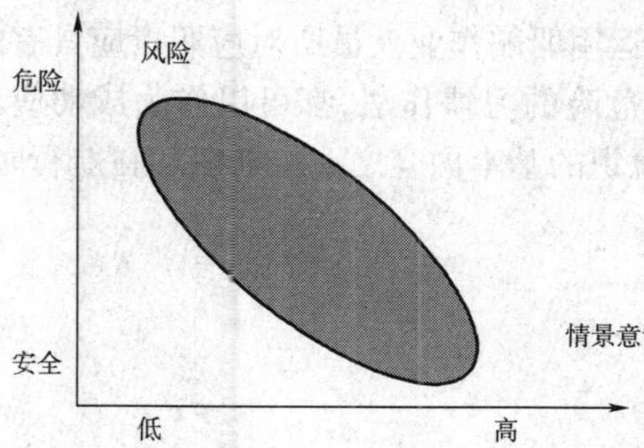

图 4-3 情景意识和安全的关系

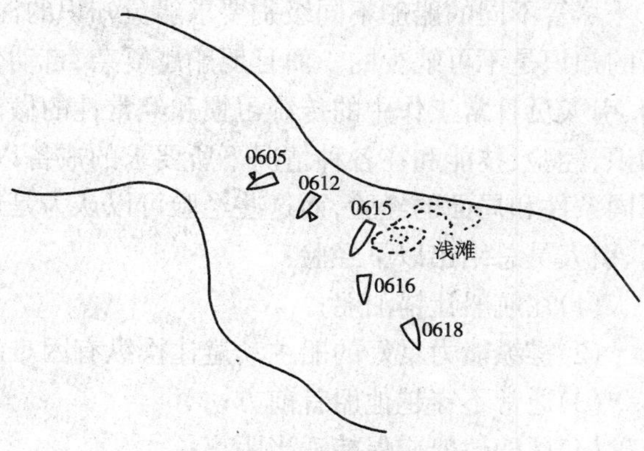

图 4-4 某船搁浅事故经过

0553 时，该船开始起左锚，并于 0605 时锚离底。

随后引航员命令右舵 20°，在前方待命的拖船在右船首慢顶，船开始慢慢左转。期间，另一艘拖船在尾部待命。

0608 时，船舶动车，引航员令主机"Slow ahead"，正舵及停止拖船顶推。

0610 时，引航员指挥前面的拖船至左船首，同时令左舵 10°，跟着左舵 20°。

0612 时，前面的拖船抵达左船首并慢速顶推，引航员同时命令左满舵，接着正舵。

0614 时，引航员令右满舵。

0615 时，船舶在 Admiralty Point 附近触底，具体位置 Lat. 49° 17′.98N，Long. 122° 55′.68W，当时航向 170°。

经调查分析，造成该起事故的主要原因是引航员对水流的影响估计不足，对船舶的动态判断失误，以致车舵使用不当，拖船配合不力等。

当时正处在高潮前 2h 涨潮较强，而锚位距事故点仅 0.3′，亦即起航后的航行途中，锚离底后未及时动车，受流压的作用船迅速向岸边漂移。而引航员对这种局势又未有足够的警觉和及时察觉，继续一味地用左舵和慢车改变航向，当意识到船处于非常危险的处境时而采取右满舵企图摆脱这种局面，已为时太晚。从该案例可以看到，船舶驾、引人员丧失情景意识，没有正确理解本船的性能、注意当时的航行条件、合理分析船舶受当时风流对于船舶运动的影响和适应当时可能会搁浅的局面，从而导致了船舶事故的发生。

三、情景意识的构成要素(Components of S/A)

为了充分理解情景意识在安全方面所起的作用，认识情景意识的构成要素是十分必要的。作为船舶安全的保障，从各个构成要素着手是船舶驾、引人员培养情景意识的有效手段。而情景意识的构成涉及很多因素，其中主要表现为：经验与训练；操纵与操作技能；身体情况与心理状态；对情况的适应与熟悉程度；驾驶台领导与管理技能。见图 4-5。

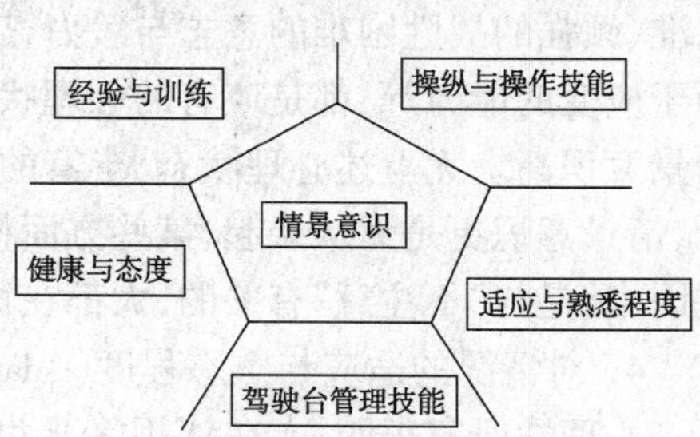

图 4-5 情景意识的构成要素

1. 经验与训练(Experience and training)

情景意识最基本的影响因素是经验与训练。经验和训练是获取知识的重要途径。知识越丰富，理解力、判断力和适应性强，情景意识自然越高。

尽管不同的船舶不同级别要求船员知识的深度广度会有差别，但为使船舶安全营运所必需的知识是不可缺少的。而且船舶越复杂，自动化程度越高，所要求的知识水平就越高。船舶驾、引人员日常工作中的传统习惯和经常性的做法，即运用船舶作业人员所对应职责应具有的知识、经验、技能和在各种情况下所要求的戒备以避免危险的习惯作法，都可以作为成功应付不同条件和局面的经验，而这些经验可以认为是情景意识的基本内容之一。如船舶在航行时，驾、引人员总结出以下经验：

(1)在航船让锚泊船；

(2)操纵能力良好的船主动避让操纵有困难的船；

(3)通常不穿越他船首前方；

(4)尾随他船应保持适当距离；

(5)熟悉本船操纵性能，注意浅水影响及船吸、浪损等效应；

(6)避免在弯曲水道相遇等；

(7)避免在交通频繁水域或航道附近锚泊；

(8)强风时应远离他船，备车松长锚链；

(9)发现他船走锚危及本船时应及时采取备车，备好碰垫和松链等措施。

2. 操纵与操作技能(Shiphandling and operational skills)

技能是构成情景意识的重要因素。操纵与操作技能越强，理解力和适应性也越强，情景意识越高。

技能与知识虽有密切关系，但在本质上却各有其特殊的内容与要求。即使读书破万卷，但没有从事船舶航行的实际经验，也是不能安全驾驶船舶的。当然，只有些实际技能而无足够的理论知识，也具有极大的局限性。技能是通过实际技术训练才能获得的能力，特别是船舶实际操纵技术，必须能够适应经常不断变化的外界条件的要求。又必须能够及时跟上不断更新的技术与设备的发展，因此除了经由一定数量的切身体验来掌握实际技能之外，则难有其他捷径。

3. 身体与心理状态(State of health and physiology)

情景意识非常重要的构成因素是健康状况，它是充分运用自己知识和技能的基本条件。很难想象一位健康状况不良的船员会有足够的精力和体力去学习和灵活应用自己的知识和技能，会适应海上多变的自然条件以及紧张工作的要求，保持良好的情景意识。健康状况不良会降低各感官的功能，容易出现疲劳，甚而无精打采。航海中许多误操作引发海事的严重教训，重要原因之一正在于此。

情景意识的构成因素也包括心理状态。极高的政治责任心、极强的安全意识、极高的道德水准、顽强的战胜困难的意志与毅力、忠于职守的热忱与执著、模范的工作习惯以及临危不惧巧于应变的能力等，都是应有的心理状态。在这种状态下，船舶驾、引人员的注意力非常集中，情景意识高。无上述心理状态，丰富的技术知识、熟练的技能和健康的体魄便失去了发挥的基础，情景意识更是无从谈起，某些方面精神上的"不注意"就有可能酿成海事。分析许多海事的成因，凡是与"不注意"有关的，大都在情景意识上存在重大缺欠的问题。

4. 对情况的适应与熟悉程度(Adaptability and familiarity of situation)

心理学研究表明：人在认识客观世界的过程中，从对客观事物的感知到对客观世界的改造，具有两个心理过程。一个是认识过程，另一个是意向过程。这两种心理过程的内容和关系见图 4-6。

认识过程主要包括人的感知和思维过程。首先,外部世界的客观事物作用于人的感官时,会在人的头脑中产生对事物的映像,这种映象就是人们所获得的对客观事物的感知认识。在感知认识的基础上,通过大脑进行思考、分析和判断,即思维,从而形成知觉。这是人们认识客观事物的首要心理活动过程。其次是意向过程,它是人们在对待和改造客观事物时的心理活动过程。这种活动过程包括人们的喜怒哀乐,克服困难的态度,全神贯注、聚精会神地进行工作的能力等。对情况的熟悉程度越高,认识过程中对局面和条件的感知越容易,在思考、分析和判断上容易达成与实际情况相一致的结论,情景意识自然也越高。从某种意义上来讲,船员不断地改变服务船舶种类,不断地改变服务船舶航线,对团队情景意识是一个负面的影响,所以船舶对本船的团队情景意识和综合能力时刻要有一个清醒的认识。

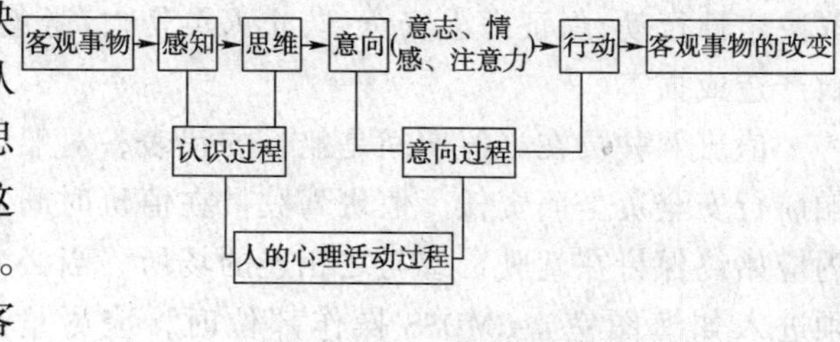

图 4-6　人的心理活动过程

5. 驾驶台领导与管理技能(Bridge leadership and management skills)

船舶作业是一个多部门多人员相协同的工作。就驾驶台来讲，船长、引航员、驾驶员、舵工是常见的一种工作组合。单凭个人的力量是不可能保持高水平的情景意识的。要想得到良好的情景意识，充分发挥每一成员的作用与功能和相互之间的支持和监督是十分必要的。

安全管理工作的具体目的就是要消除物的不安全状态和人的不安全行为。从“物”的因素来看，即本质安全化，绝对安全是不可能的。就现代科学技术水平来说，任何一艘船舶，要做到绝对安全，消除“物”的不安全状态是很困难的，也是很难办到的。此外，由于船舶生产规模不定型，运输作业相对不稳定，所以不安全因素总是客观存在的。从人的因素看，要绝对安全也是不可能的。人在生产活动中最活跃、最富有创造性，即具有主观能动性。许多事故的发生，可以说明这一点，无论物的不安全状态怎样，只要发挥人的主观能动性，主动地去认真检查，物的不安全状态就可消除。而人的行为是受思想所支配的，是不易控制的，也是会出现不安全行为的。因此，安全管理中，在注意物的不安全状态的同时，要密切注意人的不安全行为。正因为如此，驾驶台领导与管理技能的高低与驾驶台团队成员所形成的情景意识有着密切的联系。

第二节　团队情景意识
(Team Situation Awareness)

单凭个人的力量是不可能保持高水平的情景意识的,这意味着良好的情景意识需要团队人员的协助和配合。因此,团队成员应认识他们各自的任务,并在保持高水平的情景意识中发挥作用,以便做好他们应做的工作。

一、团队情景意识(Team Situation Awareness)

团队情景意识是包括船长、引航员和船上其他所有船员各人情景意识的综合。见图 4-7。

在船舶作业过程中,船长负责船舶的管理和驾驶。领导全体船员,遵守国际公约以及各港口国的法律、法规，熟悉和执行公司的安全和环境保护方针，根据船公司的要求安全优质地全面完成运输生产任务。有权根据其专业知识及经验判断采取一切必要措施，并有绝对权力采取决定性行动，保证海上安全，防止人员伤亡，避免对环境（尤其是海上环境）造成危害以及对财产造成损害。

值班驾驶员在当值期间是船长的代表，对船舶航行安全负全面责任。值班驾驶员在值班时间内应始终保持在驾驶台或与之相连的场所，当必须进入如海图室、GMDSS 操作部位时，应尽量缩短时间，并保证确认这样做是安全的。即使船长在驾驶台，仍应继续对船舶的安全航行负责，直至被明确告知，船长已承担此责任并彼此领会时为止。并且在对为了安全而采取的某种行动产生疑问时应及时通知船长。引航员在船引航时，并不解除船长或值班驾驶员对船舶安全所负的职责和义务，应密切合作，并保持对船舶位置和动态进行精确的核对。如有任何怀疑，应要求引航员予以澄清，如仍有怀疑，应立即报告船长。

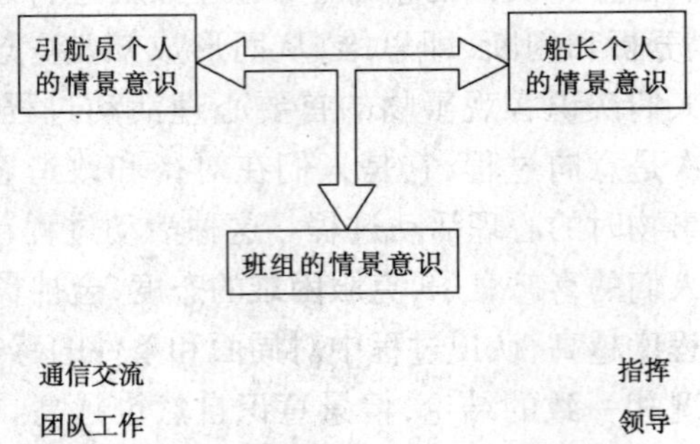

图 4-7　团队情景意识

操舵水手对于船长、驾驶员或引航员发出的舵令必须先复诵，执行后还应再复告一次。如未听清或不懂应立即询问清楚后再执行。发现舵效异常应立即报告。夜间航行，在接班前或交班后按要求进行巡回检查，并将检查情况报告值班驾驶员。进出港时，值班水手除瞭望外，还应协助驾驶员注意车、舵命令执行是否正确。

引航员在船上引航时，发挥熟悉和了解航道和港口情况的优势，运用其具有的驾驶和操作船舶能力，为船舶进出港和靠离泊提供引航技术协助和咨询。此时，船长并不解除管理和驾驶船舶的责任，应保持同引航员良好的沟通与协调，认真监督引航员的引航操作。

通常来说，船舶驾驶台人力资源由上述人员所组成。在驾驶台团队成员中，由于每个成员有不同的经验与训练、操作技能、身体情况与思想以及有不同的对情况的适应与熟练程度、不同的领导与管理技能等多种因素原因，即使对同一个情景，不同的人也会作出不同的判断，而错误的判断往往造成船舶险情的发生以致造成事故。为保持船舶的安全运行，极大地保证船舶的情景意识的合理实现，以下手段是十分必要的。

1. 团队工作（Teamwork）

个人的力量毕竟是有限的，为保持情景意识，充分发挥驾驶台各组成成员的能力、经验是一种十分有效的手段。船舶安全工作本来是一个团队工作，各施其职，各尽其责，是团队情景意识的要求。

2. 通信交流（Communication）

驾驶台的工作要求各组成人员分工明确，在各自使用不同设备的过程中，就信息进行交换，这就要求良好的通信交流能力。事实证明，有效的通信交流是保持团队情景意识的一个重要环节和关键措施。

3. 指挥与领导（Conning）

驾驶台的工作是群体工作，有分工，也有指挥与领导。有效的指挥与领导是保持团队情景意识的环节。

二、丧失情景意识的线索和迹象(Clues & Signs Indicating Loss of S/A)

对船舶周围局面和情况的判断与形成一个过失链的分析,在船舶安全层面上是一致的。情景意识的丧失也就表明过失链正在形成。要保持船舶安全,要求船舶具有良好的情景意识,在此基础上,才能采取相应的措施来终止事故链。由此表明,过失链形成的迹象与丧失情景意识的迹象是一样的。在船舶作业中,这些迹象通常有:

1. 不确定性(Ambiguity)

不确定性是信息的不对称所形成一种特性。实际的或真实的信息与接受或处理的信息不对称,就会形成不确定性。不确定性出现,就难以正确感知信息,极易出现行为过失,从而形成过失链。不确定性是表明过失链形成的迹象,同时也是丧失情景意识的迹象。

比如由于操船者在船舶会遇并存在碰撞危险的情况下实施避让行动选择的不确定性亦即为避让行为的不确定性。统计数据表明,船舶会遇时,驾驶人员就根据当时情况和局面认真观测以判断是否与来船存在碰撞危险,如有碰撞危险时就需采取避让行动。在实施避让行动时,驾驶人员在避让的时机、船舶会遇距离、避让方式(转向或减速)和行动幅度上都存在着较大的差异和不确定性,并且驾驶人员的避让行动与船舶会遇态势以及船舶间距大小有关。

不确定性信息可分为4类,它们分别是:

(1)由于发生条件提供的不充分或偶然因素的干扰所产生的随机性;

(2)因信息的外延模糊导致的模糊性;

(3)信息部分已知、部分未知而导致的不完整性;

(4)由于决策者在主观上的、认识上的不足所产生的未确知性。

在船舶航行作业中,形成信息不确定性可能多数出现在由于两种或以上独立的信息源出现分歧:比如不同设备,不同人员,法规、规则、程序与系统或其他合成的来源数量达到或超过两个。

2. 注意力分散或瞭望不当(Distraction or improper lookout)

注意力是人的心理对一定对象的指向和集中,即心理活动有选择地针对一定事物,并使其在自己的大脑中达到一定的清晰度和完善程度。很显然,一般情况下,人必须将注意力集中在重要的事务上,并剔除不相关的信息。虽然我们可以转移注意力,但同一时刻只能专注于同一领域。当所有的过多的重要信息需要人来同时处理时,问题就随之产生了,或者说我们的注意力可能游离于一些使我们分心的信息中。

不同的航行环境具有不同的注意广度。注意广度是指注意的范围或指在一定时间范围内所能把握一定清晰度的事物的数量。航行在茫茫大洋中,周围目标稀少,环境单一,可有足够的注意广度。当航行在复杂区域如狭窄水域、进出港、河道、靠离码头时,周围目标增多,环境复杂,来往船舶众多,驾驶员不仅要注意本船船位,注意车舵情况,还要注意他船动态、导航物标、障碍物,必要时还要注意航道外的水深,以便避让来船时争取主动等等。在这样的局面下,一般驾驶员便可能缺乏一定的注意广度,有顾此失彼之感。

注意力有时无法集中,有时又无法灵活转移。海事研究表明,碰撞事故发生的重要原因之一是当事者疏忽瞭望。所谓疏忽瞭望,不仅指没有看见,或仅仅看到了来船,更多地是指没能将注意力集中于"来船是否会构成碰撞危险"问题的充分估计上。在大洋航行中,驾驶员当在似乎没有危险的距离上发现来船时,一般不会将注意力集中于这一事件。而在复杂环境航行时,又由于需注意的事件太多而无法集中注意力。因此,集中注意力和注意力灵活转移是驾驶员的重要素质。

事实上，在复杂水域航行，个人的注意力总是有限的，因而操船者要合理地组织驾驶活动和创造有利于注意力的驾驶台环境，形成一个注意范围较广，反应灵敏的操船整体，以克服单个人的注意力缺陷。注意力分散可由下列因素造成：

(1)领导与指挥的失误：错误的领导指挥会导致船舶人员不能把有限的资源用在关键的地方，导致人员的注意力分散。

(2)信息过载：当所有的过多的重要信息需要人来同时处理时，危险就随之产生了，我们的注意力可能分散，游离于一些使我们不是很关键的信息中，发生顾此失彼的现象。

(3)压力和疲劳：压力和疲劳会使人信息处理能力进一步下降。能力的下降就使船舶航行注意力分散，并拒绝接受其他信息。

(4)紧急情况：在紧急情况下，人们的心理状态发生变化，出现惊惶失措，高度紧张，往往出现不知该怎么办，注意力不能集中。

(5)经验不足：由于经验不足，人们面对局面时会不知该如何作为。将注意力集中在一些细枝末节上，而忽略了非常关键的信息。

同时，要充分认识到，注意力过于集中在一个问题或某一方面，例如 VHF 呼叫，它可吸引一个人的全部注意力，从而忽视了处理其他更紧迫的事件从而忽视了其他情况。这是注意力分散的另一种形式。不论何种形式的注意力分散都是表明过失链即将或正在形成，同时也是丧失情景意识的迹象。

3. 感知不全面或混乱(Feeling of inadequacy or confusion)

有关人员对局面失去控制的感知就是不知道随后将会发生什么。这常常是由于经验或训练缺乏造成的。对局面难以认定或发生混乱也通常是缺乏职业的直觉和认识不清而发生的。对局面失去控制感知是表明过失链形成的迹象，同时也是丧失情景意识的迹象。

对局面的正确感知，是情景意识的重要信息来源。它不仅能确认船舶目前所处的情况，同时可预测随后将会发生什么。这里以视觉为例，说明感知与事故之间的关系。

视觉是感知的重要途径。视觉给驾驶员提供绝大部分的交通信息，但不能提供全部。实验证明，在复杂航行环境中，有些驾驶员的视觉信息可占 87%，其余信息可由听觉获得。人的注意力与视野是一对矛盾。视野是指两眼注视某一目标，注视点两侧能看到的空间范围。根据人的生理特点，通常集中注意力注视某一事物时，静视野十分狭窄，其感觉最灵敏的范围只有 3°，在 10°半径范围内尚可看清它物。这说明当只注视某一事物时，对周围环境的观察不利。因此，当在集中精力操船的人，对突然外来的危险事件，往往视若不见而导致危险。为此，驾驶员在操船时，应不断地移动注视点，把瞬时视觉信息与自己以往的经验结合起来以迅速对环境作出反应。

船舶航行中，白天能见度良好时，视物清晰，当夜间或能见度不良时，视物就会受到极大影响。夜间的视觉信息获取程度与驾驶员周围的环境亮度成反比，而与物体(目标)周围的环境亮度成正比。夜间不同时间段对视觉也有不同影响，天空完全暗下来期间以及黎明前的黑暗是对视力最不利的时间段。另外，夜间对航行灯的判断，可能由于距离的变化引起航行灯在视觉上的垂直移动而判断不准确。因此，当航行灯还在较远时，它位于人眼水平方向，是视力的最佳范围，一旦两船相距很近，来船的航行灯犹如半空中的一盏吊灯，位于人眼的垂直方向上，视力便自然低落，从而造成对其距离的判断失误。有些碰撞事故的当事者在描述碰撞前对方船的航行灯时说它像半空中的星星，好像还很遥远时两船已经碰撞。其原因就是在视力低下时,目标的实际距离总是比视觉距离要近。

人眼具有视力适应特性。人的视力,不管是从明处到暗处,还是从暗处到明处,都有一个恢复过程,这叫视力适应。由明处进入暗处,视力适应(暗适应)的时间较长,大约需 3 ~ 5min 开始恢复,15min 后基本适应。因此,为缩短暗适应时间,海图室灯光不宜太亮,逗留时间不宜太长。眼睛在暗适应时不能辨色,对辨别红绿灯有影响。当前方有船,且相距不远时,不宜到海图室逗留。眩光造成视觉障碍。在港内、河道航行时,有时会遇到外界的强烈灯照射——眩光。强光形成视觉障碍,这就是耀眼。当眼睛离开强光源后也有一个视力恢复时间,该时间大约需 6s。因此,航行于城市附近,强灯光灯塔附近或者出入港口等,均应充分注意这种影响。

4. 通信中断(Communication breaking-down)

通信是信息传递的重要形式和手段。船内通信可能被物理因素干扰,例如噪声等。也可能因缺乏共同语言或不同的处理方法而中断。外部通信的中断可能是没有共同语言或误解造成的。不正确或不良的通信将导致指令不能被正确执行,要求重复指示,丢失信息,不能完整的接受和理解计划等。不论何种通信,若通信中断,表明过失链形成的迹象,同时也是丧失情景意识的迹象。

听觉信息是视觉信息受限时的补充。船上的听觉信息是非常多的,如本船的主机声、货物不正常发出的声音、它船的声响信号、船舶交管中心或港口当局的 VHF 通信声等。人的听觉,不仅与声源的频率、远近、强度等有关,还与人耳所处的环境噪声有关,若人耳常受强噪声刺激,会引起听力疲劳。船员长期处于主机噪声中,听觉多少会受影响。但是噪声对听力的影响程度与人的心理需要、情感、意志、个性特征及生理条件等有关。若一个人身体不佳,对航海事业不感兴趣,情绪烦躁时,噪声对听力影响相对增大。反之,保持良好的身体状况、旺盛的精力,善于调节自己的情绪,就能对周围噪声"听而不闻"。

5. 指挥不当(Inproper CONN)

指挥不当可能是由情景意识不够,也意味着错误的表现。表明过失链形成的迹象,同时也是丧失情景意识的迹象。例如:未能进行正确的加以控制与指挥、超速、船舶不正确的航行、未能安排好瞭望人员、身边能胜任工作的人员不足等。

6. 偏离计划航线(Departure from passage plan)

由于在船舶航行中的指挥或监控不当而造成驶离计划航线,是过失链形成的迹象之一,同时它也是丧失情景意识的迹象,尤其是在可航水域受到限制的水域。这种情况通常是由于以下情况发生的:未制定或落实好航次计划,未制定或落实好背离航次计划的内容,未能采取进一步的措施达到已制定计划的目的与要求等。

7. 违反已建立的规则或程序(Violation of established rules or procedures)

建立规则或程序的根本出发点是通过规范对船舶安全与防污染的管理,提高船岸人员的质量管理意识和实际管理水平,进而有效降低人的因素造成事故的几率。没有正当理由而背离明确规定的规则和标准操作程序,是丧失情景意识的迹象,同时也是表明了过失链正形成的迹象。它们可包括:

(1)违反避碰规则、地方航行规则、驾驶台操作程序等;

(2)忽视公司政策与安全操作规程;

(3)忽视相应的航海出版物或图书资料;

(4)随意违背计划好的计划航线。

8. 自满(Complacency or overconfidence)

自满意味着过于自信或盲目自信，容易产生不重视危险的心理。在这样的心理状态支配下，驾驶人员往往凭经验、印象、习惯进行操作，未能在作业过程中判断自己操作方法中的错误，会忽视异常情况，反而自我认为很安全。当突然出现与预料相反的客观条件变化时，由于没有心理准备，往往表现为惊慌失措、手忙脚乱，未能采取有力措施，终于造成事故。另外，驾驶人员对手中的工作与任务过于熟悉，不考虑和轻视潜在问题也是自满的一种表现。这些想法都是丧失情景意识的迹象，往往会导致过失链形成。

三、情景意识的保持和船舶安全(Maintain S/A and ship safety)

团队成员在做好各自的工作的过程中，可以依靠团队情景意识来达到船舶的安全。为了保持情景意识，及时发现事故链形成的迹象，中止事故链达到安全营运的目的，可积极推行以下方式：

1. 最大程度地加强个人情景意识(Maximization of personal level of S/A)

任何团队的工作最终还是依靠个人工作而完成的。因此，最大程度地加强个人情景意识，是保持良好团队情景意识的主要内容。个人情景意识的培养和提高是十分关键的工作。

1)运用良好的船艺

“良好的船艺”包括了“海员通常做法或当时特殊情况可能要求的戒备”。事实上，规则本身就是良好船艺的归纳、总结与法律条文化。但规则只是良好船艺的一部分，而不是良好船艺的全部。因此在船舶营运过程中除了要严格遵守规则规章外，还应有在任何情况下运用良好的船艺之责任。比如在船舶避碰过程中：

(1)作为顶流进港的逆水船，相对于顺水船容易控制船舶，应意识到按照良好船艺或法章要求，都应主动承担更多、更大的避让责任，并应有相应的戒备。

(2)船舶已近泊位，航道的附近都是码头，在航道边还有可供小型船舶通航的岔道河口。在船舶驶近这些航段时，作为良好的船艺应十分警惕沿岸码头可能会有船舶离靠操纵，进出航道；可能会有小型船舶从河口岔道驶进或驶出，强行穿越航道。此时船舶驾驶人员应该像在马路上车开到了人行道斑马线附近时要减速慢行进行观察一样，既可防止突然情况的发生，也可防止浪损小船。

(3)在当时的环境和能见度不良的情况下应派了头，备妥双锚，在碰撞前的关键时刻可协助紧急停船。

(4)应充分注意到小型船舶在船员配备、导航设备、人员素质等方面的特点。主动避让。

2)克服不确定性

不确定性本身也许不危险，但它意味着有差异，但差异原因需要证实。克服不确定性要求强化经验总结，积极实施训练。训练的内容可以是多设备资源的利用。

3)警惕过失链中相关环节存在的可能性

船舶始终在一个充满不确定性和多因素共同作用的条件下运转，要维持船舶安全的状况，需要船舶人员分辨现有作业因素可能出现干扰，以至形成过失链的各个环节。且有充分的时间采取行动中止过失链并防止再次发生。有时难以避免发生，但有良好的意识能在适当的时机运用“中断点(abort point)”来采取适当的行动。这点在船舶避碰过程中的“安全航速”、船舶引航作业过程中的“专业判断”的要求尤为突出。

4)在一个特定的环境中，每个人的感知会有所不同

在驾驶台资源管理中，引航员对航道、水深、环境、会遇、靠离泊等方面的感知会胜过船长；

在本船操作特性、停船、船速、旋回等方面船长的感知更敏锐。但是我们期望的是一个驾驶台的综合情景意识,是一个团队的情景意识。

2. 驾驶台工作的计划和准备(Plan and preparation for work on bridge)

船舶营运中,船舶人员应认真阅读港口指南、航路指南、灯标表、潮汐表、海图资料、航行警告和港口的有关航行法规等资料,特别是对船舶所经航道和所经水域的风向、风速、流向、流速、潮时、潮高、航道水深、限制高度、航标、障碍物、急转弯地带和拖船等情况要做到心中有数;并制定周密详尽的航次计划、进出港计划、靠离泊计划和多种应急预案。

提前做好计划,知道将要发生的事情和处置措施,是情景意识中极为重要的内容。平时工作中培养安全的做法和习惯,可在正常操作中使用安全惯例,以留出时间和精力解决难题。

3. 充分认识其他驾驶台团队成员的作用(Full recognition of other team members' functions)

根据驾驶台资源管理的原理,船舶应灵活把握注意力的集中和转移,合理组织值班船员。比如,船舶进出港口过程中,特别是船舶人员各自的位置、角度、常规职责、应急职责、信息沟通交流方式、记录、应急处置、驾驶台工作规程等,形成一个注意力范围足够广泛,反应灵敏、信息畅通、互补、完整无瞭望技术死角的操船整体。避免由于个体的错觉,以及主观臆断造成的失误。充分认识其他驾驶台团队成员的作用,要正确感知你周围情况,敏捷地察觉周围情况的变化并全面了解周围情况变化对我船的影响,最终能对即将面临的局面加以正确考虑和计划,并作出相应应急措施的准备。

根据科学实验的结果,一般人的脑力大都只能同时记忆 7 项不同的事情。船舶驾驶台同时接受和处理大量的信息,如引航、码头、拖船、周围他船、潮流、吃水、航标、机舱、船首、船尾、舵令、车令、雷达、VHF、信号等。如果船舶在接听 VHF 电话时就很难顾及其他情况变化,难免要分散注意力,致使其指挥不连续,发生失误。事故发生前,船舶所处的环境就像是一个电子邮箱一时间被塞爆了。在发生事故的许多场合下,其原因并不是船长不具备经验和技能,而往往是经不起时间和空间的挑战。如果能把事故的形成演化为慢动作,那么避免这个事故可能就是轻而易举的了。显然,这一时期最好的措施就是利用团队的集体力量。

4. 重视通信中的反馈(Emphasis of importance to feedback in communication)

信息传递的完整性要求完成一个闭环式的通信过程。这需要高度重视通信中反馈的作用。一些案例分析表明,船长与引航员的沟通显然存在着问题,那就是"信息交流没有闭合"。如在某一雾航碰撞事故中,当船长在雷达上观察到附近水域小船较多就对引航员说:"还是抛锚吧",但引航员没吱声。而以后所采取的一系列的减速和向左转向措施,究竟是不是去择地抛锚,船长当时并不是十分清楚,因为他没有从引航员的口中获得船舶将去抛锚的确切信息。至于对引航员的向左转向、"准备去抛锚了"等操纵行为,仅是船长从引航员的操纵动作中理解出来的。这种情况就谈不上相互间讨论准备何时、去何锚地和如何操纵等细节方面的沟通与交流了。同时也导致他们在关键时刻难以相互协助和积极采取应急措施了。

5. 有效地检查和监督,鼓励采用非批评式的提示(Effective checking and supervising, encouraging input without criticism)

人非圣贤,难免会出现疏忽或者错误。相互检查和监督是保持船舶情景意识和安全工作十分有效的措施。因情况和环境千差万别,人与人的特点不同,很难给出一个像数学一样准确的答案来处理监督中的问题。在心理学上认为,一个人的成长与成功是离不开鼓励的,所以船舶管理艺术不仅仅是做指示、下命令,还在于积极采用激励、唤醒和鼓舞船员的方法,使他们为共同的工作目标而奋斗。与此同时,每一船舶作业人员还要乐于并善于接受他人的检查与监督。

6. 进行工作危害性分析，培养风险意识(Raising risk awareness through carrying out job hazard analysis)

船舶在要求驾驶员严格执行规章制度的同时，要善于对船舶即将处于不同水域，不同环境和不同情况的“航行风险等级”进行预见性的评估。从海员的通常做法或特殊情况可能要求的戒备角度来说，船舶还应根据评估的结果，事先用“不同的航行风险等级”相应配套的“不同的戒备级别”(通常有戒备、高度戒备和特别戒备 3 种)，制定对应的具体的戒备措施，并付之实施，杜绝戒备上的漏洞，以期达到化解航海风险的目的。

第五章　通信与交流

(Communication)

Communication 一词，在中文翻译中有多个意思，比如通信、交流、沟通、传达等。通信是传递者→传达→接受者→反馈→传递者的环回过程。在船舶驾驶工作中，交流是船舶安全航行与靠离泊位作业安全的重要环节之一，因为有许多事故是与缺乏良好的通信与交流相关的。因此，保证有效的通信与交流不仅是做好人文管理工作的需要，也是预防航行事故和终止失误链的有效措施。

第一节　信 息 交 换

(Exchange of Information)

一、通信的定义与组成元素(Definition and components of communication)

通信，交流信息，是信息的交换。这里的通信有两层含义，一是一方向另一方清楚地传送信息，正如牛津英文字典解释："通信"是指向他人清楚地传送一个人的意见和感受等信息；二是一方向另一方清楚地传送信息的方式，正如剑桥字典解释："通信"是一种发送和接受信息的方式，例如演讲，电子通信，书信，视觉等。

通信是用任何方法彼此交换信息，即指一个人与另一个人以视觉、符号、电话、电报、收音机、电视或其他工具为媒介交换信息的过程。因此，通信的组成元素包括发送者、接受者、信息、方式、编(解)码和噪声。如图 5-1 所示。发送者和接受者分别是信息的起源和受体。信息是通信的主题内容。方式是通信的媒介。噪声是通信过程中的干扰。

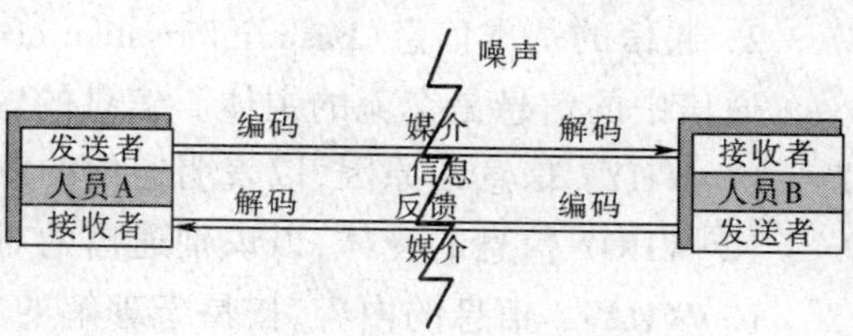

图 5-1　通信的组成

有效通信意味着有效交流，既要着眼于发送者一方，又要着眼于接受者一方。对发送者来说，必须清楚地认识到交流的目的、所使用符号的意义、传递路线及接受者可能作出的反应。对接受者来说，则必须学会如何听，不但能懂得信息的内容，而且能听出发送者在信息传递中同时表达出来的感情和情绪。与此同时，还要关注通信中的其他元素，比如通信中的媒介和干扰。

二、通信的过程——完整的循环(A Full Circle)

为了通信过程的成功完成，毋庸置疑，一方必须清楚地讲话(发送)，而另一方必须仔细听(接收)。还应注意到，完整的通信应该是一个闭环式通信过程。这里的闭环强调通信过程中的传递者→传达→接受者→反馈→传递者的过程。如图 5-2 所示。

1. 通信过程(Communication process)

一个完整的通信过程包括以下内容:

(1)需求。请求向接收方发送消息,发送方收集和安排消息的内容。

(2)发送。有效传送信息。

(3)应答。接收方回答消息,并确认媒介和干扰情况。

(4)接收。接收方理解消息,如果不能完全理解,请求发送方作进一步澄清。

(5)反馈。确认收到消息,并必要地反馈给发送方。

(6)完成。通信完成并终止。

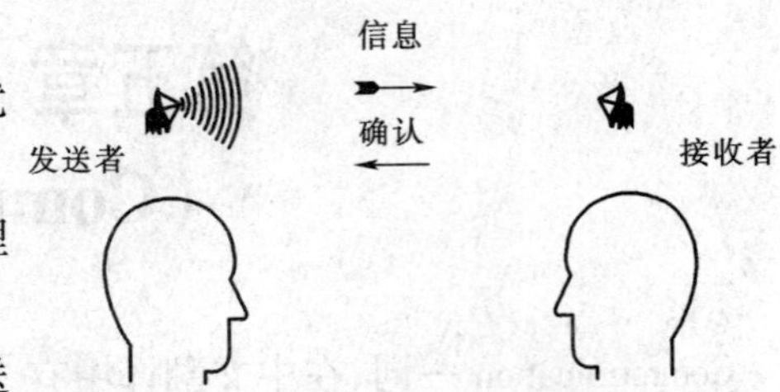

图 5-2 闭环式通信过程

以上过程在船舶驾驶台的工作有十分重要的体现,比如 VHF 无线电话通信信息交换程序包括 6 个步骤:初始呼叫, 回答呼叫, 确定工作频道, 发送信文, 回答信文和终止发送。初始呼叫是由呼叫台为开始建立信息交换而进行的信号发送,回答呼叫是呼叫台或呼叫船对初始呼叫的回答,由于呼叫频道往往不是工作频道,在不知道通信工作频道的情况下,一般使用 16 频道进行呼叫,但不能在 16 频道占据较长时间,因此要进行一般信息的交换,必须确定另一频道作为工作频道。及时和正确建立联系的主要目的是发送信文,根据需要,每一信文的内容可长有短,但应尽量做到:既要表达清楚,又要言简意赅。对信文内容回答,如果信文内容较长,发信台应将信文内容分为若干段落,多次发送;收信台也应多次回答信文。表示相互间的信息交换已经完结,终止发送一般由呼叫台执行。

通信要选择有利的时机,采取适宜的方式。通信效果不仅取决于信息的内容,还要受环境条件的制约。影响通信的环境因素很多,如组织氛围、通信双方的关系、社会风气和习惯作法等。在不同情况下要采取不同的通信方式,要抓住最有利的通信时机。时机不成熟不要仓促行事。贻误时机,会使某些信息失去意义。通信者应对环境和事态变化非常敏感。

2. 通信的基本信息(Basic information of communication)

通信中的信息是交流的主体。信息的内容应包括 6 个 W 和 1 个 H,它们分别是:

(1)WHY? 信息的原因,以表明通信的意图。

(2)WHO? 信息的受体,以识别通信的对象。

(3)WHAT? 信息的内容,按易于理解的方式,收集和安排内容。

(4)HOW? 信息传递的效果,以确认通信有效实现。

(5)WHICH? 信息传递的方式,以确认通信正常实现。

(6)WHEN? 信息传递的时间,应选择适宜的时间,不要在充满压力的时候。

(7)WHERE? 信息传递的地点,应选择适宜的地点,在外部干扰最小的地方。

三、通信的障碍(Communication Barriers)

通信的障碍,指任何干扰,阻碍或影响通信的因素,如通信中断。障碍可能是物理的或人为的。

物理障碍在船舶通信中通常表现有噪声,比如在 VHF 通信中,来自其他船舶的非正常业务交流干扰,在船舶内部通信中,电话机的电流声,对讲机的电流声等;另外还会碰到设备与物理场所所带来的物理障碍,比如船舶设备工作的干扰,船舶震动,风浪声响,驾驶台设备同频干扰等。因此,要保障船舶通信正常进行,应尽力减少或排除物理干扰。

人为障碍指信息的传递者和接受者个人的障碍。通常地,双方应选择共同语言的语言,即在SOLAS公约中规定的使用工作语言。而英语应作为驾驶台的工作语言。在我国港口的通信中,往往存在地方语言、普通话、英语等语言载体的选择。2001年9月20日0030时,希腊籍集装箱船E轮与浙江省温州籍油船Y轮在厦门湾青屿水道发生的碰撞事故调查中发现,Y轮于0019时,在甚高频VHF16频道上用中文呼叫E轮,但由于E轮引航员已在厦4号浮下船,船员不懂中文,而Y船员没有用英文呼叫,使双方在语言交流上存在障碍,导致无法协调避碰措施。

语言通信中,还有语气、语调、清晰度、速度、节奏等问题,而在肢体语言通信中,也会有眼神、面部表情等问题,这些都会表现为信息的传递者和接受者个人的障碍,基于船舶人员的多语言和多文化特性,或多或少存在一些通信干扰。

当然,在通信中的人为障碍还会表现为工作负荷、注意力分散、压力、疲劳等问题,这些因素在港口船舶流量和运转周期加快的情况下,更加明显。

四、改进措施(Improvement of measures)

必须努力克服通信中断的困难,否则团队工作和相互理解会出现问题。避免该情况的发生应注意以下要素。

(1)通信一定要有一个明确的目标。只有大家有了明确的目标才叫交流。如果大家来了但没有目标,那么不是交流,而是闲聊天。而以前常常没有区分出闲聊天和交流的差异。随便交流,本身就是一对矛盾。交流就要有一个明确的目标,这是通信最重要的前提。因此,理解了这个内容之后,在和别人通信的时候,第一句话应该说:“这次我找你的目的是……”。通信时说的第一句话要说出所要达到的目的,这是非常重要的,也是通信技巧在行为上的一个表现。

(2)通过设计改善设备的物理处所,根据实际用物理方法减少干扰。

(3)增强文化意识,通过资源管理避免注意力分散。船上的海员具有多国籍性,他们共同工作在世界各地的船舶上,讲着不同国家的语言。即使船上所有的船员来自同一国家,他们也是来自不同的地区或省份,有着不同的方言。增强文化意识,减少和避免语意的理解不同而造成的人为障碍的产生。

(4)通信技能培训,合理安排时间减少压力和疲劳。

(5)使用共同语言,使用标准航海用语。

(6)达成共同的协议。通信结束以后一定要形成一个双方或者多方都共同承认的一个协议,只有形成了这个协议才叫做完成了一次通信。如果没有达成协议,那么这次不能称之为交流。通信是否结束的标志就是:是否达成了一个协议。在实际的工作过程中,常见到大家一起通信过了,但是最后没有形成一个明确的协议,大家还就各自去干各自的工作。由于对通信的内容理解不同,又没有达成协议,最终造成了工作效率的低下,双方又增添了很多矛盾。

(7)交流信息、思想和情感。通信的内容不仅仅是信息还包括着更加重要的思想和情感。那么信息、思想和情感哪一个更容易通信呢?是信息。例如:今天几点钟起床?现在是几点了?几点钟开会?往前走多少米?这样的信息是非常容易交流的。而思想和情感是不太容易交流的。在工作的过程中,很多障碍使思想和情感无法得到一个很好的通信。事实上在通信过程中,传递更多的是彼此之间的思想,而信息的内容并不是主要的内容。

五、准确的通信(Precise communication)

要准确地实现通信,除了做到以上要求外,还必须注意通信中信息的表达问题。一个好的信息要符合4C原则,即:Complete(完整性)、Coherence(连贯性)、Conciseness(简洁性)、Correction(准确性)。

为简易有效地到达以上目标,使用标准词语、短语是有效的方法。1997年海事安全委员会在第68届会议上,通过了由航行安全分委会拟订的《IMO标准航海通信用语》(Standard Marine Communication Phrases, IMO SMCP)草案,2001年11月,作为A.918(22)号大会决议被通过。《IMO标准航海通信用语》推行的目的在于:帮助船舶进一步提高航行和操纵的安全性;使船舶在海上航行、驶抵港口、水道和港内航行时,通信联系所使用的语言标准化。因此,使用IMO SMCP,可以实现确切的术语、准确的信息和正确的解释,无疑为通信的准确实现提供了方便。这里,还对通信中的"说"、"听"、"问"三个关键行为作一定说明。

1. 提出主张(Advocacy)

给出建设性的意见或提示,例如毫不犹豫地提醒某人或向其指出危险,或未被询问时主动向上级传递一些有用的信息等,清楚地讲述有关事宜并要求反馈,及时提出并坚持用有效的方法来增加他人的情景意识。

通信要讲究"说"的艺术。在表达自己的意见时,要诚恳谦虚。如果过分显露自己,以先知者自居的话,即使有好的意见,也不容易为人接受,会使人产生反感和戒备心理。讲话时要力求简明扼要,用简单明了的词句表明自己的意思,语调要婉转,态度也要从容不迫。在谈话时如果发现对方有心不在焉或厌烦的表情时,就应适可而止或转换话题,使通信能在良好的氛围中进行。而且,在表明某个意思后,最好能稍作停顿,并向对方投以征询的目光,这样使对方有插话的机会,也是尊重对方的表现。

2. 耐心聆听(Patient listening)

聆听也是一种艺术。听到并听懂说话人的信息,注意信息中的关键内容,不宜在说话人的信息未表达完整时参与讨论,并发表意见。

通信要讲究"听"的艺术。作为一名领导者在与员工的通信过程中,应该主动听取意见,善于聆听,只有善于听取信息才能成为有洞察力的领导者。就是说,领导者不仅要倾听,还要听懂员工的意思。因此,首先在听对方讲话时要专心致志,不要心不在焉;其次,不要心存成见,也不要打断对方讲话,急于作出评价,或者表现出不耐烦,这样会使对方不愿把通信进行下去;最后,要善解人意,体味对方的情感变化和言外之意,做到心领神会。

3. 询问质疑(Inquiry and question)

如有怀疑就提问,及时提出并坚持。也许因为特别有利的位置或视角你能看到别人没有看到的事情,清楚地讲述有关事宜并要求反馈。用有效的工具来增加他人的局面感知力。

第二节 在船人际交流

(Communication between Human on board)

通信是人与人之间建立联系。"讲话",是联系的主要方式,但不是唯一的方式。比如,嘴巴口头语音、文字书面语言、表情动作身体语言、音乐图画艺术语言等,都是交流的方式。

一、常用交流渠道(Common approach of communication)

在交流的定义中,说到了交流的媒介,也就是交流的渠道,如:电话、电报、电视。在进行交流的时候经常要经过这样一些渠道:

1. 语言交流(Language communication)

在生活和工作中时刻都在进行着语言的交流。现在又可以用移动电话进行交流。利用口语面对面的进行交流是最常用的形式,有效的口语交流对信息的输出者而言,需要具备正确的编码,以有组织有系统的方式传递信息。有关研究表明,知识丰富、自信、发音清晰、语调和善、诚意、逻辑性强、有同情心、心态开放、诚实、仪表好、幽默、机智、友善等都是有效交流的保证。

2. 文字交流(Written communication)

在工作中,事情完成都要写总结报告,在实施一个项目的时候,需要提供一个方案,这都是文字的交流。当组织或管理者的信息必须广泛向他人传播或信息必须保留时,以报告、备忘录、信函等文字形式是口语形式所无法替代的。采用文字进行交流的原则有以下几个方面:

(1)文字要简洁,尽可能采用简单的用语,删除不必要的用语和想法。

(2)如果文件较长,应在文件之前加目录或摘要。

(3)合理组织内容,一般最重要的信息要放在最前面。

(4)要有一个清楚明确的标题。

3. 非口语交流(Non-verbal communication)

非口语交流可以强化口语所传递的信息,也可以混淆歪曲口语所传达的信息,因此了解非口语的交流十分重要。非口语的信息可以用多种方式表达,肢体语言:充分、合理地利用肢体语言,来表达出礼仪。多媒体技术:以前的讲座,老师坐在讲台上,同学们在下面,这是"我说你听"的交流。现在老师可以用投影仪、幻灯片、笔记本电脑和同学们进行交流。多媒体技术的应用,突出了交流的效果。

二、交流渠道的选择(Selection of communication approach)

在选择交流渠道的时候,需要注意:

1. 肢体语言(Body language)

人在传达信息的时候,语言表达实际上只占表达方式的35%,而65%是靠你的肢体语言去传达的。说同样的一句话,如果加上手势和表情,会带来不同的效果。

2. 表、图像(Table and image)

在会议中或者做报告的时候,除了文字以外,更直观的一种方式是用图表、图像,这些可以使你的意图更直观形象地表达出来。比如说今年年终销售额比去年增加了20%,直接用饼图或柱状图,使交流更形象直观。

3. 语言交流(Language communication)

用语言交流的时候,同样一句话,你用了这种语气,或者用了另一种表达方式,可以达到不同的效果。

4. 利用空间沟通(Using interspace for communication)

人与人之间的距离远近,是站着还是坐着,以及办公室的设备和摆设等等,均会影响到沟通。在各种组织中,不同的地位和权力通常由空间的安排显示出来,高层管理者一般拥有宽敞、视野良好以及高品位摆设的办公室,不同档次的宾馆及餐饮业也可以通过空间的信息表达出来。

5. 利用衣着沟通(Using dress for communication)

人们衣着的不同可给对方传达一定的信息。因为衣着可明显影响人们对不同的地位、不同的身份、不同的群体的认知。

6. 利用举止进行沟通(Using behavior for communication)

人体及其各种举止可以传达许多信息,尤其是面部表情最具有代表性,所以了解人体语言所代表的意义是有效沟通的一个重要组成部分。

三、正式沟通与非正式沟通(Formal and informal communication)

正式沟通是指在组织系统内,依据一定的组织原则所进行的信息传递与交流。例如组织与组织之间的公函来往,组织内部的文件传达、召开会议,上下级之间的定期的情报交换等。另外,团体所组织的参观访问、技术交流、市场调查等也在此列。

正式沟通的优点是,沟通效果好,比较严肃,约束力强,易于保密,可以使信息沟通保持权威性。重要的信息和文件的传达、组织的决策等,一般都采取这种方式。其缺点是由于依靠组织系统层层的传递,所以较刻板,沟通速度慢。

非正式沟通渠道指的是正式沟通渠道以外的信息交流和传递,它不受组织监督,自由选择沟通渠道。例如团体成员私下交换看法,朋友聚会,传播谣言和小道消息等都属于非正式沟通。非正式沟通是正式沟通的有机补充。在许多组织中,决策时利用的情报大部分是由非正式信息系统传递的。同正式沟通相比,非正式沟通往往能更灵活迅速的适应事态的变化,省略许多繁琐的程序;并且常常能提供大量的通过正式沟通渠道难以获得的信息,真实的反映员工的思想、态度和动机。因此,这种动机往往能够对管理决策起重要作用。

非正式沟通的优点是,沟通形式不拘,直接明了,速度很快,容易及时了解到正式沟通难以提供的"内幕新闻"。非正式沟通能够发挥作用的基础,是团体中良好的人际关系。其缺点表现在,非正式沟通难以控制,传递的信息不确切,易于失真、曲解,而且它可能导致形成小集团、小圈子,影响人心稳定和团体的凝聚力。

此外,非正式沟通还有一种可以事先预知的模型。心理学研究表明,非正式沟通的内容和形式往往是能够事先被人知道的。它具有以下几个特点:第一,消息越新鲜,人们谈论的就越多;第二,对人们工作有影响者,最容易招致人们谈论;第三,最为人们所熟悉者,最多为人们谈论;第四,在工作中有关系的人,往往容易被牵扯到同一传闻中去;第五,在工作上接触多的人,最可能被牵扯到同一传闻中去。对于非正式沟通这些规律,管理者应该予以充分注意,以杜绝起消极作用的"小道消息",利用非正式沟通为组织目标服务。

四、信息沟通系统(Information communication system)

现代管理理论提出了一个新概念,成为"高度的非正式沟通"。它指的是利用各种场合,通过各种方式,排除各种干扰,来保持他们之间经常不断的信息交流,从而在一个团体、一个企业中形成一个巨大的、不拘形式的、开放的信息沟通系统。实践证明,高度的非正式沟通可以节省很多时间,避免正式场合的拘束感和谨慎感,使许多长年累月难以解决的问题在轻松的气氛下得到解决,减少了团体内人际关系的摩擦。

1. 向上沟通渠道(Approach of upwards communication)

向上沟通渠道主要是指团体成员和基层管理人员通过一定的渠道与管理决策层所进行的信息交流。它有两种表达形式:一是层层传递,即依据一定的组织原则和组织程序逐级向上反映；二是越级反映，这指的是减少中间层次，让决策者和团体成员直接对话。

向上沟通的优点是：员工可以直接把自己的意见向领导反映，获得一定程度的心理满足；管理者也可以利用这种方式了解企业的经营状况，与下属形成良好的关系，提高管理水平。

2．向下沟通渠道（Approach of downwards communication）

管理者通过向下沟通的方式传送各种指令及政策给组织的下层，其中的信息一般包括：有关工作的指示，工作内容的描述，员工应该遵循的政策、程序、规章等，有关员工绩效的反馈，希望员工自愿参加的各种活动。

向下沟通渠道的优点是：它可以使下级主管部门和团体成员及时了解组织的目标和领导意图，增加员工对所在团体的向心力与归属感。它也可以协调组织内部各个层次的活动，加强组织原则和纪律性，使组织机器正常的运转下去。向下沟通渠道的缺点是，如果这种渠道使用过多，会在下属中造成高高在上、独裁专横的印象，使下属产生心理抵触情绪，影响团体的士气。此外，由于来自最高决策层的信息需要经过层层传递，容易被耽误、搁置，有可能出现事后信息曲解、失真的情况。

向下沟通的缺点是：在沟通过程中，下属因级别不同造成心理距离，形成一些心理障碍；害怕“穿小鞋”，受打击报复，不愿反映意见。同时，向上沟通常常效率不佳。有时，由于特殊的心理因素，经过层层过滤，导致信息曲解，出现适得其反的结局。

就比较而言，向下沟通比较容易，居高临下，甚至可以利用广播、电视等通讯设施；向上沟通则困难一些，它要求基层领导深入实际，及时反映情况，作细致的工作。一般来说，传统的管理方式偏重于向下沟通，管理风格趋于专制；而现代管理方式则是向下沟通与向上沟通并用，强调信息反馈，增加员工参与管理的机会。

3．横向沟通渠道（Approach of horizental communication）

横向沟通渠道指的是在组织系统中层次相当的个人及团体之间所进行的信息传递和交流。在企业管理中，横向沟通又可具体的划分为四种类型。一是企业决策阶层与工会系统之间的信息沟通；二是高层管理人员之间的信息沟通；三是企业内各部门之间的信息沟通与中层管理人员之间的信息沟通；四是一般员工在工作和思想上的信息沟通。横向沟通也可以采取正式沟通的形式，也可以采取非正式沟通的形式。通常是以后一种方式居多，尤其是在正式的或事先拟定的信息沟通计划难以实现时，非正式沟通往往是一种极为有效的补救方式。

横向沟通具有很多优点：第一，它可以使办事程序、手续简化，节省时间，提高工作效率；第二，它可以使企业各个部门之间相互了解，有助于培养整体观念和合作精神，克服本位主义倾向；第三，它可以增加职工之间的互谅互让，培养员工之间的友谊，满足职工的社会需要，使职工提高工作兴趣，改善工作态度。

横向沟通的缺点表现在头绪过多，信息量大，易于造成混乱。此外，横向沟通尤其是个体之间的沟通也可能成为职工发牢骚、传播小道消息的一条途径，造成涣散团体士气的消极影响。

第三节　船舶通信
（Shipboard Communication）

一、船舶通信手段（Shipboard communication approaches）

船舶通信的手段多种多样，由于船舶作业的情况和条件差异和变化很大，通常涉及的船舶通信的手段可分为内部通信手段和外部通信手段。

1. 内部通信手段(Internal communication approaches)

口头是通信与交流的最常用的手段,通常在船舶上表现在会议进展过程中面对面的口头交流。除此之外,还有使用设备,比如电话,对讲器等媒介的口头交流。在此需强调工作前安排说明(Briefing)和工作后情况小结(Debriefing)两个关键问题。

1)工作前安排说明(Briefing)是团队内部交流的一个重要方式

要求在做每项工作前安排时间做简要的安排说明。这种说明是公开的,友好的,并能在驾驶台团队工作中产生积极影响。在工前安排说明会上,说明和公布建立的标准和指南,与驾驶台团队检查计划,识别薄弱的环节,以营造有效的工作氛围。征求建议,总结共同达成的合成计划,查核理解情况,制定监督指南,获得承诺。监督合成计划的进展,评估进展情况,必要时修改,更新计划。

在船舶安全运输作业中,可通过召集离港前工作安排会议来介绍航线计划,与驾驶台人员进行深入而广泛的交流,说明规定的要求,明确航线上可能的薄弱环节,制定一些航行中需要的标准和指导方针,创造一个有效的团队工作为导向的环境,事实证明是切实有效的。而船舶引航作业过程中,船长与引航员,甚至驾驶员就航道航行情况、靠离泊作业安排等引航计划在引航作业前仔细说明,也是工作前安排说明的一个有效的反映。

2)工作后情况小结(Debriefing)是团队内部总结的一个重要方式

利用一切可得到的资源(人员,时间,硬件),要求在每项工作结束后尽快安排时间作情况小结,考虑所有组员的意见,包含否定意见并相信肯定意见,积极吸取经验,鼓励为将来的改进提出反馈,纠正错误的行动计划。在工作后情况小结会上,不宜采取责备个人的形式进行,使团队关注于问题(而不是个人),不要让讨论变成争论。不是每个决定都会得到所有人的赞同,观点的分歧是常见的,必要时可拓展短期组策略。鼓励"提主张"和"询问"。

书面是稳定而准确的通信与交流手段。利用可存储的媒介来记录通信的基本内容,从而避免了因时间变化而造成口头信息的遗忘或丢失。船舶书面通信的手段常见的有值班命令(Standing Orders),船舶手册(Shipboard Manuals),公告(Notice Boards),海报(Posters),符号(Signs)和标签(Labels)等。

2. 外部通信手段(External Communication Approaches)

船舶工作的特点,造成船舶外部通信是一种远距离通信。因此,设备的工作频率的使用成为外部通信的关键问题之一。在船岸之间和船与船之间,广泛采用的是甚高频无线电话(Very High Frequency -VHF),它是一种通信方便、传递信息迅速可靠的近距离通信工具,船用话机的输出功率一般不超过25W,岸用话机一般为50W,通信有效范围一般在30~60n mile,岸台则更远些。

书面方式的通信手段包括通函(Circulars)、电子邮件(E-mail)、传真(Tele-fax)、电报(Telex)。

外部通信过程中的一个重要部分是通信设备。很显然,驾驶员同他人有效通信时,十分熟练地使用船上通信设备是很重要的。

二、船舶通信的实现(Shipboard Communication)

1. 船上发送信息(Sending information on board ship)

船上信息的发送必须目的明确、思路清晰、注意表达方式。在信息交流之前,信息发送者应考虑好自己将要表达的意图,抓住中心思想。在通信过程中要使用双方都理解的用语和示意动作，并恰当地运用语气和表达方式，措词不仅要清晰、明确，还要注意情感上的细微差别，力求准确，使对方能有效接收所传递的信息。信息发送者有必要对所传递信息的背景、依据、理由等作出适当的解释，使对方对信息有明确、全面的了解：假如你要分配一项任务，那么要对任务进行全面分析，这样你才能正确地对任务进行说明；假如你面临的是纪律问题，那么在批评和处罚之前，应对情况进行全面了解，取得了真凭实据，这样的处理就会取得圆满的效果。

2．船上接收信息（Receiving information on board ship）

船上信息的接收必须注意力集中，认真理解信息。在信息交流之时，信息接收者应听或读（How do you read me ?），仔细理解内容，抓住中心内容。在通信过程中要借助双方都理解的对象，必要时，为了澄清而进行询问或质疑。应答时，除非特别告知不这样做，否则，即使仅仅是确认收到信息也要应答。必要时，信息接收者应给出反馈。

3．船舶通信的语言（Communication Language on board ship）

STCW 公约要求 OWW 具备英语的说写知识，以胜任对海图，航海出版物，气象信息和有关船舶安全和操作的信息的理解，以及同其他船舶和岸台进行交流。

三、在船人员交流（Onboard Communication）

1．驾驶台/机舱间/泊位间通信（Bridge / Engine-room / Mooring Stations Communication）

保持通信简短准确，把多余的通信降到最少，及时使用“提出主张和询问”并作坚持。如果情况允许，使用辅助通信媒介。

保持与机舱的密切联系和及时沟通，尤其是发生特殊情况时，更应及时通报，并协调对策。进出港口时若主机临时故障需要减速或停车，必须立即报告驾驶台，由船长根据航道、港区情况，果断决策并通知机舱，避免引起其他事故。

2．船长/引航员信息交流（Master/Pilot Information Exchange）

引航员上船到达驾驶台后自然成为驾驶台团队成员，船长与引航员要充分交流信息。信息流如图 5-3 所示。整个驾驶台的信息包括船长、引航员、驾驶员和水手，甚至包括拖船和码头工人。

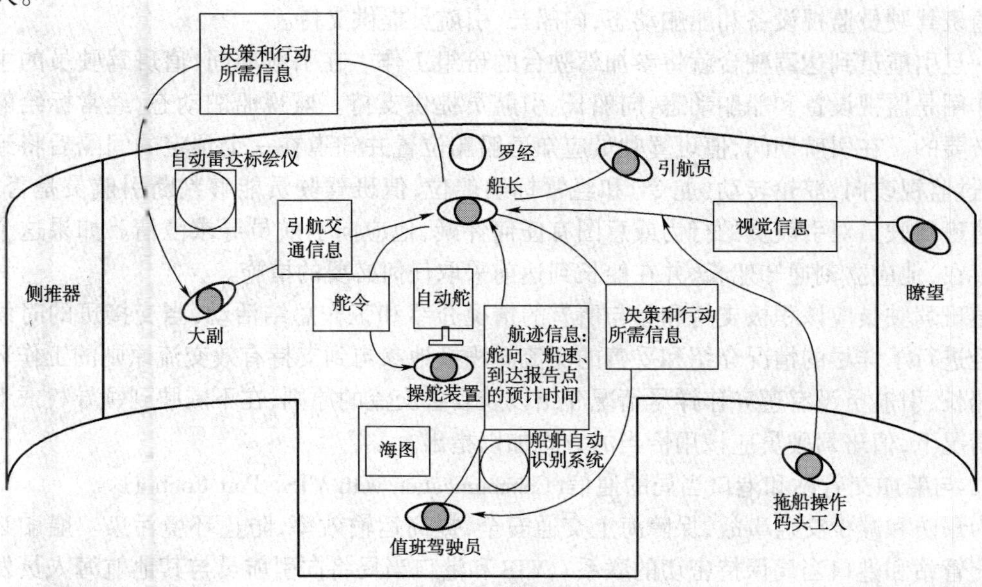

图 5-3　驾驶台典型的信息流程

船长熟悉船舶及其设备的性能不足和特异之处，但不熟悉当地的情况，不方便支配拖船，带缆艇和工人。但他对船舶安全负有最终责任。当认为必要时，有权从引航员手中接管船舶操纵板。也许船长会发现自己陷于这样一个处境：他对引航员指挥下的船舶航路有疑问，但由于不熟悉当地情况而无法询问引航员。

引航员具备当地航行的特殊知识和同港口当局的特殊联系。他熟悉当地的水域，可支配拖船，系泊船和工人。但不熟悉船舶特性和船员。尽管引航员负有责任和义务，但他在船上的存在并不解除船长或值班驾驶员对船舶安全所负的责任和义务。

正因为如此，船长与引航员的交流是十分重要的。船长和引航员应交流关于航行程序，当地情况和船舶特性的信息。船长或值班驾驶员应于引航员密切合作，保持对船位和船舶运动的准确检查。

1)船长通信(Communication for Captain)

船长对船舶安全负有最终的责任。船长认真介绍自己船舶的相关情况，提供引航卡等资料，请引航员介绍他的航线计划以及当地的环境情况。要求向驾驶台团队人员协助引航员的工作。与引航员共同进行交互式的闭环交流。如因引航员的疏忽而有必要时，收回操纵权。

2)引航员通信(Communication for Pilot)

引航员有责任和义务利用他特殊的知识和能力在当地水域驾驶船舶，帮助驶进港口，靠泊和离泊。引航员与船长和驾驶台人员密切合作，且积极与船长交流信息，告知驾驶台人员在引航水域中的任何困难和制约因素。在条件允许的情况下尽可能多地让驾驶台人员清楚自己的行为和意图。

引航员介绍航线计划及其意图，使驾驶台人员能监视船舶航行在计划航道内的情况，向驾驶台团队人员简述当地的环境和交通规则。对航向或航速作任何改变时告知驾驶台人员。对于任何通航，天气，能见度，流的改变或预期改变的情况，告知驾驶台人员。船长、驾驶台人员没有按照规定作详尽情况介绍及进行交流，引航员应该通过恰当的方式加以指出，建议使用共同语言(英语)。

3)驾驶员通信(Communication for OOW)

值班驾驶员监视设备和船舶动态，向船长、引航员提供支持。

一旦引航员到达驾驶台就将参加驾驶台的班组工作。在引航期间，值班驾驶员的主要和关键作用是监视设备和船舶动态，向船长、引航员提供支持。监视船舶动态，经常标绘船舶位置是必要的。在引航期间，值班驾驶员应知道船舶位置并知道在一个预定的间隔后将到达哪里；通过监视改向，舵轮转动(舵令)和经常标绘船位，值班驾驶员能够判断引航员是否出错。如果值班驾驶员对引航员的行为或意图有任何怀疑，他应向引航员寻求澄清。如果这个疑问仍然存在，他应立刻通知船长，并在船长到达前采取任何必要的措施。

值班驾驶员应该积极支持和参与所有的情况介绍和工作总结活动，当交接班的时候应确保已经进行了详尽的情况介绍和妥善的交流。积极地参与到支持有效交流原则的工作环境中去。船长、引航员没有遵守作详尽情况介绍以及妥善交流的原则，在不威胁到领导权或上级命令的情况下，值班驾驶员应该用恰当的方式加以指出。

3. 与船舶交管站和港口当局的通信(Communication with VTS, Port Control)

为预防和减少交通事故，保障海上交通安全，提高运输效率，防止环境污染。船舶必须与船舶交管站和港口当局保持密切的联系。VTS 和港口当局将向引航员与其他航海人员发布有关 VTS 区域的细节内容，如区域的界限、提供服务的内容，并负责本辖区船舶的正常运行。

按有关国际公约和国内规范，船舶进出本港时，船舶应使用通信设备，按照规定向 VTS 报告。在报告与交流中，须注意以下方面：

保持交流简短准确，把多余的交流降到最少。如航次计划报告，将船舶的主要内容（包括进港、出港、过境和移泊船舶的船名、国籍、总长度、总吨位、吃水、最大高度，以及始发港、目的港或预靠泊位或锚位、预抵时间、载货种类与数量和旅客人数）报告，而多余的情况尽量减少。在联系前先写好信息是有帮助的。

第六章　团队与团队工作

（Team & Teamwork）

"团结就是力量"，这是大家都非常熟悉的一句话，如果我们从管理的角度，把它改成"团队就是力量"也是非常恰当的。在一个组织之中，如果没有团队合作精神，个人的计划再仔细，可能也难以完满实现预定的目标。无论是一个家庭，还是一个公司或是一个社会，乃至一艘船舶，一个人的本事再大，能力再强，要做成一件事，没有其他人的帮助和支持是根本不可能成功的。

第一节　团队与团队角色

（Team and Its Roles）

一、什么是团队（Definition of team）

一个人构不成团队，两个以上个人的集合体也未必是团队。同在车站等车、码头候船的乘客、电影院里的观众、排队买东西的顾客等，都称不上是团队。

团队是由两个或两个以上的人组成的，通过人们彼此之间的相互影响、相互作用，在行为上有共同规范的一种介于组织与个人之间的一种组织形态。通俗地说，它是由一起工作以完成共同任务的个体组成的一个群体。其重要特点是，团队内成员间在心理上有一定联系，彼此之间发生相互影响。那些萍水相逢、偶然汇合在一起的一群人，虽然在时间、空间上有些共同的特点，但他们之间在心理上没有什么相互影响和相互作用，因而称不上团队。团队形成的基本要素如下：

1. 成员们有着共同的目标（Members have common aim）

为完成共同目标，成员之间彼此合作，这是构成和维持团队的基本条件。事实上，也正是这共同的目标，才确定了团队的性质。组织则不同，它是先有结构，后有任务、目标和发展方向。团队必须是先有目标，后有团队。更为重要的是，团队的目标赋予团队一种高于团队成员个人总和的认同感，这种认同感为如何解决个人利益和团队利益的碰撞提供了有意义的标准，使得一些威胁性的冲突有可能顺利地转变为建设性的冲突，也正因为有团队目标的存在，团队中的每个人才都知道个人的坐标在哪儿，团队的坐标应在哪儿，否则黑白颠倒，轻重不分，团队将面临灭顶之灾，也失去了其存在的价值。再说，正因为团队目标的存在，才使得团队成员能在遇到紧急情况、面临失败风险等情况下全身心地投入，统一思想，形成合力，除了团队，没有一个人能够做到这一点，因为这些事件是对他们整体的挑战。

2. 各成员之间相互依赖（Members rely on each other）

从行为心理上来说，成员之间在行为心理上相互作用，直接接触，彼此相互影响，各自意识到团队中的其他个体，相互之间形成了一种默契和关心。不论何时何地，成员之间都会相互给予支持，且彼此协作，以共同努力完成所需要完成的各项工作。

3. 各成员具有团队意识(Members have team consciousness)

团队成员具有归属感，情感上有一种认同感，意识到“我们是这一团队中的人”、“我是这一群体中的一员”。每个人都有发自内心地感到有团队中他人的陪伴是件乐事。彼此心理放松，工作愉快，所以说，团队意识和归属感在团队工作中有深刻意义。

4. 成员具有责任心(Members have obligation awareness)

所有真正的团队，其队员都要共同分担他们在达到共同目标中的责任。正常情况下，没有一个团队中的成员是不承担责任的，如果大家都不承担责任，实现共同的目标无疑是一种空中楼阁。请试想一下“领导让我负责”和“我们自己负责”之间的微妙而重要的区别。前者可导致后者，但是，没有后者，就不会有团队。“我们自己负责”这么一句简单的话，却道出了一个核心问题，那就是我们自己对团队的承诺，以及团队对我们的信任，事实上当我们为了一个共同的目标走到一起的时候，也就不可避免地承担起对团队的责任来。

二、良好团队的特征(Characteristics of a Good Team)

一个处于良性运转的高绩效团队必须具备以下一些显著特征，而正是由于有了这些特征，一个群体组织才能称之为良好团队或高绩效团队。

1. 明确的目标(Clear aims)

团队对于主要要达到的目标有清楚的了解，并坚信这一目标包含着重大的意义和价值。而且，这种目标的重要性还激励着团队成员把个人目标升华到团队目标中去。在有效的团队中，成员愿意为团队目标作出承诺，清楚地知道希望他们做些什么工作、以及他们之间怎样共同工作和完成任务。

2. 相关的技能(Relative skills)

团队是由一群有特定能力的成员组成的。他们具备实现理想目标所必需的技术和能力，而且相互之间有能够良好合作的个性品质，从而能够出色完成任务。后者尤为重要，但却常常被人们忽视。有精湛技术能力的人并不一定就有处理团队内关系的高超技巧，也不一定就能对团队目标实现作出贡献，但良好团队的成员往往兼而有之。

3. 良好的沟通(Good communication)

这是团队一个必不可少的特点。团队成员通过畅通的渠道交换信息，包括各种言语和非言语信息。此外，管理层与团队成员之间良好的信息反馈也是正常沟通的重要特征，有助于管理者知道团队成员行动，消除误解。就像一对已经共同生活多年、感情深厚的夫妇那样，团队中的成员能迅速地相互理解，具有一致的想法和情感。

4. 一致的承诺(Coherent promises)

团队成员表现出高度的忠诚和承诺，为了能使团队获得成功，他们愿意去做任何事情。我们把这种忠诚和奉献称为一致的承诺。对成功团队的研究发现，团队成员对他们的群体有认同感，他们把自己属于该群体的身份看作是自我的一个重要方面，因此一致的承诺特征表现为对团队目标的奉献精神，愿意为实现这个目标而调动和发挥自己的最大潜能。

5. 有效的领导(Effective leadership)

有效的领导能够让团队跟随自己共同度过最艰难的时期，因为他能为团队指明前途所在。他们向成员阐明变革的可能性，鼓舞团队成员自信心，帮助他们更充分地了解自己的潜力。优秀的领导者不一定非得指示或控制，高效团队领导者往往担任的是教练和后盾的角色，他们对团队提供指导和支持，但并不试图去控制它。当很多管理者已开始发现这种新型的权力共享方式的好处，或通过领导培训逐渐意识到它的益处，但仍然有些思想僵化、习惯于专制方式的管理者无法接受这种新概念，这些人应该尽快转换自己的老观念，否则就将被淘汰。

6．相互的信任(Mutual trust)

成员间相互信任是团队的显著特征，这就是说，每个成员对其他成员的行为和能力都深信不疑。我们在日常的人际交往中都能体会到信任这东西是相当脆弱的，需要花大量的时间去培养又很容易被破坏。而且，只有信任他人才能换来他人的信任，不信任只能导致相互的不信任。因此，要维持团队内的相互信任，还需要引起管理层足够的重视。组织和管理层的行为对形成相互信任的团队氛围很有影响。如果组织崇尚开放、诚实、协作的办事原则，同时鼓励团队成员的参与和自主性，则比较容易形成相互信任的环境。

三、团队角色(Roles in a team)

一个完整的团队是由众多的角色组成的，英国贝尔宾博士通过对数千个团队长时间的研究得出一个结论：优秀的团队由9种角色构成，他们包括实干者、协调者、推进者、创新者、信息者、监督者、凝聚者、完美者以及技术专家。

1．实干者(Doer)

实干者非常注重现实和传统，甚至有些保守。他们崇尚努力，计划性强，喜欢用现实的方法解决问题；实干者有很好的自控力和纪律性，对组织的忠诚度高，为组织整体利益着想而较少考虑个人利益。他们对工作有一种责任感，效率很高，守纪律。

由于实干者的可靠性、高效率及处理具体工作的能力，他们的作用是巨大的；这些人不是根据个人兴趣，而是组织需要来完成工作。正因为这样，好的实干者会因他们出色的组织技能和完成重要任务的能力而胜任较高的职位。

2．协调者(Coordinator)

协调者通常能代表成熟、自信和信任。他们办事客观，不带个人偏见；除权威之外，他们更有一种个性的感召力。在人际交往中，他们能很快发现每个人的优势，并在实现目标的过程中妥善运用，所以协调者常因其具有开阔的视野而广受尊敬。通常在一个团队当中，即便这个协调者没有担当什么领导角色，也往往会成为一种民间的领导，大家更容易团结在他的周围，听从协调者的判断和建议。协调者冷静，不会高度情绪化，更不会大发雷霆，他们相信自己代表这个团队中的公众势力，有很好的自控力。

协调者擅长领导一个具有各种技能和各种个性特征的群体，善于协调各种复杂的关系，他们的座右铭为"有控制的协商"，只要在可控制的范围内什么事都可以商量；他们喜欢平心静气地解决问题，不喜欢争执和运用权势压人。

3．推进者(Impeller)

推进者往往是一个言出必行，办事效率非常高的人。他们的自发性非常强，目的非常明确，有高度的工作热情和成就感；在推进过程中，如果遇到问题和困难，他们总能找到解决问题的办法。推进者大多性格比较外向，干劲十足，在人际关系方面比较喜欢挑战别人和争辩，而且在争论中不赢不罢休。推进者大都以自我为中心，缺乏相互理解。推进者的典型特征是挑战性。他们喜欢挑战别人，没有结果誓不罢休，对于新观点接受更快，富有激情，工作中总可以看到他们风风火火的劲头。

推进者常常是行动的发起者，他们在团队中活力四射，尤其在压力下工作精力旺盛；推进者一般是高效的管理者，敢于面对困难并且义无反顾地快速工作，敢于独自作出决定而不介意别人是否反对。

4．创新者(Innovator)

创新者都拥有高度的创造力。他们的思路开阔，观念新，富有想象力，是“点子型的人才”；他们在工作中善于产生新的创意，是否高明则另当别论，其想法有时会十分偏激和缺乏实际感；创新者不受条条框框的约束，往往不拘小节和不恪守规则；他们中有许多人性格内向，以奇异的方式工作，而与人打交道是他们的弱项。他们不太喜欢遵守时间的规则，道理很简单，如果他们遵循传统规则，就很难创新，他们喜欢按照自己的方式生活和工作。但有时比较趋于个人主义，总是从自己的想法，个人的思维出发，不太考虑周围人的感受。

创新者在团队常常提出一些新想法，这对团队开拓新的思路很有帮助。通常在一个项目刚刚启动的时候，或团队陷入困境的时候，创新者显得非常重要。

5．信息者(People interested in information)

信息者是一个对外界信息非常敏感的人，往往能最早知道外界的变化；他们通常在自己的座位上静坐不安，而要不断到别的地方去走动，以收集团队、组织中的信息；信息者手机、电话响的频率比较高，因为他们需要不断地交往。他们往往表现出高度的热忱，是一个反应非常敏捷、性格相对外向的人；他们是天生的交流家，喜欢聚会和交友，在交往中获取信息，并不断加深朋友间的友谊。信息者对公司、团队内外的信息都了如指掌，除了正规的渠道之外，很多小道消息也是从信息者当中传出来的。

信息者对于团队的作用是调查团队内外的意见，调查某件事情的进展，他们适合做的工作是外联和持续性的谈判工作。

6．监督者(Supervisor)

监督者通常比较严肃、严谨、理智和冷静，表现出冷血气质。他们在工作中不会过分热情，也很少表扬下属，但并不意味着不认可下属。监督者不太容易情绪化，常常与其他人之间保持一定的距离。监督者有很强的批判性，凡事都要找出一些问题，他们在做决定的时候非常谨慎，思前想后，综合考虑各方面的因素，一个好的监督者几乎从不出错。

监督者在团队中的作用很明显，首先他们善于分析和评价，善于权衡利弊、选择方案。

7．凝聚者(People attractive and united with the others)

凝聚者是团队中很积极的成员，他们善于与他人打交道，最可贵的地方是善解人意，总能够关心、理解、同情和支持别人。凝聚者通常处事非常灵活，能够把自己同化到群体中去，让自己去适应别人的观念和想法，适应周围的环境。也有人说凝聚者是自我牺牲型的人，他们通常在团队当中是最“听话”的，不会发表对于他人不利的观点和想法，通常凝聚者在团队中不会对任何人构成威胁，因而在团队中广受欢迎。当团队有问题、有矛盾、关系复杂和冲突比较多的时候，凝聚者的作用非常重大。

凝聚者善于调和人际关系，在冲突的环境中，凝聚者的作用非常明显，他们的社交能力和理解能力是化解矛盾与冲突的资本。有凝聚者在的时候，人们能够协作得更好，他们是真正的团队润滑剂。

8．完美者(Completist)

完美者具有一种持之以恒的毅力，做事非常注重细节，力求完美和追求卓越。许多完美者性格较为内向，其工作动力源于内心的渴望，他们几乎不需要外界的刺激就能主动、自发地去开展工作。他们不太可能去做那些没有把握的事情，从不打无把握的仗。完美者对工作的要求很高，对下属也同样，通常下属与他一起工作的时候会觉得很辛苦。完美者工作非常细致，对于工作的标准要求很高，总是担心授权下属去完成任务会得不到他所期望的结果，喜欢事必躬亲，不太愿意授权。

对于重要的、高难度或高准确性的任务，完美者起着不可估量的作用；他们善于按时间表一步步完成任务，有一种紧迫感；在管理方面，他们崇尚标准，注重准确，关注细节，因为坚持不懈而比别人更胜一筹。

9. 技术专家(Technical experts)

技术专家热衷于自己的本职专业，甘心奉献，他们为自己所拥有的专业和技能自豪。他们的工作就是要维护一种标准，而不能降低这个标准；他们陶醉在自己的专业中，因为是某个领域里的绝对权威。

技术专家在团队中的作用不可或缺，他们为团队的产品或服务提供专业工作方面的支持。作为管理者，由于在专业领域掌握的技能比其他人都多，所以他们要求别人能服从和支持。但是，他们中间有许多人缺乏管理方面的经验。

以上每个角色在不同领域中均有各自的擅长之处。在团队中，通常创新者首先提出观点，信息者及时提供信息，实干者开始运筹计划，推进者希望散会后赶紧实施，协调者在想谁干合适，技术专家在考虑可行性，监督者开始泼冷水，完美者吹毛求疵，凝聚者润滑调试等，团队的价值就在于通过组合而达到完美。应指出的是，一个人在团队中的角色并不完全是单一的，有时一个人可以充当不同的角色。

第二节　团 队 工 作

(Teamwork)

一、团队工作如何开展(How teamwork develops)

1. 组建(Forming)

多个个体的联合称为一个组，为了共同的目标而工作就必须组建团队。这主要应完成两方面的工作：一方面是形成团队的内部结构框架，另一方面是建立团队与外界的初步联系。

1)形成团队的内部结构框架

团队的内部结构框架主要包括团队的任务、目标、角色、规模、领导、规范等。在其形成过程中，必须明确以下问题：

(1)是否应该组建这样的团队？

(2)团队的任务是什么？

(3)团队中应包括什么样的成员？

(4)成员的角色分配如何？

(5)团队的规模要多大？

(6)团队生存需要什么样的行为准则？

2)建立团队与外界的初步联系

这主要包括：

(1)建立起团队与组织的联系；

(2)确立团队的权限；

(3)建立对团队的绩效进行考评、对团队的行为进行激励和约束的制度体系；

(4)建立团队与组织外部的联系与协调的关系。

在团队组建之初，团队成员比较关注工作的目标和工作程序。在人际关系的发展方面，成员之间相互了解和相互交往，彼此呈现出一种在一起的兴趣和新鲜感；在行为方面，他们不会轻易投入，大都保持礼貌和矜持等。

2．冲突(Storming)

团队经过组建以后，隐藏的问题逐渐暴露，团队内部冲突可能会加剧。虽然团队成员已接受了团队的存在，但对团队加给他们的约束可能会予以抵制。他们可能会对谁可以控制这个团队还存在争执或互不服气的现象。在这一阶段，热情往往让位于挫折和愤怒。冲突的类型包括成员与成员之间、成员与环境之间、新旧观念与行为之间等三种。这时候团队成员就要化解各种矛盾冲突，进行良好的沟通和协调。

3．规范(Norming)

经过一段时间的冲突，团队会逐渐走向规范。在这个阶段中，团队内部成员之间开始形成亲密的关系，团队表现出一定的凝聚力。这时团队成员会产生强烈的团队身份感和友谊关系，彼此之间保持积极的态度，表现出相互之间的理解、关心和友爱，并再次把注意力转移到工作任务和目标上来，大家关心的问题是彼此的合作和团队的发展。他们对新的技术、制度也逐步熟悉和适应，并在新旧制度之间寻求某种均衡。团队和环境之间的关系也逐渐地理顺。这时候，团队面临的主要危险是团队的成员由于担心遇到更多的冲突而不愿提出自己好的建议。此时的工作重点应该是提高团队成员的责任心和权威，以及鼓励他们多提建议。

4．执行(Performing)

在这个阶段，团队结构已经开始充分地发挥作用，并已被团队成员完全接受。团队成员的注意力已经从试图相互认识和理解转移到充满自信地完成自己的任务。至此，人们已经学会了如何建设性地提出不同意见，能经受住一定程度的风险，并且能用他们的全部能量去面对各种挑战。大家高度互信、彼此尊重，也呈现出愿意接收团队外部新方法和自我创新的学习性状态。整个团队已熟练掌握如何处理内部冲突的技巧，也学会了团队决策和团队会议的各类方法，并能通过团队会议来集中大家的智慧作出高效决策，并通过大家的共同努力去追求团队的成功。

二、船上团队工作(Teamwork on board ship)

船上团队工作应做到以下各点：

(1)我们可以把船上人员看作是一个有共同目的的团队。船上人员的共同目的就是通过安全操纵和控制船舶，把货物或旅客从一个港口安全地运抵另一港口，所有船员都是为了这一共同目的而努力工作，从而形成了一个特定的团队。

(2)船舶团队工作人员应能临时与第三方进行良好合作。比如说，船舶进出港口时需要引航员的引领，船舶靠离泊时需要拖船、带缆工的配合，船舶装卸货时需要装卸工的操作等。所有这些都表明船舶的安全操纵与控制都需要包括引航员、拖船、带缆工、装卸工等在内的第三方的良好协作。

(3)船舶团队工作人员要防止任何人孤立地工作。由于船上工作环境的特殊性，作为团队各成员之间的工作联系是非常紧密的，即各成员之间的工作既相互依赖又相互影响。因此，船上任何人孤立地工作是根本行不通的，要完成共同的目标，必须相互协作、相互支持。

(4)每一成员都需要充分利用自己的才能和技巧来完成既定的共同目标。例如船舶在进出港口的航行中，船舶驾驶台团队成员中的船长、引航员、驾驶员和舵工都必须根据分工的安排，充分利用自己的才能和技巧来确保船舶航行的安全。

(5)船长在确定工作目标时应与团队共同讨论和制定详细的计划。作为船舶团队工作第一负责人的船长，有义务和权利根据公司的目标与要求来确定自己船舶的工作目标。但在确定这些工作目标的具体内容时，应安排相关的船舶团队成员加以充分的讨论，并制定出详细的实施计划，以确保工作目标的顺利实现。

(6)船舶团队工作人员能够提出自己的观点、发表意见与评论。为了真正做好船舶的各项工作，每个船舶团队工作人员应体现出自己组员的归属感，在工作中，特别是对船舶的安全工作和在关键的时刻，能主动的提出自己的观点，并发表有益于船舶团队工作的意见与评论。

三、团队协作的方法(Synergy approach)

所谓团队协作的方法是指团队的每个成员都知晓行为的预期过程，并作出自己的最大贡献，以便最大限度地减少任何错误所导致的影响和把事故发生的可能性减低到绝对小的程度。

船上良好的团队协作方法要求：

(1)团队领导力求坚定，但又不失灵活和友好。这与专制系统对照而言，专制系统里所有的事情都是由一人决定。如果专制的领导犯了错误，就很少或没有检查或反馈。同样地，如果缺乏坚定的领导，各行其是的“自由主义”模式也一样糟糕。

(2)船舶团队每一成员各司其职，而船长则需要随时监督航行和避让行动的正确性。船长负总责但不能专制。船长的热情、友好的评价和幽默有助于激励团队。

(3)决策的时候要基于事实，而不能基于个人偏见和主观臆断。

(4)团队每一成员的贡献自有其价值，这有强烈的激励作用，因为所有的行动都是团队的共同决策而不仅仅是上级的决定。

(5)船舶这一特定类型团队应能正确地应对各种紧急情况和环境的任何突然变化。

(6)团队能顺利地接纳新的成员，如引航员。同样，引航员也要表现出相当的灵活性、应变性，尽快使自己成为团队的成员之一。

(7)团队每一成员都应留心所发生的任何情况以便及早发现失误并避免失误链的形成。

(8)成员间要有良好的沟通，不要害怕询问船长或者引航员。

(9)团队工作应遵照规定的标准操作程序和执行航次计划等。

(10)团队成员间要相互提供支持，要共同按照船长的决策和授权办事，因为船长往往控制和了解全局。

(11)特别注意驾驶台工作的易变环境，所有团队人员必须记住：

①保持不间断的警戒；

②加强情景意识；

③对特定情况的预先考虑；

④安排好优先顺序；

⑤良好的沟通和通信；

⑥良好的健康状况；

⑦适时提出建议和询问；

⑧日常的交叉检查。

(12)所有团队人员要时刻警惕：

①对助航仪器和自动化的过分依赖；

②不愿请求援助；

③不愿指出上级的错误；

④对小问题纠缠不清而忽视了优先考虑的大问题。

第三节　船长、引航员的团队工作
(Teamwork between Captain and Pilot)

船长相对于引航员的优势在于对本船操纵性能了如指掌；熟悉全船人员、设备及其薄弱环节和局限性；对本船在各种紧急情况下的应急有全面的、适合本船的应急预案，时刻保持充分的安全度；有丰富的航海实践经验，能够在任何复杂的险情面前从容应对，转危为安。

引航员相对于船长的优势在于具有熟练的驾驶和操纵船舶的能力；熟悉和了解航道和港口情况；能为船舶进出港和靠离泊提供引航技术协助和咨询。这是因为他们能及时了解港口建设、航道和相关工程进度等细节情况；熟悉本港气象、水文，尤其对航道的变迁、水深的变化规律；掌握本港船舶动态、船舶流向的规律以及地方习惯的航法；具有语言交流的优势；熟悉与港口相关职能部门的联系方法；熟练掌握本港拖船的分布、拥有量、性能以及指挥拖船的艺术；对所靠离码头的走向、系缆设施、码头边的水流、水深、码头工人的带缆技术与风格等都非常熟悉。

船舶引航作业是船舶团队工作的重要组成部分，所以对驾、引人员关系以及引航安全进行分析，对于船舶营运作业安全有着及其重要的意义。

1. 船长与引航员的法律关系及其权利和义务(Legal relationship between captain & pilot and their rights and obligations)

1)有关公约、法规对船舶引航的法律规定(Relative conventions and regulations on ship's Pilotage)

船舶引航可以理解为：经港口国主管部门认可的引航机构及其分支机构派出的引航员登轮引领船舶在特定的区域范围内航行、靠泊、离泊、移泊的法律和技术行为。因此，有关公约、法规对船长与引航员的法律关系、权利、职责和义务作了如此明确的规定。

《STCW78/95公约》第A—Ⅷ章第49条规定：尽管引航员有其职责和义务，他们在船上引航并不解除船长或负责航行值班的高级船员对船舶安全所负的职责和义务。船长和负责航行值班的高级船员应与引航员密切合作，并保持对船舶的位置和动态进行精确的核对。

如果负责航行值班的高级船员对引航员的行动或意图有所怀疑，他应要求引航员予以澄清，如仍有怀疑，应立即报告船长，并在船长到达之前采取必要的行动。

《中华人民共和国海商法》第39条规定：船长管理船舶和驾驶船舶的责任，不因引航员引领船舶而解除。

《中华人民共和国海船船员值班规则》第46条规定：船舶由引航员引航时并不解除船长管理和驾驶船舶的责任。船长和引航员应交换有关航行方法、当地情况和船舶性能等情况。船长和值班驾驶员应与引航员紧密合作，并保持对船位和船舶动态随时进行核对。船长对引航员的错误操作应及时指出,必要时进行纠正。

第47条规定:船长在非危险航段暂离驾驶台时应告知引航员,并指定驾驶员负责。如值班驾驶员对引航员的行动或意图有所怀疑,应要求引航员予以澄清,如仍有怀疑,应立即报告船长,并在船长到达之前采取必要的行动。

2)船长与引航员之间关系的复杂性(Complicated relationship between captain and pilot)

尽管有关公约、法规对船长与引航员的法律关系、权利、职责和义务作了如此明确的规定和强调,但是国际航运界的船舶驾引人员对引航员与船长之间复杂的法律关系和复杂且微妙的人际关系的理解仍存在一些问题。

(1)强制引航是国家主权的体现。强制引航的实质是阻止挂靠的外国船舶获取航海信息、情报的战略要求,强制引航区域的指定是专定的。在强制引航情况下,引航员具有双重身份:一是港口当局授权或认可的执行引航任务的人员,具有维护国家利益,保证港口安全的责任;二是船东雇来协助船长操纵船舶的雇员,具有协助船长安全操纵船舶的责任。据此,引航员在引航中的权利和义务是维护国家利益,安全、迅速地引领船舶。船长不应对引航员提出超越船舶安全需要的其他要求。而这正是船长与引航员之间法律关系的复杂性的重要表现形式。

(2)在某些引航规定或规范中,还能看到个别模糊理念的表述,如江苏海事局《引航安全监督管理规定(试行)》第二十五条就规定:引航员在引领过程中,被引领船舶船长应执行引航员的指令,但不免除被引领船舶船长对船舶管理和驾驶船舶的责任;《中华人民共和国引航员职业道德和纪律规范》第十九条也规定:引航员应尊重被引领船舶船长的合理建议。

(3)事实上,在引航情况下,不论是否强制引航,引航员和船长都必须严格遵守港口国的引航规定。船长是船东的代表,任何时候船舶的最高指挥权都在船长手中,包括管理船舶、驾驶船舶、操纵船舶和保证船舶安全等等。船长与引航员是雇用与被雇用的关系,尽管多数港口是强制性引航,但这只是一种强制性的服务而已。

(4)“引领船舶”不能被混淆为“指挥船舶”。引航员操纵船舶是事实行为问题而非法律问题。引航员操纵船舶并不意味着接替船长,船长始终具有操纵船舶、指挥船舶的权利,他是船上的最终权力者。引航员的引航是船长对权力的委托,权力的委托并不等于权力的放弃,而只是一种可运行的权力。若是一位不称职、不负责任的引航员被指派上船,船长有中止、解除其引领工作并要求更换引航员的权力。在实际工作中,情况就复杂在船长如何根据自己的专业判断,把握或纠正引航员口令,中止或解除引航员的引领工作并要求更换引航员的尺度和时空的界限。

(5)引航员、船长与值班驾驶员都有责任确保船舶的安全航行和安全靠离泊作业。当引航员采用的措施不当时,船长、值班驾驶员都有责任加以纠正。如相互间有不同意见时,必须服从船长命令。

(6)引航员操船时导致船舶交通事故,或因引航员引领过失造成了自身的损失和他方的损失时,引航员、船长承担相应的行政责任和可能的刑事责任,船东通常应承担民事(经济)赔偿责任,引航员和引航站通常不承担经济赔偿责任(也有极个别除外的,例如巴拿马运河管理局作出的承担经济赔偿责任的承诺——实际上是运河管理当局对船舶安全引航具有高度自信心的一种表现形式)。

(7)有很多情况下,船舶在引航过程中发生事故往往是由于引航员上船后船长产生了松口气的思想。出于对引航员的充分、完全的信任,船长放心大胆地把船舶操纵以及船舶安全的指挥权拱手交给了引航员,而船长则因思想上的麻痹大意,结果事故发生了还不知道是怎么发生时,这种教训是极为深刻的。为此,要求每一位船长在船舶进出港中,特别是在长时间进出港口时更应有高度的责任感,始终不可放松警惕、放弃船舶的指挥权。

3)引航工作中的注意事项与具体建议(Precautions and detailed suggestions for pilotage)

(1)引航员登船之始,船长与引航员应互相给对方建立一个良好的第一印象——使对方看到你饱满的精神面貌,让对方从心底里自然产生信任感,从而能互相信任,互相振作,和互相激励。引航员登船之时,船长首先应为他(们)创造一个良好的工作环境:

①全船秩序井然,管理有序;

②驾驶台无闲杂人员,氛围良好、宽松,环境适宜(清洁,整齐,导航设施工作在最佳状态等);

③提供正确的船位、航向、船速等信息,告知值班人员的配备情况和导航设施、车、舵、锚、侧推器等的工作状态情况;

④船长工作情绪稳定,镇定自若,有个人人格魅力,善于互相调适心理状态,给对方以良好、宽松的心理暗示;

⑤与引航员一道形成船舶港内航行和靠离泊安全的合作团队。

(2)引航员的口令或指令的理解与执行

引航员发出的口令或指令是不是命令? 明确的回答为"不是"。引航员在船引航,英文航海日志可以记载为:P.A, M.O,即 Pilot's Advice, Master's Order。值得注意的是,这里有一个默认程序。通常引航员开始引航后,船长和引航员在驾驶台所处的站位一般在驾驶台两翼,船长的位置处于里档,更靠近驾驶员和舵工;在驾驶室内,选择较为适合瞭望、交流、指挥的位置。引航员下达口令后,如船长没有表示任何疑问,即表示对引航员的建议的认可,这时引航员的建议就通过这种默认程序自动转换成了船长的命令。通常,引航员下达口令后,驾驶人员(或舵工)立即复诵口令(车钟令或舵令),接着执行,继而报告执行结果。正是由于以上一系列动作是一气呵成的。这是因为在通常情况下,船长是不会随意改变引航员的口令的,长此以往,造成了人们都认为是在执行引航员命令的误解。

为了确保船舶的安全,船长通常在现场会采取以下的方法进行处置:

①默契控制:由于引航员对本船的操纵性能缺乏透彻的了解,往往在具体操作过程中表现为动作到位率、连贯性的不协调,以及口令的急促或迟疑。在一般水域(危险系数不高)对船舶安全的影响不大, 而在某些特殊航段或特殊时间段内对船舶安全的影响就可能上升。根据船长的专业判断, 同时考虑到引航员的特殊身份, 船长在现场往往采取一种折衷的处理方法——船长在不修正引航员口令的条件下按自己要求实施船舶控制指令——以保证安全度。

②慧眼识错:船长光有高度的责任心而缺乏技术水平和临场经验是不够的。他们应善于及时识别引航员指令中存在的问题;在通过事先的思考与研究、他们因把握好哪些航段、哪些时段、什么情况下(潮水、潮流、风浪、涌浪、VIS、暗礁、浅水区等等)船舶将面临较高的风险及其对策,知晓何种原因会导致或诱发引航员引领与指挥出错。船长应始终把握住本船的安全底线,对意料之中的事需早有应急预案,以便可以从容应对;对于意料之外的事,则也应根据实际情况的需要,果断采取相应的措施;如事故已无法避免,则应尽量减小损失,保护人员和环境。

2. 船舶到港前的引航准备与团队工作(Preparation and team work of pilotage before arriving at port)

1)搜集资料(Collecting information)

抵达港口前,船长应利用各种方法,通过各种渠道收集有关港口的资料,及时收听港口及附近的航行警告、气象预报,通过向引航员或港口控制中心了解和联系当地代理及租家,提前获得关于航道、泊位等变化情况及其对本船操纵和安全的影响程度。

2)海图改正和图上作业(Chart correction and plotting work)

船长应督促二副及时做好航用图书的改正工作,进港时船长和驾驶员应核对航道灯浮变化的情况,并做相应的标注,供船舶航行时的参考。对本船的适航深度作出醒目的等深线标示,在重要的转向点、危险区域,应标出可利用的目标及其方位与距离。

海图作业方面的工作决不可掉以轻心,只有认真地预画航线,预先了解各航段的航道宽度、深度、碍航物、等深线的走向、灯标、浮标的设置、转向点、危险区的位置及其确定、船流规律,做好了充分的准备工作,才能使自己在引航过程中心中有数,才能确切把握引航员的引领口令是否正确,从而牢牢把握航行安全的底线。有个别船长不重视海图作业,认为反正交给引航员了,不必费心劳神,到了危急时刻,才冒冒失失收回指挥权,最终也就挽救不了亡局。

3)熟悉资料和情况(Familiarity of information and situations)

船长应认真阅读港口指南、航路指南、灯标表、潮汐表、海图资料、航行警告和港口的有关航行法规等资料,特别是对该港口所经航道和拟靠泊位当时的风向、风速、流向、流速、潮时潮高、航道水深、限制高度、航标、障碍物、急转弯地带和拖船等情况要做到心中有数;并制定周密详尽的进出港计划、靠离泊计划和多种应急预案。在引航过程中,船长更应与引航员充分沟通和交流,往往可以从引航员那儿学到很多书本上学不到的东西。

4)应急预案(Contingency plan)

对已经识别的风险和无法预测的风险应多想几个"假如",多想几个应付对策。应充分考虑到引航员可能临时改变登船时间或地点、天气与能见度等的突然变化、航道大转弯附近需要紧急让船或航道前方船可能突然发生事故等情况,并做好相应的应急处理方案。

另外,应急处理方案还应考虑紧急情况下车不来,舵失灵,倒车翻不出来等情况。应充分注意应急准备和方案的可行性,不要产生做了等于没做的现象。例如锚备妥了,大副和木匠又返回生活区了。还应注意抛锚点的底质和障碍物等。为此,应急预案应考虑到双锚制动、主机失控时机房操纵的应急转换、紧急停船、应急舵的转换等等;进出港口时提早慢车减小惯性。因为有时虽然在到港前和开航前已试过车,但是不能确保需要时一定来车。

5)保证值班人员有足够的休息(Assurance of enough rest for people on duty)

船长应按体系文件的要求,合理安排值班时间,让值班人员有足够的休息,保证充足的体力,同时对船员进行严格的酒精监控。

6)确保设备正常(Assurance of good working order for equipment)

船长应按体系文件的要求,布置好对船舶各种机械设备的检查与试验,发现问题及时排除,确保各种航海仪器、四机一炉和通讯设备等的正常使用。

7)保持团队内部信息流的畅通(Keep internal communication without barries)

船长必须将港口的特点和注意事项告知驾驶人员和轮机长,保证及时用车,确保进出港口安全。

8)抛锚准备(Preparation for anchorage)

船长应详细了解引航锚地和等候锚地的特点,如接近锚地的导航目标、通航密度、定位物标、水文、风力、水深和底质等情况。大副应按船长指示备妥双锚,深水抛锚时应严格按操作规程执行,防止丢锚失链。

9)排除干扰(Remove interference)

在进出港和靠离码头期间,船长和驾驶员应严格遵守驾驶台值班规则,禁止无关人员上驾驶台,以免干扰驾驶操作。

3. 引航员登离船安全的组织与安排(Safety organization and arrangement for embarkation and disembarkation of pilot)

1)引航员登离船安全保障(Safeguard for embarkation and disembarkation of pilot)

航行中接引航员登船时应备车航行并使用手操舵,降低航速并尽可能给引航船造成下风;船舶登船口离水面高度超过 9m 时,必须为引航员配置软梯加舷梯的联合登船装置;登离船器材符合标准并齐全,引航员登离船装置的安装应由驾驶员监督;派一名驾驶员持对讲机接送引航员登离船,夜间接送引航员应有足够的照明;使用直升飞机接送引航员时,应严格按相应的操作规程进行。

除应遵守关于引航员软梯、舷墙梯、2 根扶手支柱、舷梯、引航员机械升降器的配置和安装规定外,接送引航员登离船时,如引航员要求,还应备妥 2 根直径不小于 28mm 且牢固地系固在船上的扶手绳、带有自亮灯的救生圈、抛缆绳。晚间上下引航员则应保证具有适当的照明条件。

2)引航员登离船事故的预防(Accident prevention for embarkation and disembarkation of pilot)

尽管国际海事组织对引航员软梯的管理,从标准要求、制造质量、使用方法等方面都作了比较详尽的、强制性的要求。但引航员登离船事故,尤其是在大风浪天气中仍时有发生。预防引航员登离船事故的途径和方法包括但不限于:

(1)大风浪天气条件下。大风浪天气引航员上船,除必须在大船的下风舷安放软梯以外,如引航员要求还要使用符合 SOLAS 公约要求的扶手绳。扶手绳要在甲板上生根固定。

(2)软梯的固定。引航员软梯不仅在安放时要按要求固定好,实践证明,软梯在不使用时,只要放在舷外就应该固定好。软梯放好后,船员必须检查并确认该软梯安放的正确、牢固、没有松动、适于使用,以及照明适当。若引航员发现软梯的技术规格或安放、固定、照明等不符合要求,可即停止登离轮,并立即向引航站或 VTS 中心报告。

(3)不携带物件登梯。引航员上船时,一般都随身携带一个文件包。值班人员应先用一根绳索将该文件包提到船上,再协助引航员上船。严禁引航员在使用软梯时,采取一手携包,一手扶梯的危险方法。如果引航员将包背在身后,必须确保丝毫不影响其由软梯往上攀爬的动作,并确保文件包不会被软梯或任何其他物品所阻碍而引发任何其他意外事件。

(4)软梯长度的调整。引航员软梯的使用长度,在船舶满载时可能会显得过长,下放得过长又容易被停靠的船舶挤坏,因而,需要随时调整软梯。但是,在调整软梯时,必须从软梯的上端收起或放下。不得采取从软梯下端系一根绳索,在船上或送、或收的错误做法。

(5)夜间照明。在不影响船舶操纵的情况下,大船要保证在引航员登、离船时,软梯通道以及甲板、过道、楼梯口等处的良好照明,包括手电筒的使用。不得影响本船、小艇和引航员的视线。

(6)引航员的接送。引航员登、离船期间,自始至终要由负责驾驶员协助和护送,以确保引航员登、离船的安全。

(7)接送引航员过程中的通信。负责驾驶员接送引航员时,必须携带对讲机以保持与大船驾驶台的密切联系，以便配合控制好船位、角度、姿态、速度等。

(8)引航艇艇员的接送保护措施。引航员登、离船期间，尽管自始至终有大船驾驶员协助和护送，为确保引航员登、离船的安全，引航艇仍应指派水手与大船配合，专门协助和护送。风力达到或超过6级，风浪、涌浪达到或超过1m时，引航艇在海面上上下颠簸，引航员爬上引航员软梯，或由引航员软梯跳上引航艇的瞬间，最容易发生引航员安全事故。此时风浪越大，其危险性越高。为此，引航艇靠上大船后，应指派水手协助引航员扶稳引航员软梯，待引航艇上下颠簸到最高点附近时，协助引航员迅速爬上引航梯，或协助引航员迅速登上引航艇；在协助引航员登离船前，应指定水手将引航艇舷侧甲板贴靠引航员软梯部位及其附近的缆绳、杂物清理移走，以防意外。

(9)驾驶台资源管理。根据驾驶台资源管理的原理，船长应灵活把握注意力的集中和转移，合理组织值班船员——包括各自的位置、角度、常规职责、应急职责、信息沟通交流方式、记录、应急处置、驾驶台工作规程等，形成一个注意力范围足够广泛，反应灵敏、信息畅通、互补、完整无瞭望技术死角的操船整体(模块、团队)，避免由于个体(视觉、听觉、距离、预期、速度)的错觉、以及主观臆断造成的失误。

(10)特殊情况。国内船舶由本公司派出船长引领时，如自引进出黄浦江、进出长江、珠江、闽江等，往往具有一些特殊情况。由于本公司派出人员往往是公司的资深船长，他们对该特殊航段的情况也非常熟悉，通常都非常自信，有时会出现过于骄傲的现象。本船的船长往往对他们工作中的存在的问题不好意思或撕不开情面加以指正或纠正，这客观上就是潜在的事故诱因。为此，相互间必须正确处理和摆正关系，必要时通过有效的通信与沟通加以解决。

4．船舶进出港口的团队工作(Team work for entering and leaving port)

1)船舶进出港口时(Entering and leaving a port)

船舶进出港口时船长应在驾驶台，轮机长应在机舱亲自指挥，值班人员均应认真执行体系文件的各项规定，切实履行各自的职责，值班驾驶员应协助船长做好安全航行工作，换班时接班驾驶员应提前15min上驾驶台，交班驾驶员应推迟15min离开驾驶台，并记入航海日志。

2)引航员上船后(After pilot embarkation)

引航员上船后，船长应做好对引航员的接待和沟通工作，要让引航员心情轻松愉快，精力集中地引航。让引航员和船长各自的优势达到合理的互补，默契地配合，同时要求船长或驾驶员使用《领港卡检查清单》，适时、主动地向引航员介绍本轮的船舶规范、货载情况、操作性能、船舶水尺、前后吃水差和车舵锚的使用等情况。

为了防止由于一次性向引航员介绍本轮有关情况(主要是操纵性能)过多，或由于通常引航员一上驾驶台就立即开始引航，因操作原因而断断续续介绍这些情况，致使引航员不一定能完全记住，建议在抵港前专门打印一张《引航卡》，以书面形式交给引航员，以示重视。应将最重要的信息打在最前面，如船舶规范，前后吃水，车舵锚、侧推器，主要操纵性能，驾驶台到船首的距离，本船的特殊操纵要求等，其中只有少量数据需要每次更新。

船长应主动向引航员了解整个航程的航行安排、操作意图、航道和泊位水深情况、进出船舶动态、靠离泊方案、拖船配置和操作方案、安全靠离要求、港口有关规定和注意事项等。各港口的引航员素质良莠不齐，船长应注意其有没有酗酒现象、及时观察和判断其操作能力、领航时间长因疲劳其精神能不能集中等，真正做到心中有数。同时应核查引航员的每一车钟令和每一舵令的正确性和有效性。

另外，在引航船靠上本船之前，引航员就可用高频电话与大船进行联系，必要时让大船给引航船做下风。这时，船长应立刻查明船舶周围情况，在确保安全的前提下，再谨慎执行引航员的口令。在抛锚等引航的情况下，引航员上船前，往往在高频里要求船长起锚，引航员认为最理想的是当他到达驾驶台，船舶的锚已离底或已经进车进港了。船长应特别注意，根据当时船舶所处水域的环境条件，尤其是水流流速、流向、风速、风向、航道的宽度、交通拥挤程度等，确定起锚时间，并确定让本船在什么状态下上引航。严防因引航船迟迟不露面，本船处于停车漂航状态而受到风流压产生不为船长或驾驶员察觉的漂移，等到发现危险为时已晚的现象产生。

3)引航员引航时(Piloting)

在引航员引航时，若发现引航员精力不能集中，要用适当的方法与引航员沟通，既要尊重他，又要监督他；发现引航员有错误时，应及时加以提醒；若船舶安全不能得到保证时，船长则应当机立断，不顾情面，果断明确地收回指挥权，自行指挥船舶，必要时可视情况要求更换引航员。

船长在非危险航段暂离驾驶台时应告知引航员，并指定驾驶员负责。此时如值班驾驶员对引航员的行动或意图有所怀疑，应要求引航员予以澄清，如仍有怀疑，应立即报告船长，并可在船长到达之前采取必要的行动。为此，有必要教育驾驶员，使他们完全明白，当船长不在驾驶台时，自己有权力纠正引航员的错误口令，或在船长到达之前采取必要的(保护性)行动，但要极其谨慎的使用这种权力，并尽可能在情况允许的条件下事先与引航员取得沟通。

引航员登船时也应向船长展现自己衣着整洁、精神饱满、热情自信，风度与修养俱佳的形象，让对方能产生信任感、和谐感和合作的欲望，从而产生互相信任，互相振作，互相激励的局面。这就意味着引航员必须真正能做到：

(1)首先把良好的心态、礼貌的问候带上驾驶台。

(2)适当关注驾驶台的秩序，有无闲杂人员，氛围如何，环境是否适宜(尤其是导航设施是否工作在最佳状态)。

(3)与船长认真交换引航信息：介绍引航方案，航道情况、泊位情况，操作要求、要领，要求的特殊配合等；了解船位，航向，船速，角度，态势，值班人员的配备与站位，导航设施的状态，车、舵、锚、侧推器的工作状态等。

(4)情绪稳定，镇定自若，有个人人格魅力，善于互相调适心态，给对方以良好、宽松的心理暗示。

(5)以积极主动的心态加入船舶航行和靠离泊安全作业的合作团队之中，并使自己成为工作核心层的主要成员。

另外，引航员还应具有高度自我保护意识，并在引航的过程中能有理有节的处理好与船长的关系，有效地控制船舶当时的引航作业情况，认真做到：

(1)积极说明自己的引航意图，并通过相互交换意见达到有效沟通的目的。

(2)在引航工作无法正常进行和确有必要时，可提出警告性声明，以强调引航员自己的安全意见。

(3)在引航工作实在无法进行和确有必要时，在告知船长后，中止引航。

(4)在紧急情况下，应在船长的统一指挥下，与船长一同挽救危局。

第七章 决策与领导

(Decision-making and Leadership)

决策(Decision-making)是领导(Leadership)最为重要的工作之一。从高度而言,它决定着一个组织或部门的发展前途与命运;从实际来看,它决定着该组织或部门的工作能否顺利开展和达到预定的目标。领导者在进行决策时,其本身的心理活动情况和实际工作能力与水平起着非常重要的作用。船舶在实际营运工作中,它需要按照其船东(航运公司)和其他相关的外界主管与协作部门,如海事局、港务局等的指示与要求从事航行、靠离泊位作业等活动。而作为船长则承担着船舶重大事务决策的责任。与此同时,船上的大副、轮机长等高级船员也承担着对本部门的领导与管理责任,并应承担自己本职工作中所发生事务的决策义务及责任。为了提高自己在领导和实际管理业务工作中的决策水平和能力,上述这些人员都必须在明确自己的义务与责任前提下,认真学习和掌握有关决策和领导的基础理论与实用知识,以提高自己在决策与领导方面的能力和顺利完成自己的工作任务。

第一节 决 策

(Decision-making)

一、决策的定义与特点(Definition and characteristics of decision-making)

何谓决策,许多人认为,决策是指人们在改造世界过程中,寻求并实现某种最优化目标即选择最佳的目标和行动方案进行的活动。也有人认为,决策是作出决定的意思,是人们在改造世界的过程中,寻求并实现某种最优化预定目标的活动。现代决策理论的创始人——西蒙(H.A.Simon)认为,应把决策理解为对行动目标与手段的探索、判断、评价直至最后选择的全过程。决策是决定采取某种行动,这种行动的目的在于使当事人所面临的事件能呈现令人满意的状态。因此,人们为了取得特定的结果往往需要有目的地作出决策。从上述的几种观点看,虽然它们对决策的描述方式决策有所不同,但从分析决策的内涵而言,都包括了以下共同的特点:

1. 决策的主体是人(Human is subjective body of decision-making)

在决策活动中,人是处于主动状态下的主体。这体现在两个方面:一是决策的设想是由人提出的;二是所有涉及决策的客观条件的取舍也是由人作出的。

2. 决策有明确的目的性(Decision-making has its clear aims)

决策的明确目的性表现在:一方面,决策具有针对性,既决策总是针对特定的对象进行的;另一方面,决策是为了推动事物向预定的方向发展,以实现决策者的预期目标。

3. 决策是人心理活动的反映(Decision-making is reflection of human psychological activities)

在进行决策时,尤其是在作出重大决策时,人们的心理活动将涉及到很多方面,其内在的潜力也会被最大程度地得到现实性的发挥。因此,有人认为决策是人心理活动中高度综合的、最高层次的活动形式,而决策是人的最高智慧的结晶。

4. 决策是人思维活动的最终成果(Decision-making is final result of human thinking activities)

在决策过程中,人的思维活动起着关键性作用。它是对所有涉及与决策有关信息的高度加工和处理,然后分门别类地形成若干个备选方案供选用。

5. 决策是对方案分析、比较和选择的过程(Decision-making is process of analysis, comparison and selection of program)

作为决策的主体,人们决策的过程中将对若干个备选方案进行分析、比较,最终选择一个与预期目标一致性程度最高的可实行的行动方案。

根据以上的决策特点可以看出,在船舶航行的实际工作中,决策主体中的人是指船舶驾驶人员,包括船长,驾驶员和引航员。因为他们在正常的情况下完全可以由本人、或通过与驾驶台团队其他人员的协作,或在必要的情况下征求他人的意见来完成航行中的决策任务。

船舶驾驶人员所作的决策必须是非常明确的,它们都是根据船舶安全航行或靠离泊位等作业的需要而制定的。这些决策的最终目的都是在船舶安全的前提下,确保船舶航行或靠离泊位作业的正常与顺利进行。由于船舶航行的工作具有一定的复杂性和可变性,船舶驾驶员在作业过程中的决策都是他们根据自己的经验与技能,并在高度综合性的心理活动中所作出的。特别是在发生紧迫局面的情况下,如果他们内在的潜能被最大程度地得到挖掘和加以发挥,就可以达到转危为安的结果。

在开始船舶航行和靠、离泊位作业前,船舶驾驶员往往需要制定一些相关航行或作业的计划和方案。但在实际的航行与作业的过程中,他们必须根据当时的实际情况与需要,从已制定的方案中选择最佳方案,或在必要时对选择的方案进行修改与调整。所有这些也组成了自己决策工作中的一部分。

二、决策的主要类型(Main types of decision-making)

在从事生产的实践中,人们可以根据决策工作内容及时间上的要求归纳成以下3种类型:

1. 紧急情况下的决策(Decision-making in emergent situations, Crisis)

当发生意外而又紧迫的局面或问题时,为了能及时处置和解决这些特殊的局面与问题,人们不得不立即采取相应的应急措施。而采取何种措施和如何采取这些措施都涉及到紧急情况下的决策,这就是在危急关头需立即作出紧急的决定和采取关键的行动。

在船舶航行过程中突然发生因主机、辅机或舵机等原因而造成失控或遭遇特殊性复杂气象条件等情况时,就必须根据当时的情况作出应急性的决策,并采取相应的措施与行动来保证船舶的安全。由于时间与条件的限制,这种决策必须是及时、果断和正确的,否则就会造成严重的后果。

2. 一般情况下的决策(Decision-making in general situations, Non Crisis)

在实际工作中,常会发生原定的计划与安排因为生产或工作的变化而无法继续实施,或是因为遇到一些新的问题时,就必须选用或作出一些新的决策。由于这类情况并不紧急,可以有一定的时间来加以考虑和用于决策,所以称为一般情况下的决策。

船舶在正常的航行与作业过程中,由于因为航道的通航条件、码头等其他因素导致船舶靠、离泊位时间与计划发生变化,驾驶人员就必须根据实际需要对原有的方案和决策加以调整,或作出新的决策。这种决策虽然不属于紧急性的决策,但是也必须加以认真对待,不然会因决策不当而造成事故。

3. 日常工作中的决策(Decision-making in routine work, Operational)

在平时的工作中,人们必须根据常规性的工作计划与进度,作出具有日常操作特性的决定,而这些被称为日常工作中的决策。这些往往是根据平时工作的惯例而作出的。船舶航行作业中的许多规章制度都是在平时日常性决策的基础上而制定的。驾驶人员在平时的工作中,也都是结合自己实际工作的情况与要求,遵照这些规章制度而作出自己操作性决策的。

三、决策的过程与要点(Process and key points of decision-making)

决策的过程包括了不同阶段的工作。决策是在对特定事件进行分析、评价、比较的基础上,最后选择应对的最佳方案;选择的前提是拟定多种可行的方案,而要拟定备选方案,首先要明确决策的必要性和应达到的目标。所以,决策的过程包括了研究现状、明确问题和目标、制定、比较和选择方案等阶段的工作内容(图 7-1)。

1. 决策过程(Processing of decision-making)

1)确认决策的必要性(Recognize the necessity of the decision-making)

决策是为了解决特定的问题而制定的,决策的目的是为了实现和达到一定的目标,所以制定决策首先要做好分析和确定决策必要性的工作。

2)明确决策的目的(Identifying the aims of decision-making)

在分析了决策的必要性后,还要有针对性地研究将要采取的措施应符合哪些要求,必须达到哪些效果,也就是说要明确决策的目标。

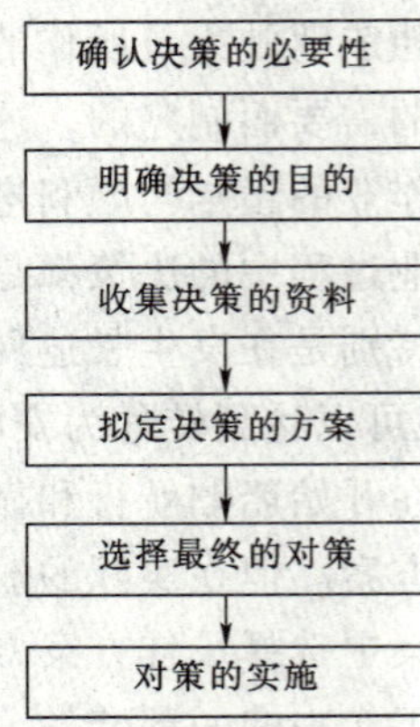

图 7-1 决策流程图

3)收集决策的资料(Collecting facts and information for decision-making)

在明确了决策的目的以后,就必须根据决策的要求,详尽地收集相关的资料与信息,以便于能在全面了解和掌握真实情况的基础上,有针对性进行分析研究以做好制定对策的准备工作。

4)拟定决策的方案(Making alternatives of decision-making)

在全面了解和掌握真实情况的基础上,就可以为实现目标来研究和制定可采取的各种对策及其相应的具体措施和主要步骤。

5)选择最终的对策(Selecting final response of decision-making)

决策的本质和最终的工作是选择对策。而要进行正确的选择,就必须对所拟的多种备选方案进行分析、比较和排列。因此,在这过程中,决策者必须最终从多种备选方案中选择出最佳的应对方案。

6)对策的实施(Implementing the response of decision-making)

决策者最终选择出最佳的应对方案后,就必须根据需要加以实施。选择的对策在具体使用的过程中,还需要不断地跟踪和查核它们的实际效果,做好评估工作。如果它在实施过程中进展顺利,并能达到预定的目的,则可以继续实施。反之,则应再次分析研究,进行适当的调整和完善,或在必要时采取另外可行的替代方案。

应指出的是,在实际决策工作中,方案的拟定、比较和选择往往是交织在一起的,所以方案的拟定可能不是一次性完成。他们需要不断地加以完善,直到作出最后的决策为止。就是在决策加以实施以后,可视具体情况加以调整和完善,或在必要时采取另外可行的替代方案。

2. 决策的要点(Key points of decision-making)

为了保证决策的正确性和可行性,决策者在决策前后的过程应注意以下要点:

1)决策前(Before decision-making)

(1)明确目的:必须首先明确自己所需要解决的问题和决策的最终目的,以保证所作的决策能有的放矢;

(2)团队协作:积极调动团队成员的工作积极性,让他们共同参与决策工作,集思广益,便于协调以后的工作任务与工作;

(3)资料收集:认真做好资料收集工作,有针对性地和尽最大可能获取尽可能多的信息,以便能全盘考虑相关的情况和作出有效的决策。

2)决策时(During decision-making)

(1)沉着及时:决策者应根据所需要解决问题的轻重缓急来充分利用时间。在紧急情况下,必须在最快的时间内沉着果断地作出决策。但这种决策不能因为时间的紧迫而草率行事,而应在沉着及时地综合考虑可使用资源的基础上,采取最为有效的措施与方法来应对和处理紧迫问题与局面;在一般情况下,则不要急于下结论,而应利用一切可获得的时间沉着地作出决定,因为在实际工作中,需要作出紧急决策的情况并不很多。

(2)仔细考虑:对收集到的各种资料和信息加以充分的分析与研究,仔细考虑所收集到的资料与信息的所有可能的情况,以确保它们的真实性。在根据实际情况而不是根据个人的意愿来判断所面临的问题和局面的基础上,作出相应的决定。

(3)准备替代方案:在作出相应决定的同时,应认真考虑采用该决定后可能发生的情况,作好最坏情况的打算,并制定好一旦发生其他特定情况下的替代性方案。同时,还应权衡这些方案的效果。

3)决策后(After decision-making)

(1)监督进程:决策一旦付诸实施,就应及时和连续地监督其实际进展情况,并不断地核实这些根据新情况所采取的决定和方法是否能发挥预期的效果,以确定它们的正确性。如果发现所采取的决定和方法不能达到预期的效果,则应找出它们的不足之处。

(2)评估进程:在监督决策付诸实施的进程和查核其有效性的过程中,还应对其进行评估。如果发现新的情况与所作决策有冲突,不要急于假设决策或情况有误,而要再次认真地考虑和分析局面,重新全面地考虑问题。

(3)改进决策:通过对决策方案的查核和评估,可结合所收集到的经验与教训,在必要时对决策方案加以改进和完善,以便能真正充分利用好所有的资源。

四、决策风格(Decision-making styles)

决策是领导工作的关键。决策的有效与否,不仅同科学的决策程序、方法有关,而且很大程度上取决于领导者的决策个性风格。所谓风格,就是指人们做事的习惯、方式或手段。不同的人做同一件事的方式会有很大差异。实现同一目的的途径也不一样。从而形成不同的风格。关于风格,人们更多关心的是风格的多样性与差异性,因而风格总是与特点相关,从这个意义上说,风格是指不同的人在做事方式上所表现出来的习惯偏好的特点。

所谓决策风格,就是指人们决策的习惯和方式,它并不涉及到决策的内容和目的,但是决策风格对于决策效果和效率有着非常明显的影响。决策过程与结果往往与决策者的年龄、心理素质、知识、经验、阅历、胆略、性格、习惯等有直接关系，同时还受到所处社会环境和时代风尚的影响。诸多不同的因素，使决策者对待决策的态度、方法也各有不同，久而久之，就形成不同的决策习惯，进而形成各有所长的决策风格。

1. 决策风格的类型(Types of decision-making styles)

决策的风格主要可分为四种类型：条理型、思维型、判定型和启发式型。这4种类型具有如下的特点。

1)条理型(Orderliness type)

条理型决策者强调要在充分搜集信息的基础上，进行逻辑推理判断，特别是采用数学模型、统计技术等多种分析性决策工具。他们往往非常重视对问题的定量分析，比较强调对问题现状的静态分析，但并不非常注重该问题的由来和今后的发展趋势。

2)思索型(Pondering type)

思索型决策者在某些方面和条理型决策者有类似之处，他们都喜欢进行逻辑分析，但是思索型决策者更加注重对问题的动态分析，注意搜集关于该问题的来龙去脉及以后发展变化的信息，特别是将来发展的各种可能性。他们往往采用各种决策树和敏感性分析方法作为工具来进行思索和考虑问题。

3)判定型(Judgement type)

判定型决策者在作出决断时，往往注重考虑到方方面面的关系，特别是各种人际关系之间的细节。因此，他们不喜欢由个人独自作出决定，而是想借助于群体的讨论和分析来运行最后的决策，并且追求在各种不同意见之间能达到妥协。

4)启发型(Enlightenment type)

启发型决策者风格和判定型决策者风格有显著的反差，他们主要是依靠自己的经验、直觉以及个人的偏好来果断地作出决策，而很少运用各种分析性工具。

显然，上述4种决策风格有着明显的不同，它们的决策效果和效率也有相当大的差异。在实际的决策工作中，喜欢根据逻辑分析来进行决策的人，他们在自己的本职工作中往往要在搜集大量信息的基础上，经过严密的推导来作出决定。如果有充分的时间，他们往往能够作出很有效的决策，但这样决策的效率不高。如果时间比较紧迫，他们就有可能失去良机；另外也有一些决策者虽能在复杂和多变的环境中，迅速抓住需要解决问题的关键所在环节，及时果断地根据实际情况作出一些相应的决策，但有时会由于考虑不周而造成损失。而一些具有长期实际工作经验的高明决策者，不仅能注重信息的搜集和推导，并具有高度的洞察能力，从而在工作中根据内外环境中的时空、气候、可利用的资源等情况作出切合实际而有效的决策。由于决策风格对决策的效果与效率具有非常重要的影响。因此，每一决策者有必要对自己和他人的决策风格有比较清楚的了解，并通过能认真结合和比对自己在实际工作中的相关情况，取人之长，补己之短，从而提高自己的决策水平和能力。

2. 动物性格拟人化的不同决策风格(Different decision-making styles compared with animals)

为了更为形象化地说明人们在决策中的风格，欧美等一些西方国家的航海教育界常采用动物性格的拟人化比喻来加以阐述。他们常采用以下不同的动物的性格来比喻不同人员的管理与决策风格(见图7-2)。

1)老虎型(Style of tiger)

老虎型决策风格的主要特点体现在决策者具有高度的权威性和强制命令性作风、不喜欢他人说三道四、经常个人包办一切。但是，具有这种决策风格的人往往在紧急和灾难情况下有很强的指挥和应急能力。这种决策者的决策风格也常会导致自己单位的工作场所非常平静，工作人员生怕犯错误而被批评，他们之间很少有交流和质疑，整体技术水平低下，相互间道德水平不高。

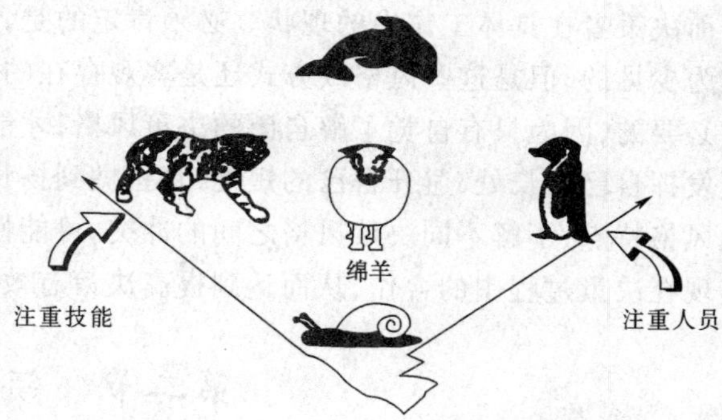

图 7-2　动物拟人化的管理与决策风格

2)企鹅型(Style of penguin)

企鹅型决策风格的主要特点体现在决策者的领导作用与能力体现不够，威信不太高、过于依赖单位群体的力量、无关紧要的交流与沟通太多而无效。但是，有这种决策风格的人往往群众关系很好，能团结互助。这种决策者的决策风格也常会导致自己单位人员在工作中相互间的质疑过少且反映迟钝、由于职业方面的要求不太高而产生工作人员的技能要求和标准较低等现象。

3)蜗牛型(Style of snail)

蜗牛型决策风格的主要特点体现在决策者根本就没有威信和领导能力，自己也不愿承担工作的责任与义务。这种决策者的决策风格也常会导致自己单位人员无法得到决策者的领导和进行交流与沟通，从而因工作任务不明确而难以发挥他们的作用。同时，由于这类决策者对工作的要求和标准太低而使整体单位人员的技术水平低下，无法适应工作的需求。

4)鲸鱼型(Style of whale)

鲸鱼型(也有人称为海豚型)决策风格的主要特点体现在决策者具有威信和领导能力，特别是它们具有明确的奋斗目标和极佳的通信与沟通能力，对个人与团队人员的工作技能要求很高，相互间团结互助。因此，这种决策者的决策风格能使自己单位的全体人员具有共同而明确的工作目的、良好的团队精神和工作技能，完全能适应多变或复杂的工作环境与要求。

以上这些通过动物性格拟人化的不同决策风格基本体现出了不同航海人员在实际工作中从事决策的实际情况。当然，航海人员在特定的决策情况下可能并不完全处于在单个动物性格的决策风格之中。从图 7-2 中间可看到一绵羊，从表面上看，绵羊型(Style of sheep)似乎有些软弱，实际上具有这种决策风格的人往往柔中有刚。从某种程度上讲，这种决策风格综合反映了以上不同动物中一些主要可取的特点。因为有些人在紧急情况下不得不采用老虎型的决策风格，但是在一般情况下的决策时，则可以考虑采用其他动物可取的风格。

3. 决策风格在决策时的体现(Reflections of styles in making decision)

从上述动物性格拟人化的各种不同决策风格中可以延伸出人们在平时实际决策工作中的常见或可能会看到的一些不同的风格或方式。这些决策风格在决策时的体现主要包括：

(1)决策者利用当时自己所获得信息，自行解决问题或作出决定；

(2)决策者从团队成员中获得任何必需的信息，然后自己决定解决方案；

(3)决策者与团队共同讨论问题后，最后由其本人作出决定；

(4)决策者与团队共同讨论问题，一起分析问题，并共同作出一个大家都较为满意的决定；

(5)决策者把问题交由团队处理，并提供任何相关的信息，赋予它们解决问题的职权；

(6)决策者完全把问题交由团队人员处理，自己不再过问，也不想为相关的问题承担任何责任。

以上这些在实际决策工作中常见或可能会看到的一些不同的风格或方式也确实体现出了目前决策者在具体工作中的现状。必须肯定的是，其中第1种和第6种的风格或方式毕竟是较为少见的，但是这些风格或方式还是客观存在的。为此，决策者对决策风格的自我认知是非常必要的，因为只有自觉了解自己的决策风格，才能充分认识本人所作决策的长处与短处，以便发挥自己的长处，避开自己的短处，真正做到扬长避短。同时，要了解同事、上级或助手的决策风格特点，了解不同决策风格之间的冲突，可能性和兼容性，设法协调好决策者之间的冲突，实现在决策过程中的合作，从而达到提高决策有效性的目的。

第二节　领　导
(Leadership)

作为引导和影响个人或组织的领导，必须通过正确发挥自己在工作中的计划、组织、指挥、控制、协调的职能和作用，积极鼓励和调动下属人员的工作积极性，才能带领他们共同实现一定的目标。

一、领导的含义与作用(Definition and function of leadership)

1．领导的含义(Definition of leadership)

所谓“领导”，就是指设定目标，率领和引导组织或个人在一定的时间以及其他条件下，按照一定的计划或方法实现该目标的行为过程。它也可以解释为：“指挥、带领、引导和鼓励部下为实现目标而努力的过程”。从领导的不同形式来看，它可以是指作为一个具体组织或团体的首领式人物，但是它也可以是指一种能力、方法和艺术。

从以上的含义和社会发展的历史来看，任何时代和任何组织都是不能没有领导的。在不同时期、不同组织中领导的含义都是有一定的相似之处的。这就是领导是目标的制定者，也是率领和激励其下属为目标而奋斗的指挥者。同时，从领导者的身上可以体现出其特定的工作能力、方法和艺术。

2．领导的作用(Function of leadership)

在任何单位或组织，领导者的好坏直接影响着这个单位或组织的工作成败。领导者在带领、引导和鼓舞下属为实现组织目标而努力的过程中，要具体发挥指挥、协调和激励等3个方面的作用。

1)指挥作用(Leading function)

为了帮助人们在工作中认清所处的环境和形势，明确活动的目标和达到目标的途径，就必须有头脑清晰、胸怀全局，能高瞻远瞩、运筹帷幄的领导来指挥人们的集体活动。领导者只有站在群众的前面，用自己的行动带领人们为实现企业目标而努力，才能真正起到指挥作用。

2)协调作用(coordination function)

在许多人协同工作的集体活动中，人们之间往往会因各人的才能、理解能力、工作态度、进取精神、性格、作风、地位等不同或外部各种因素的干扰而导致思想上发生各种分歧、行动上出现偏离目标的情况。因此，这就需要领导来协调相互之间的关系和活动，使大家团结起来、统一思想，为共同的目标而努力。

3)激励作用(Encouragement function)

在一定组织的工作中，尽管有许多人都具有积极工作的愿望和热情，但是这种愿望并不能自然地变成现实的行动。为此,这就需要有通情达理、关心群众的领导者来为他们排除困难、激发和鼓舞他们的斗志,发掘、充实和加强他们积极进取的动力,以保证每一个职工都能保持旺盛的工作热情,最大限度地调动他们的工作积极性。

二、领导的基本要求(Basic requirements for leadership)

为了能保证领导的正确性和有效性,领导者应具备一些特定的基本条件和素质。作为一名领导者,要想带领下级去完成本部门的既定目标,首先就必须建立起自己的领导权威。权威就是权力与威信的统一,是由领导者的素质及其行为所形成的,它标志着一个领导者的能力是否被他人所承认。一个优秀领导者,能团结与其共同工作的同事和下属,充分调动他们的工作积极性,并通过自身的良好素质与魅力来创建其威信。这些良好的素质包括:

1. 思想素质(Ideological factor)

具有较高的思想修养是领导者必须具有的基本要求。一是他们要有牢固的政策和法律观念。坚定不移地执行国家的法律法规;二是要有强烈的事业心和高度的责任感;三是要有高尚的道德品质和服务精神;四是要有严于律己、宽以待人的品格;五是要有充分的自知之明。

2. 才能素质(Talent factor)

具有才能和才干是领导者开展工作的关键。才能和才干是一个人知识和经验的综合体现。它体现在领导首先要有敏锐的观察力、分析力和判断力;第二要有较强的组织、协调、决策能力;第三要有一定的社会活动能力;第四要有一定的语言文字表达能力。

3. 学术素质(Academic factor)

具有较高的学术素质是领导者做好工作的基础,即他们应该掌握好科学管理知识与自己领导工作直接相关的专业知识。领导者在这方面一是要掌握好政治和法律知识。二是要学好文化基础和专业知识,不断提高自己工作与业务能力。三是随着社会的不断发展和进步,要学习掌握一定的社会学、心理学、公共关系学和行为科学。协调好人际关系,用科学的方法调动所有人的工作积极性。

4. 身体素质(Physical factor)

具有良好的身体是领导者的开展工作的保证,即如果没有一个健康的身体,再多的知识、再高的能力也不能发挥其作用。担任领导工作的人员,往往需要深入到实际工作中去调查研究,处理各种繁重事务,并时常具有较大的工作精神压力。为了保证自己工作的正常进行,必须有一个健康身体作保证,否则就承担不起领导工作这一重担。

领导者的以上这些素质并不是自身早就具备的,它们是在工作的实践过程中,通过领导者自己的努力而逐步养成的。因此,领导者必须明确自身工作的素质要求,通过认真学习,总结经验,不断在工作中提高自己从事领导工作所应具备的各种素质。

三、领导的类型与风格(Types and styles of leadership)

领导者在实际工作中都会根据具体的要求,结合自己领导工作的经验和风格而从事具体的领导工作,他们也会因工作要求和具体的实施方式的不同而产生以下多种领导的类型和风格。

1. 领导的类型(Types of leadership)

1)民主型(Democratic type)

民主型的领导也可以称为对话型领导。这种领导在工作中常采用民主协商的方式,听取下属的意见,并鼓励他们积极发表改进工作中的意见,从而提升自己组织管理上的灵活性和职工本身的责任感。

2)激励型(Encouragement type)

激励型的领导往往注重职工的个人情感,运用物质激励的管理方式,创造职工积极向上的氛围,不轻易对职工完成自己工作的方式进行不必要的责难,以最有效地调动他们的积极性。

3)制度型(Rule-based type)

制度型的领导要求职工一切按规则做,即要求职工以任务为中心工作,通过制度来约束自己的行动。领导者布置任务也均以制度措施为依据,要求下属职工必须严格按照规章制度加以执行。

4)教育型(Educational type)

教育型的领导要求由我来教你怎么做,它是以人为中心的领导方式,帮助职工制订实现目标的计划,并给予大量的指导和反馈,启迪职工的思想,促使他们自觉采取符合领导者意图的行为。这种领导在改善工作氛围以及实际成效方面有显著的正面作用。

5)榜样型(Example type)

榜样型的领导通过自己以身作则、率先示范的行动来树立自己的权威,依靠个人的人格魅力的影响和职位上的优势来领导和带动下属职工,引导他们仿而效之。榜样型领导具有引导性与感染性,往往能通过自己的榜样作用来达到自己所期望的效果。

6)专制型(Autocratic type)

专制型的领导独断独行,通过下达命令来要求下属绝对服从。这种类型的领导可能具有一定的工作能力与魄力,敢于承担责任。这种领导在面临困境或者碰到危急关头往往非常果断,常能发挥速战速决的作用。

7)放任型(Abdicated type)

放任型的领导一般都会将工作任务与问题交付下属人员处理,自己不愿多加过问,也不想多担负工作的责任。这种领导可能自己的工作能力与魄力不够高,遇到问题时喜欢由他人来帮助解决。

领导的类型在实践中是有多种多样的,只有因人因地因时因事而异、实事求是、有的放矢地运用各种领导艺术去指导员工、教育员工、激励员工,领导自身的水平才能发挥出更大作用,管理工作才能显示出卓越的成效。但是,也有部分领导者由于本身的素质问题,或是对有关工作情况的片面理解而采用一些不合事宜或不适应发展需要的方式加以领导,这就会产生一些负面影响,工作也难以如愿以偿。

2. 领导的风格(Styles of leadership)

鉴于以上不同类型领导在实际工作中的特点,他们各自的领导风格也会各不相同。这些不同的领导风格主要包括:

1)命令型(Ordering style)

具有命令型领导风格的领导往往采用下达命令的方式来要求下属必须完成的工作任务。他们会给出明确的指令,包括要求他们做什么、如何做、在何时与何地做等细节。

2)指示型(Instruction style)

具有指示型领导风格的领导往往采用发出指示的方式来布置具体的工作任务。他们会向下属提供框架性的指示和要求,并要求下属通过自己的努力去完成相关的任务。

3)参与型(Involved style)

具有参与型领导风格的领导往往能在发出指示和布置具体工作任务的同时，自己主动地和下属一起共同参与讨论和决定完成工作任务与解决问题的最佳方案。

4）委托型（delegated style）

具有委托型领导风格的领导往往只是向下属发出指示和布置具体工作任务，他们很少向下属提供如何完成工作任务或解决问题的具体指导和人员支持，也不愿多承担责任和义务。

以上这些不同类型领导风格与不同类型领导本身的性格与特点是密切相关的。但是，这些具有不同性格与特点的领导在从事他们的具体实际工作中，也不是完全是采用单一的领导风格来办事的。在不同的场合和情况下，他们也会根据实际情况调整或采用混合型的领导风格来适应或满足需要的。不过从他们总体工作中的实际行动而言，一般每个领导都具有自己独特的领导风格。

第三节　船舶驾驶台资源管理的决策与领导
（Decision-making and Leadership of BRM on board Ship）

每个人在特定组织内从事实际工作的过程中，都与决策和领导有着密切的关系。作为船舶的船长，他负责全船重大事务和在特定条件下船舶操纵的决策和指挥工作。在船舶航行和其他操纵作业中，除了船长，其他船舶驾驶员，包括在港内航行的引航员，也都在驾驶台资源管理中根据自己具体的分工而从事各种决策和与领导相关的工作。在船舶航行和操作的过程中，这些作为船舶驾驶台团队工作中的人员不仅需要对所遇常规性的问题加以处理，还需对工作中的突发事件采取应急措施。因此，他们必须针对自己的工作特点和可能遇到的各种问题，认真处理好相互在领导与决策方面的关系，积极承担相应的责任与义务，达到船舶安全管理的目的。

一、正确理解驾驶台资源管理决策和领导的责任（Correctly understanding responsibilities of decision-making and leadership of BRM）

1. 船长在船舶驾驶台资源管理决策和领导工作中的责任（Captain's responsibilities for decision-making and leadership of BRM）

船长受船公司的委托，负责船舶平时的管理和航行中的领导和决策工作。他应领导全体船员认真贯彻执行国际公约以及国家法律、法规，熟悉和执行公司的安全和环境保护方针，并根据船公司的要求，安全优质地全面完成运输生产任务。为了正确地履行自己的职责与运用好自己的权力，他首先必须明确自己在船舶驾驶台资源管理决策和领导工作的责任。

在船舶航行与操作的过程中，为了保护船舶和在船人员、海洋环境、文件、邮件、货物以及其他财产，船长有权力和义务根据其专业知识及经验判断采取一切必要措施，并有绝对权力采取决定性行动，以保证船舶的安全，防止人员伤亡，避免对环境造成危害以及对财产造成损害。因此，无论何时何地，船长在船舶驾驶台资源管理决策和领导工作中负有重大的责任。

2. 驾驶员在船舶驾驶台资源管理决策和领导工作中的责任（Officers' responsibilities for decision-making and leadership of BRM）

船舶驾驶员在船长的领导下，作为驾驶台团队工作的重要成员，应熟悉国际公约以及国家的相关法律、法规，熟悉和公司有关船舶安全和环境保护等方面的政策与要求，并努力执行公司的安全和环境保护方针，履行规定的船舶航行值班和锚泊值班等职责。

在船舶航行值班等工作中，驾驶员应根据船长的指示，严格执行相关的规章制度和操作程序，认真做好自己的本职工作，确保船舶的安全。在他们海上独立值班和进出港口时协助船长做好驾驶台资源管理的工作中，他们也担任或参与了这方面的决策和领导的工作。因此，他们在常规性的工作中，对船舶驾驶台资源管理决策和领导的工作也负有一定的责任。

3. 引航员在船舶驾驶台资源管理决策和领导工作中的责任(Pilot's responsibilities for decision-making and leadership of BRM)

船舶引航员受船长的聘请，作为船舶进出特定港口时驾驶台团队工作中外来的重要成员应熟悉国际公约以及自己所在的国家与港口的相关法律、法规，严格执行有关规章制度和操作程序，安全引领船舶。引航员虽然是船舶临时雇佣的驾驶人员，但他在船舶进出港口的操作过程中发挥着重要的作用。

STCW 78/95 公约第 A-VIII 章第 49 条规定：尽管引航员有其职责和义务，他们在船上引航并不解除船长或负责航行值班的高级船员对船舶安全所负的职责和义务。船长和负责航行值班的高级船员应与引航员密切合作，并保持对船舶的位置和动态进行精确的核对。因此，在从事船舶引航工作期间，引航员应明确自己有责任和义务利用其特定的知识和能力在当地水域帮助驾驶船舶进出港口或进行靠、离泊位作业。在这些作业过程中，引航员为保证船舶航行或靠、离泊位作业的安全，应充分发挥其在特定条件下由船长授予的决策与领导权力。但是，引航员在此期间也必须明确船长对船舶的安全始终负有最终决策和领导的责任，并尊重和服从船长的指挥。

二、充分发挥驾驶台团队人员在驾驶台资源管理决策和领导中的作用(Fully displaying bridge team members' roles in decision-making and leadership of BRM)

1. 认真处理好相互关系，发挥好驾驶台团队工作的作用(Properly dealing with mutual relationship and displaying roles of bridge teamwork)

为了确保船舶航行和操纵作业的安全，驾驶台团队人员首先要明确自己的职责与权利，并应注意运用良好的工作方法来处理好相互之间的工作关系。在工作中应能确保驾驶台团队成员之间(包括引航员、船长与驾驶员)在心理上的相互容纳和认同，从而在相互之间协调好引航的决策与领导工作，使成员之间产生良好的凝聚力，以真正发挥出显著的驾驶台团队工作的整体工作效能和作用。

船长应充分发挥自己在驾驶台团队工作中的领导作用，在时间许可的一般性工作决策中，可从团队成员中认真收集信息与征求意见，并让团队成员参与决策的过程。如果工作条件或外界因素发生变化，则可与团队成员共同商定修改和更新决策中的相应计划；在发生紧急情况的应急处理中，船长则必须明确自己的职责，果断地根据当时情况的需要作出适合当时情况的决策。如有可能和需要，船长可与团队成员进行一些必要的联系和商量，如情况非常紧急时，船长就必须根据自己的判断与经验，立即作出行之有效的权威性决策。

驾驶台包括引航员和驾驶员等其他的团队成员在时间许可的情况下，应协助船长的工作，积极提供信息和参与决策的制定工作。在认真落实和实施相关决策内容的过程中，应及时发现和处理好因工作条件或外界因素发生变化对所作决策的影响，必要时应立即向船长汇报，尽可能地提出自己的修改意见，以便船长能进一步改进和完善原定的决策；在船舶发生紧急情况时，这些团队成员则应在船长的统一指挥下，积极认真地执行船长的指令，必要时应主动为船长提供有用的信息和应急建议。

2. 充分利用驾驶台团队人员自身的优势，注意自己的不足之处(Fully using self-superiority of bridge team members and laying stress on own unfavorable elements)

在驾驶台团队人员中，船长和船舶驾驶员由于长期在自己船舶上工作和生活，所以对自己船舶的操纵性能和情况比较熟悉。如果某些船舶经常或较为固定地在特定航线和地区航行和营运时，则这些船舶的驾驶人员对这些航线和地区的情况就比较熟悉，所以他们在船舶的操作与航行方面具有一定的主动权。

在实际工作中，由于船上的船员的流动性很大，驾驶台的团队人员经常发生变化，所以这些成员需要在工作中相互不断地了解和配合。船舶本身驾驶台团队的各成员因工作经历、经验、年龄、身体等情况的不同而在工作中具有一定的优势或短处，为了确保船舶航行与操作的安全，他们必须根据各自的分工进行协同工作。这就意味着他们之间在工作中应充分发挥自身的优势，注意自己的不利因素，从而真正保证团队协作的有效性和安全性。另外，船舶在特定或不同航线和地区航行时毕竟受到外界与环境的限制，故驾驶人员的工作也具有一定的局限性。然而一旦船舶需要驶入驾驶人员从未去过的或规定强制引航的港口时，他们就可能需要或必须和港口引航员组成团队进行协同工作。

因日常工作的关系，引航员非常熟悉当地水域中航道的具体情况和水文与气象的规律，了解本港船舶的动态、流向及习惯航法；由于熟悉与港口相关职能部门的联系方法和使用相同的语言，他们在与港口主管部门和相应单位的联系中非常方便而有效；又因工作关系，他们掌握了本港拖船的拥有量与性能和所靠离码头的走向、系缆设施、码头边的水流与水深和码头工人的带缆技术等基本情况，所以在使用和支配港作拖船、带缆艇和码头系缆工人时，也非常得心应手。为此，引航员在明确其在特定条件下由船长委托而授予的决策与领导权力的基础上，必须通过充分利用自己所具备的当地航行的特殊知识和熟悉港口各方面的关系等优势来发挥自己在船舶引航决策与领导中的作用。

以上这些所有的优势为引航员在从事实际工作的决策和领导中提供了方便，但是引航员也必须充分认识到自己工作中的一些不足之处和不利因素。由于引航员所工作的船舶是不固定的，所以他对被引航的船舶的人员、设备和船舶的操纵特点，特别是对它的薄弱环节和局限性等都不太了解，而这些不利因素对引航的决策与领导带来了一定的困难。为此，引航员上船必须认真地向被引航船舶的船长全面了解有关船舶的操纵特性、设备等情况，特别是涉及船舶在操纵中的薄弱环节和局限性，以便能在引航的决策与领导工作中加以注意。

船舶原有驾驶人员与引航员组成新的驾驶台团队后，在船舶航行过程中应共同注意船舶的动态，预防意外局面和情况的发生。一旦发生这些情况，则应共同根据预定的应急方案立即采取有效的行动与措施，以防事态的扩大和恶化。必须明确的是，引航员上船工作并不意味着接替船长，此时船长仍保持着操纵船舶、指挥船舶的权力，因为他是在船的最终权力者。引航员在引航中的决策与领导是船长对权力的委托。因此，为了确保船舶航行的顺利进行，引航员和船长、驾驶员之间应保持密切的合作，并相互充分交流信息，以便能全面地了解各自的实际情况和理解各自的意图，在实际工作中优势互补，确保安全。

3. 改进决策与领导风格，提高船舶驾驶台资源管理的水平(Improving styles of decision-making & leadership and heightening level of BRM)

决策与领导风格有着非常特殊的作用，在某些情况下，决策与领导风格往往会影响着决策与领导工作的成败，船舶驾驶台资源管理工作中的决策与领导风格也是同样如此。为此，船长和其他驾驶台团队相关人员在行使决策与领导的权力时，必须充分考虑以下的作用与影响。

1)尊重驾驶台团队的全体人员(Respecting all members of bridge team)

做好船舶驾驶台资源管理工作的根本在于驾驶台团队全体人员之间的相互支持和配合。船长在改进自己的决策与领导风格时,必须充分认识到驾驶台团队人员相互尊重的重要性,特别要从自己做起。首先,应摆正自己在驾驶台团队工作中的位置,不断改进自己工作的作风。其次,应积极调动自己船舶驾驶台团队人员在各自工作中的积极性,注意发挥这些人员在船舶驾驶台团队工作中的作用。再次,应处理好与引航员的关系,通过及时有效的沟通、配合和监督,保持船舶的安全操作与航行。同时,还应充分注意到在强制引航的规定下,引航员具有双重身份(其一是受港口当局授权,具有维护国家利益,保证港口安全的责任;其二是受船东的雇佣,协助船长安全操纵船舶),在相互尊重和协作的基础上,共同完成船舶安全、迅速进出港口的任务。

2)加强与驾驶台团队成员之间的交流(Enhancing communication beween members of bridge team)

为了保证驾驶台团队成员间的正常和有效工作,船长在行使决策与领导的权力时,应加强与驾驶台团队其他成员之间的交流。在关键性的决策过程中,如果时间急迫,则应将自己的决策或意见及时告知他们;如果时间与当时外界的条件允许,则可采用适当的方式,通过讨论或其他的办法征求他们的意见。在紧急情况下,则应视当时的实际情况,果断地加以决策和采取应急措施以确保船舶的安全。

3)注重养成良好的心理与生理素质(Paying attention to proper psychological and physical factors)

船长和其他驾驶台团队成员的决策与领导的风格往往是个人的心理与生理素质分不开的。实践证明,如他们心理与生理素质中积极因素占主导地位,则意志坚强、处变不惊、反应灵活、行动迅速、头脑清醒,能从容果断地作出有效的决策和及时地解决问题;反之,如他们心理与生理素质构成中消极因素占据了主导地位,则会优柔寡断、举棋不定、处事呆板、行动迟缓、处变惊慌,就很难作出有效的决策,致使工作消极被动而陷入困境。这就意味着驾驶台团队成员的心理和生理素质与其本职工作的安全具有非常密切的关系。

为了养成良好的心理与生理素质,驾驶台团队成员必须注重心理与生理素质的一些规律,及时总结和分析自身心理与生理素质的现状与变化,并针对这些现状与变化采取相应的措施加以调整。由于心理与生理素质往往会影响自己个人的特性,所以有针对性地在工作中减少这些方面的消极因素,增加积极因素,将有助于自己在工作中发挥更好的决策和领导作用。

4)提高驾驶台资源管理决策与领导的技能(Raising decision-making and leadership skills of BRM)

船舶驾驶台资源管理决策与领导的技能是驾驶台团队人员从事船舶安全航行与操作的基本保证,他们可以在实际工作中通过不断地对自身和他人的工作实践与经验加以分析、总结、积累来提高这些技能。由于驾驶台团队成员在船舶航行与操作中的决策风格对其决策效果与效率的影响是非常明显的,所以他们应当了解自己的决策风格与其他团队人员决策风格的异同,通过取长补短来提高决策的有效性。

驾驶台团队成员必须充分注意到在实际工作中所采用的决策与领导风格并不完全或都是单一的,而是经常会出现决策与领导风格的多重性,所以他们在对不同决策与领导的风格加以研究的同时,还应充分考虑到决策与领导的特性。即这类决策与领导往往非常注重实际操作,专门从战术研究的角度,实施微观的作用。它们其中的每一措施和行动都必须落到实处,并分工到具体人,从而保证最终的结果与效率。

驾驶台团队人员应在自己的工作中充分考虑针对不同问题所作不同决策的优先问题,即要注意对不同风险程度的评估和应优先考虑的因素,以确保注意决策的应变性、适应性和有效性,而千万不能因为在决策时优柔寡断和举棋不定而导致在关键时刻坐失良机。

总之,作为决策者应在决策前要利用一切可获得的时间进行收集、了解和分析相关的资料和情况,仔细考虑所收集到的信息和所有可能发生的情况,包括最不可能的情况;决策时应建立在实际情况与事实的基础上,并充分利用船舶驾驶台所有可利用的一切资源(包括驾驶台团队的人员、船舶驾驶台的硬件与软件、时间与空间、个人知识与经验等),决不能根据自己不完全的判断与意愿随意行事;决策作出后,则应把握正确时机,及时加以实施并监督其进展情况和查核效果;如果新的情况与决策有冲突,不要急于假设情况有误,而应再次考虑局面,重新全面考虑问题;必要时对所采取的措施加以调整,最终达到船舶安全航行与操作的目的。

第八章 航次计划

(Voyage Planning)

为了保证航行安全,经济地完成航行任务,当船舶接到航次命令后,就应当结合本船的实际情况,充分考虑各种因素,综合利用航海科学技术知识,制定好航次计划。

航次计划是航海中一项非常重要而且十分复杂的任务,这项工作做得好与不好,直接影响到船舶在海上的航行安全,也影响着船舶的营运经济效益。

第一节 航次计划及其目的

(Voyage Planning and Its Purposes)

一、航次计划的概念(Definition of Voyage planning)

航次计划通常是指船舶接受新的航次任务后,拟定从一个港口泊位航行到另外一个港口泊位的过程中有关航行安全保证的具体措施与对策。

航次计划内容覆盖面广,要求结合航行实际,充分考虑航行中的各种因素,综合利用船舶驾驶学科及航海的专业知识。船舶航次计划制定的好坏直接关系到船舶和海上人命安全以及海洋环境的保护。为此,国际海事组织(IMO)还在1999年11月25日通过了A.893(21)号决议——航次计划指南(Guidelines for Voyage Planning),对航次计划的各项具体内容作出了进一步的规范。

二、航次计划的内容(Contents of voyage planning)

对于不同的船舶,不同的海上环境,航次计划的内容也会各有不同,但就总体而言,船舶航次计划的主要内容应是一致的。其内容主要包括:

(1)航行前航海图书资料的准备和改正;

(2)各种助航仪器的检修与起动;

(3)人员配备和载货(卸货)计划的完成;

(4)淡水、燃油及日用品的储备;

(5)航线的确定;

(6)开航时间、航行时间及过重要水域船时的计算;

(7)航行中重要水域或狭水道的航行方法研究;

(8)跨洋航行时大圆航线的起始点和到达点的选定;

(9)航线在某海区可能遭遇到的海况和恶劣天气及其应变措施;

(10)到达港的概况、通信、引航以及航道特征等。

(11)防污染方面的信息和相关规定,如换压载水、垃圾处理以及污水、废气的排放等限制和要求。

三、航次计划的目的(Purposes of Voyage planning)

由航次计划的目的主要是为船舶航行做准备,以便能用保障船舶安全和保护环境的方式,执行从泊位到泊位的计划航线,同时确保一直对船舶的积极控制。

STCW 公约也要求在航行值班中应该遵循的基本原则:“事先应考虑到所有的有关信息作好航次计划,开航前应检查所制定的任何程序。”

所有这些都说明了航次计划的目的包括:

(1)为了海上人命安全、航行的安全性和实用性以及海上环境的保护;

(2)为了航行和航路计划的拟定,以及在实施该计划过程中对船舶航行及其船位的严格和连续的监控;

(3)为了充分考虑到拟定计划和实施计划的所有因素,因为所有船舶都可能存在有影响安全航行的诸多因素,大型船舶或者装运危险货物的船舶可能有更多的不利于航行的因素。

第二节　航次计划的制定

(Making out Voyage Planning)

在尽最大可能进行前述评估的基础上,应尽可能详尽地作出航次计划,计划应包括所有的偶发事件和应急事件的策略。

航次计划通常是指从引航站到引航站,但 IMO 决议 A.285(VIII)附则 A(V)有关 STCW 公约 II/1 指出:“尽管引航员在船且有责任和义务,但不能解除值班驾驶员对船舶安全的责任和义务”。显然,即使在某一航段由引航员引航,也需要将航次计划落实到泊位至泊位(Berth to Berth)。

一、航行或航路计划(Navigation or Passage Plan)

详尽的航行或航路计划应包括下述内容:

(1)在适当比例尺的海图上标绘出预定航路或航迹线;应标明计划航线或航迹线的真航向,以及危险区域,船舶定线航路和报告系统,船舶交管系统、任何适用海上环境保护的区域;

(2)在预定的航线上航行期间要确保海上船舶与人命安全 。为此,必须充分考虑到影响航行安全和海上环境保护的主要要素(但不局限于):

①安全航速,预定航线或航迹上航行时应关注的碍航危险物,船舶的操纵特性,以及船舶吃水与可航水深的关系;

②航路中必要的航速调整,例如因夜间航行可能受到限制的区域,潮汐的限制,或在转向时引起的横倾和艉吃水增加所需的富余量;

③在水深受限的临界水域,需要的最小富余水深;

④需要备车变速的位置;

⑤转向点,考虑到在计划航速时的船舶旋回圈的因素,以及预计的潮流、海流的影响;

⑥船舶定位的手段和时间间隔,包括基本的和辅助性的选择,标明相关区域有关定位精度要求以及必须获得的最大可靠性;

⑦所采用的船舶航路、报告系统及船舶交通服务;

⑧考虑有关海上环境的保护；

⑨应变计划，万一出现紧急情况需要放弃原计划，选择去深水海域或驶往避难港或去安全锚地的附带计划，考虑到岸基紧急情况处置及其设备，还有货物的性质和自身的应急行动。

计划可以考虑分成两个阶段，即大洋与开阔水域和沿岸与河口水域。当然，有时候这两种情形会有融合和重叠的。

1. 与海图相关的内容(Contents related to charts)

1)海图(Charts)

应将计划航次的所有海图收集在一起，并按正确的顺序放好。这些海图应包括那些航线不是绝对需要但需穿越的水域毗邻区域的海图，如沿岸航线部分用的大比例尺港图。虽实际上不是必须使用这样的海图，但这些海图包括了航线中所用到的资料。确保所有的海图和出版物都已根据最近接收到的航海通告和从各种渠道接收到的权威性警告进行了改正。在航次计划完成后的航行过程中，也应进行类似的改正，计划应进行不断的修改完善。

2)禁航区(No-go areas)

应检查沿岸和河口附近的海图，所有船舶不能进入的区域应用加亮显示或斜线标示，注意不要擦掉诸如航行标志或显著物标的资料。这些区域应被视为禁航区。在潮差不是特别大的水域，禁航区应包括海图水深小于船舶吃水的水域。

在潮差有较大影响的拥挤水域，禁航区应根据航行时间而变化。首先应将海图水深小于吃水与一个安全余量的区域和危险物视为禁航区，即使是在明确了航经时间时，这样的禁航区也应随之改变。

图 8-1 表示了吃水为 9.1m 的船舶禁航区，接近 10m 等深线，但未考虑潮高的影响。

3)安全界限(Margins of safety)

在海图上标绘航线前，需考虑距禁航区的安全距离。当在海图上标绘船位时，该船位代表的总是定位时的船舶驾驶台的某一部分。对于大船，尽管某时间标绘的船位在禁航区之外，但也可能表明该船舶的某一部分已在禁航区之内，船舶面临着危险的后果。一个安全界限是指距禁航区周围有一个距离，在最不利的可能情况之下，操纵的船舶都不会进入。在决定这个安全界限的大小，应考虑下列因素：

(1)船舶的尺度；

(2)所使用的导航系统的系统精度；

(3)潮流；

(4)船舶的操纵特性。

安全界限应能够容易获得并得以监控，为此，应使用如利用显著物标的避险线或平行方位线等导航系统。

安全界限应能表明船舶可能偏航距离的大小，但仍处于安全水域。按一般的规律，安全界限要确保船舶处在大于船舶吃水的 20% 的水深水域中。应强调的是，这只是一般规律，航行环境可以使 20% 的富裕量相应增加。如：测深数据久远或不可靠、船舶处于纵摇或横摇状态、船舶可能处于尾下坐的情形。

4)安全水域(Safe water)

它是指船舶可安全地偏航的水域，该安全水域界限就是上述提及的安全界限的边界。

5)大洋及开阔水域的航线(Ocean and open water tracks)

首先根据评估航线阶段所作出的决策，在小比例尺海图上绘制大洋和开阔水域的航线。

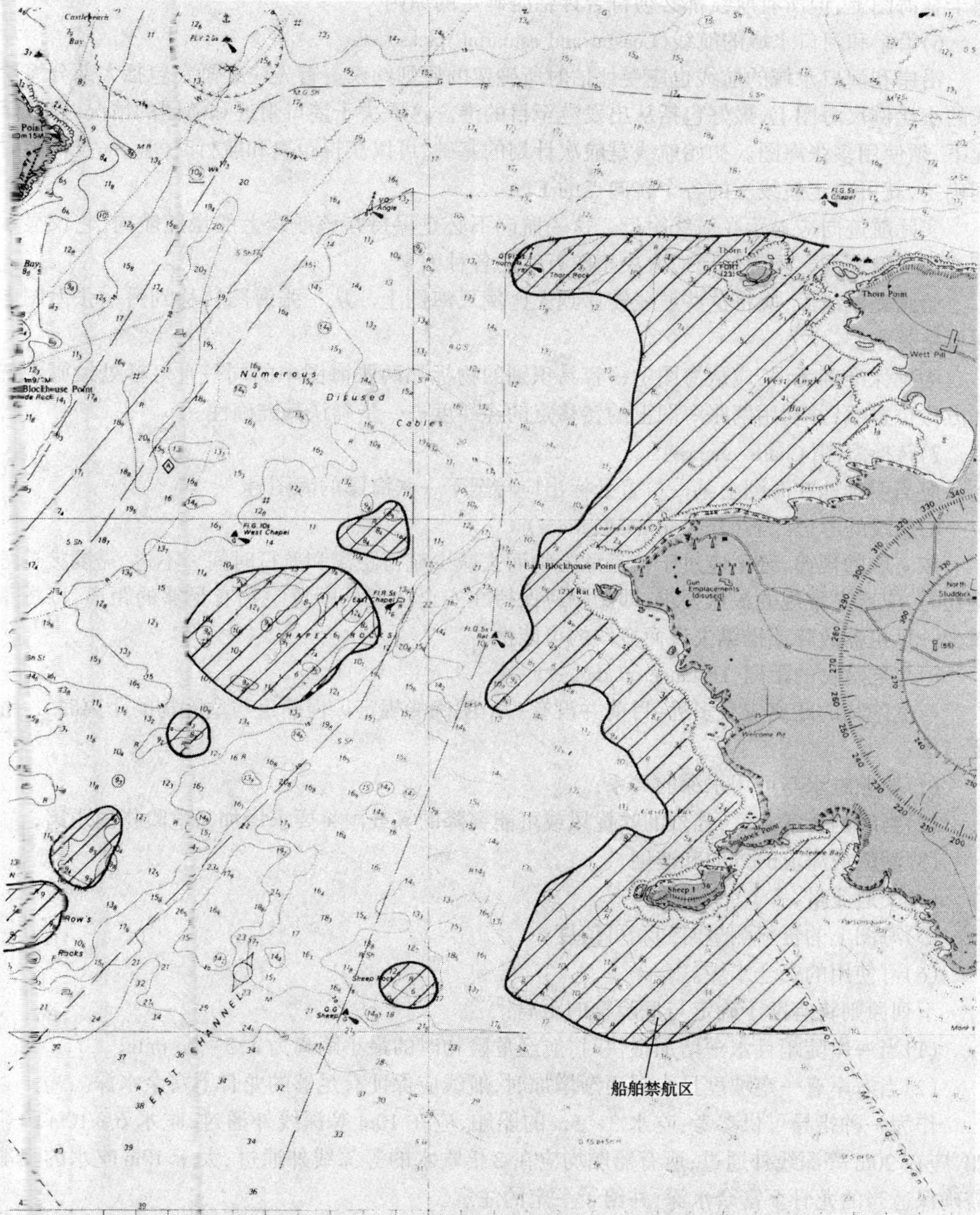

图 8-1　最大吃水为 9.1m 的船舶航行禁区

大圆航线或混合航线必须根据 SATNAV 计算或从大圆海图上获得;恒向线航线可直接绘制在墨卡托海图上,但所有航线都必须符合评估时确定的原则。

6)沿岸和河口水域的航线(Coastal and estuarial tracks)

沿岸和河口水域的航线也应受评估时所确定的原则约束。首先应绘画在包括大部分海岸线的小比例尺海图上,最好包括从出发港至目的港。这取决于港口附近和海图的情况,多数情况下,须使用多张海图。初始航线是航次计划的基础,可以获得距离和航行时间。一旦离港时间确定,就可确定航线上的各个转向点的 ETA。

实际航迹向应显示在航线附近。这一航向不必是保持在该航线上的操舵航向,它仅显示两点间的航迹向。操舵航向应取决于航行时的各种因素。

绘画完航线后,应将这些航线转移到大比例尺海图上。从一张海图转移到另一张海图上时要格外小心。

为确保准确无误,应从海图上一容易识别的物标如两张海图中的同一个灯标处绘画距离和方位位置线,并利用两张海图上的转移点的经纬度进一步确认其准确性。

7)转换海图(Charts change)

应当明确地在海图上某一位置处标出应转至下一张海图的海图号。

8)航线的考虑因素(Track considerations)

按一般的规律,绝不应过于接近危险物而去减少航行距离和航行时间。不过,需要接近危险物时,应遵守常规的最低要求,即船舶应保持在安全水域处距危险物有足够的距离,以尽量减少一旦机器故障或操纵失误而搁浅的可能性。

9)与危险物的距离(Distance off danger)

与危险物的距离应有多远,目前并没有一个明确的规定。但确定与危险物的距离时,一般要考虑:

(1)船舶吃水与可用水深的关系;

(2)当时的天气条件,强烈的吹拢风或可能突降的雾或雨将要求增加与危险物的距离;

(3)潮流或海流的方向和速度;

(4)交通流量;

(5)海图上的资料测量时间和可信度;

(6)可使用的安全水域。

下列原则将有助于确定与危险物的距离:

(1)当海岸陡峭且水深增加很快时,航经危险物时的最小距离为 1.5 ~ 2n mile;

(2)当海岸有一定坡度且水深逐渐增加时,航线应保证有足够的龙骨下富余水深。

作为一种指导可供参考:吃水 3 ~ 6m 的船舶,应在 10m 等深线外通过;吃水 6 ~ 10m 的船舶,应在 20m 等深线外通过;所有船舶均应在 2 倍吃水的等深线外通过;大于 10m 吃水的船舶需确保适当的龙骨下富余水深,并给予一定的注意。

尽管保留了龙骨下的安全富余水深,将最近的航行危险物置于右舷的船舶应留出操纵空间以便向右改向来避让他船。

10)规则(Regulations)

船舶也应遵守公司和国际国内规则中有关离岸距离的规定。

2. 偏航(Deviation from track)

理想的情况是船舶沿计划航线航行,但在某一情况下,如为避开他船而必须转向时就需要偏离航线，即使这样，这种偏航应受到限制以保证船舶不进入危险区域或靠近安全界限处。

3．龙骨下富余水深(Under-keel clearance)

1)龙骨下富余水深(Under-keel clearance)

在某种情况下，船舶要求在龙骨下富余水深很小的区域航行。重要的是应计划好减少的龙骨下富余水深并清晰地标示出。在龙骨下富余水深小于船舶最大吃水的20%或在初始评估阶段认可的比例下，驾驶员不仅需要清楚龙骨下富余水深，而且也应知道必要时要降低速度以减少船体下沉量。

2)高潮可航区间(Tidal window)

在潮汐区域，潮汐达到某一指定的潮高时，可以获得足够的龙骨下富余水深。除此之外，视为不可进入区域。这一安全阶段称为高潮可航区间，必须清楚地标示以便驾驶员知晓船舶是否处于安全水域。

3)潮流或海流(Stream/current allowance)

在开阔水域，由于潮流或海流的影响使得船舶偏离了航线，因此经常需要修正。

当船舶并未靠近危险物的情况下，这种修正在沿岸水域是可行的。当计划航线接近沿岸时，最好事先对潮流或海流进行修正。

海流的流向、流速资料可从海图上获得。但更详尽的资料在"世界大洋航路"、"航路设计图"和"航路指南"中给出。海流随着地理位置和季节的变化而变化，并受气象条件变化的影响。

潮汐资料可从海图、潮汐表和潮汐图集中获得。更详尽的资料在航路指南中给出。潮流随着高潮的时间和月相的变化而变化，并受当地气象条件的影响。

当已知通过某一区域的时间时，就可以计算出潮高和潮流，为保持在计划航线上而采取的航向的允许量应清楚。由于潮流随地点和时间而变化，因此应进行允许量的调整，驾驶员须仔细监控船位适时调整航向以保证航行在计划航线上。

4．改变航向和转舵(Course alternations and wheel-over)

1)改变航向(Course alternations)

当在开阔海域或沿岸水域使用大区域范围的小比例尺海图时，改向通常和计划航线标示的转向点一致。而在拥挤水域使用大比例尺海图航行时，为了保证转向后航行在新的航线上，开始转向的施舵点应在航路转向点之前。

2)转舵(Wheel-over)

引航员应基于本人的经验来决定其转舵位置。计划的转舵位置应根据船舶的操纵数据决定，并在海图上予以标绘。应利用相应的视觉和雷达物标决定转舵位置。最佳的大幅度转向方法包括平行标绘法或平行方位法，但小角度转向时，采用近距离正横方位转向为好。

即使引航员在操纵船舶，转舵位置也应标注在海图上，以使驾驶人员了解其必要性和重要性。

图8-2表示了分别使用两种方法的转舵位置。利用Thorn岛1.31n mile完成从032°到012°的转向；利用Rat岛东南角方位096°完成从012°到000°的转向。

5．平行标绘法(Parallel index)

1)平行标绘(Parallel index)

平行标绘是用在能见度不良或能见度良好情况下的一种有效监控船舶偏移的方法。在初始阶段将计划好的平行标绘线标绘在海图上是良好的实践。正如任何雷达技术一样，当恶劣的天气使视觉航海方法不奏效时，建议在能见度良好时及早而广泛地使用平行标绘线，以便更全面地评价。

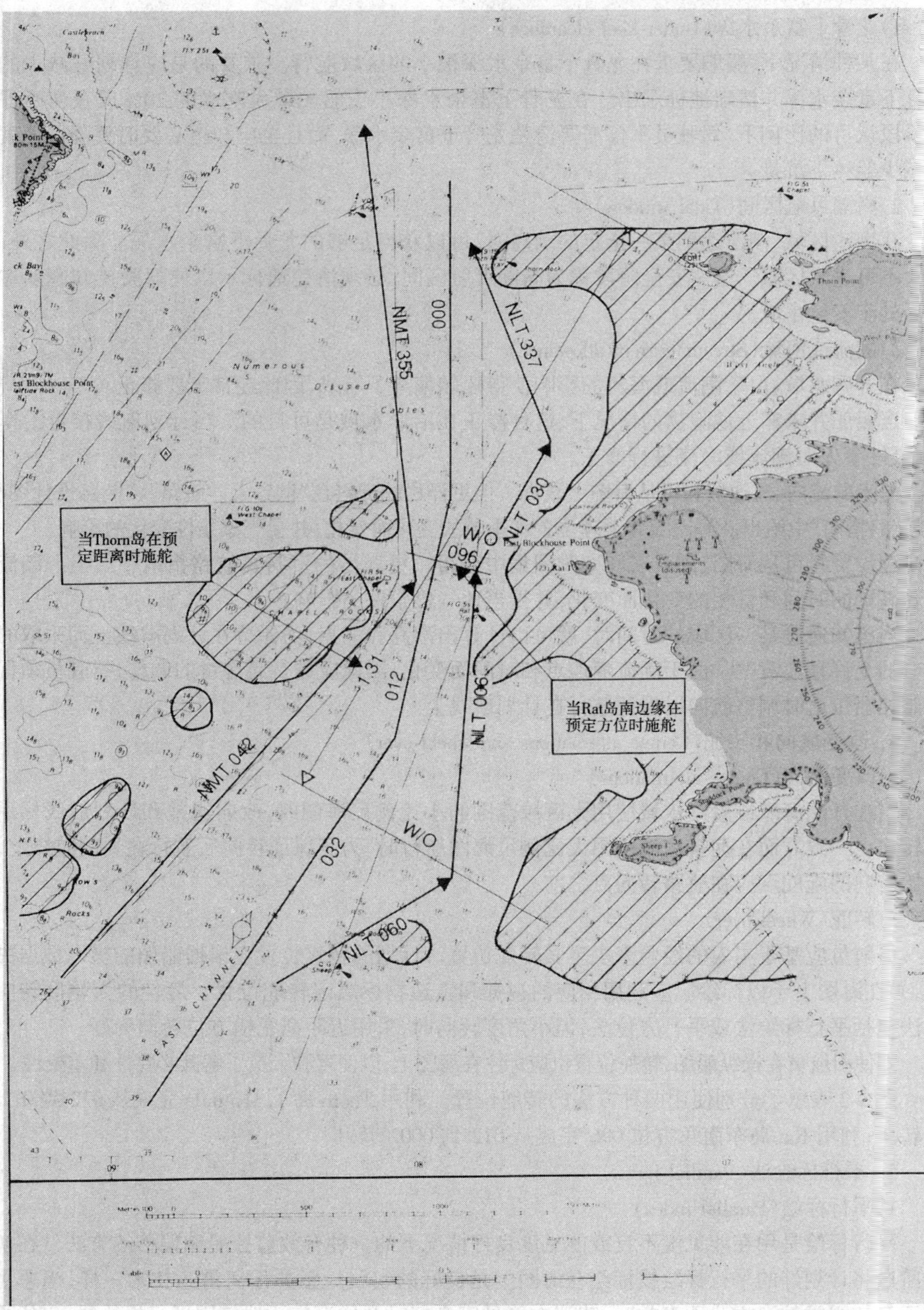
当Thorn岛在预定距离时施舵
当Rat岛南边缘在预定方位时施舵
NMT 355
000
NLT 337
NLT 030
W/O
096
1.31
012
NMT 042
NLT 006
032
W/O
NLT 060
Numerous
Disused
Cables
East Blockhouse Point
EAST CHANNEL

图 8-2 改向与转舵

通过观测一个雷达显著助航物标的回波运动轨迹，反射标绘仪上事先画出航迹线，或通过使用 ARPA 平行线，都是连续监控船舶的简单而有效的方法。这种方法在雷达采用北向上、相对运动方式时最为有效。

根据一个雷达固定物标如灯塔或陡岬可很明确地标绘出本船的轨迹，即在荧光屏中心画一条与船舶轨迹平行而方向相反的线。任何由潮流引起的航迹偏移都能通过平行线外的物标偏移情况发现。

平行标绘也可用来监控转舵位置等。在这种情况下，将到施舵点时转向物标的距离和方位标绘于平行方位线上，以便随时掌握接近施舵点的距离。

2)自动雷达标绘仪(视频)图型(ARPA mapping)

许多现代的 ARPA 都能够把存储在检索系统中人工绘制的图形提取出来。在某些情况下，这些图形可通过电子导航系统来建立，但这些系统应是用作辅助的，并不是取代其他系统。

3)航路点(Waypoints)

航路点应标示在海图上，是计划要改变航向的位置。常常表示航向的改变，但也可能是下列情况：

(1)海上航行的结束或开始；

(2)变速；

(3)引航员登船点；

(4)锚泊位置等。

航行参考点也可成为确定船舶航行时间的有用参考点或是否应保持的程序，尤其是在电子导航系统中。当使用存储了参考点资料的电子助航仪器时，设计的参考点应注意在航次计划的全过程中保证其统一性。

6. 中断和应急策略(Aborts and contingencies)

无论航线设计得多么好和执行得多么严格，但由于环境的变化，原来设计的航线就不得不放弃。

1)中断(Aborts)

当接近拥挤水域时，船舶不得不继续航行。当船舶进入狭窄水道没有了回旋余地或由于落潮和不足的龙骨下富余水深而无法返回时的位置称为折返临界点。

无论何种原因，计划必须考虑到无法折回或造成船舶受到束缚的事实。这一点需要标绘在海图上，以表明中断航行以使船舶不受束缚。中断点位置随当时的环境如可用水域、船速、旋回圈等变化而变化，必须清晰地标绘出作为安全水域的连续计划航线。

停止航行及决定中断的理由不仅随环境变化而变化，而且应包括：

(1)偏离接近线；

(2)主机失灵或故障；

(3)机器失灵或故障；

(4)无可用拖船或泊位；

(5)沿岸或港口危险情况；

(6)任何表明航行不安全的情形。

2)应急策略(Contingencies)

船舶航经中断点和折返临界点后，驾驶台团队仍需清楚事件并没有像计划的那样而马上停止，船舶必须采取应急行动。在计划阶段就应作出应急计划并清晰地标示在海图上，以使值班驾驶员从事其他的工作而不必花时间去谋划安全行动。

应急策略应包括：

(1)可选择的航线；

(2)安全锚地；

(3)等待区域；

(4)应急泊位。

应重视应急行动将使船舶进入吃水受限致使船速必须降低的区域，或由于潮汐的限制，船舶仅可进入高潮可航区间水域。这些限制必须清晰地标绘出来。

绘画了禁区、安全界限和计划航线，驾驶员就应集中精力确保船舶沿着计划航线航行。图8-3表示了折返临界点与应急的一种情况。

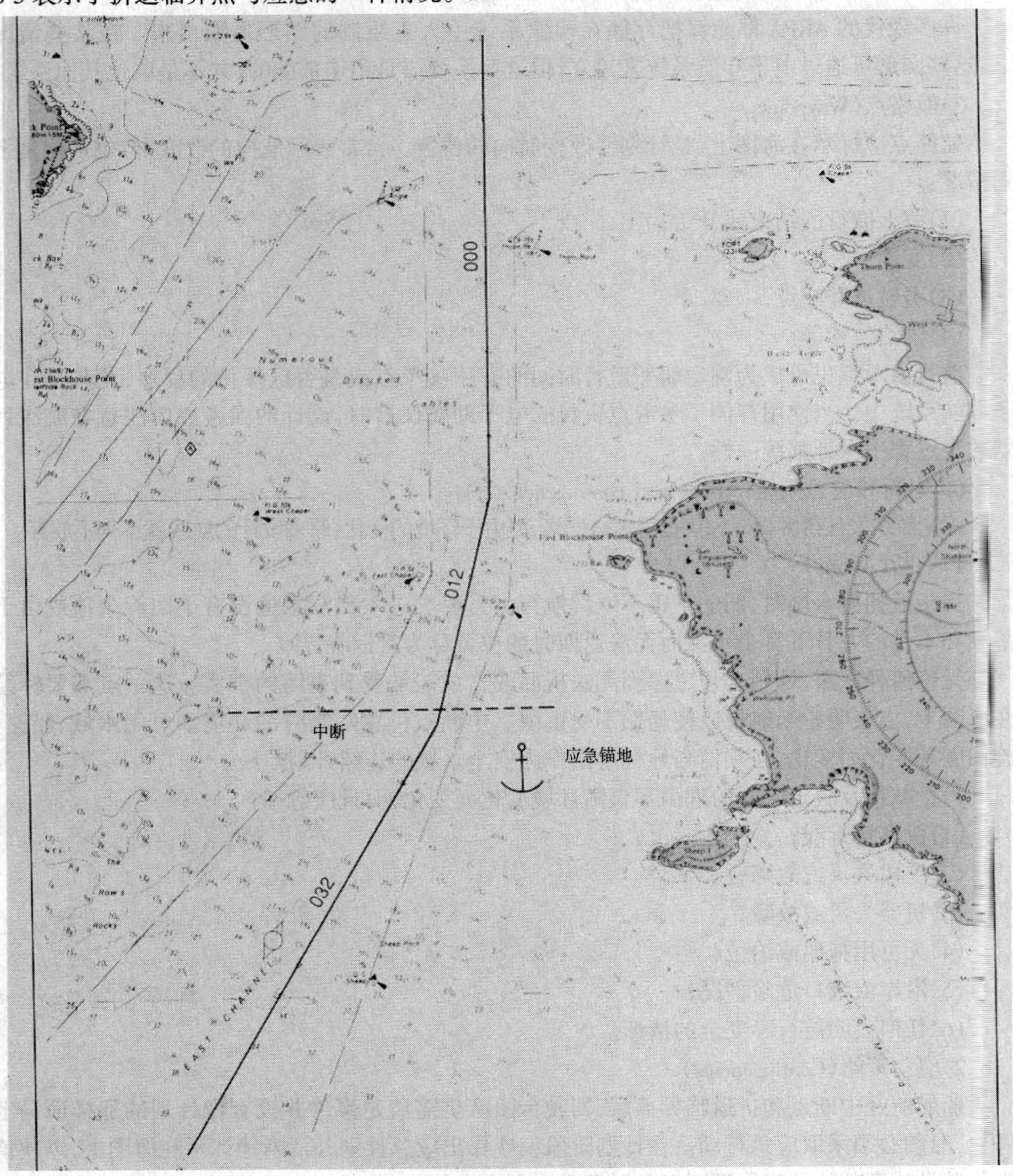

图 8-3　折返临界点与应急

7. 定位(Position fixing)

目前,各种定位方法均可使用,但必须假设任何一种方法均将不适合于各种环境。

1)主要和辅助的定位方法(Primary and secondary position fixing)

为使定位程序简洁、清楚易于理解,航次计划将包括能够用来定位的资料,一种应认为是主要的定位手段,另一种认为是备用的或辅助的定位手段。例如,船舶在远离陆地的水域航行时,GPS 是主要的定位系统。船舶接近沿岸航行时,GPS 仍是主要的定位方法,雷达定位用于校核 GPS 定位的准确性。

在封闭水域,GPS 船位变得不非常精确了,这时定位应依靠雷达和视觉方法。依赖于一种不变的系统是不可能的,这要取决于设备的可靠性及各种情况下的环境因素。重要的是有关人员知晓某种系统处于可操作状态,并尽可能跟踪监测。

2)雷达显著物标和视觉助航物标(Radar conspicuous objects and visual navaids)

为减少在沿岸水域航行时的工作压力,驾驶员应确定和计划好主要、次要的定位方法。为进一步减少工作压力,值班驾驶员在设计阶段就应研究海图,确定在各个阶段将使用的雷达显著物标和视觉助航物标。

3)初见灯标(Landfall lights)

值班驾驶员不应在初见陆地时,再去确定哪儿有初见灯标,而应事先就标示在海图上,以便值班驾驶员能集中精力寻找关心的灯标,而不是在海图上寻找哪个灯标应该显示。

这一方法同样适用于航经海岸线或拥挤水域。海图上显示的灯标看上去都很相似,因此需要研究其各自的特征。这一工作需要在计划航行的阶段中完成,而不是在航经这些灯标的时候再考虑。因为有些驾驶员值班时可能因工作较忙,而无暇到海图桌旁。

4)雷达物标(Radar targets)

在航次计划阶段花点时间同样能很快确定利用哪个物标作为雷达物标,显然,陡峭的小岛比适淹礁更可靠。

海图上显著的雷达信标和其他显著物标可用于定位。显著的视觉助航物标可用作评价对象,但应区分浮动和固定的、强光的和弱光的灯标。

5)浮标(Buoyage)

无论何时浮标或浮动助航标志用于定位,都必须先检查其位置,并确认在海图上确有其位。若必须使用浮标用于定位,其浮标的位置必须在航线设计阶段通过相对于已知固定物标的距离和方位来确定。

6)定位的频率(Fix frequency)

不管使用了何种定位方法,都还需要确定定位的时间间隔。很显然,这要依赖于当时的环境;如船舶距危险物近,则需比开阔水域的定位时间间隔短。

作为一个建议,船舶的定位应处于不至于使其进入两个船位点间的危险物的时间段。如不能以这样的时间间隔在海图上定位(要求以不少于 3min 的时间间隔定位),则应考虑改变主要的定位手段,如平行方位标绘方法。

7)定位规则(Positioning regulation)

建立了定位频率后,最好要确保实际上以这一频率进行定位,而不是在值班驾驶员认为合适的时候。如为避让船舶或接近转向点时的航向改变,在这种例外情况(时),船舶必须尽可能地在转向前、回复原航向及完成时即刻定位。

8)附加资料(Additional information)

尽管对船舶安全不是非常重要的，但还需要将许多附加资料显示在计划中，目的是强调驾驶人员的职责，以使驾驶员作出相应的准备并顺利地完成整个航行。这种资料包括：

(1)报告点：向相关主管当局报告，会促进船舶的航行安全。这种报告也可以是强制的。

(2)接近锚位：标示出需要备锚的位置，免得使有关人员始终等候在船首。

(3)引航员登船处：及时准备引航梯并提醒有关人员按要求做好相应工作。

(4)雇用拖船：提醒值班驾驶员及时指派船员系妥拖船。

(5)交通区域：交通拥挤或偶尔出现交通拥挤，如可能遇到渡轮、渔船。

8．情景意识(Situation awareness)

安全航行不仅要求值班驾驶员以一定的时间间隔在海图上定位，而且还需要不断地了解船舶相对于计划航线的位置和偏离航线是增加还是减少的趋势。尽管有规律的定位会提供这一信息，也有其他的不很明显的获取信息的方法。除了观测自然特征外，许多相关方法可以先计划好并标注在海图上。

1)叠标(Transits)

海图上可使观测者看到的成一线的两物标就是叠标。尽管叠标是单一的位置线，可给值班驾驶员提供一个快速确定船位的方法。其优点是不必使用仪器就可以用视觉看到。最大精度是：观测者与前标的距离应不大于3倍的两叠标间距，即要使叠标间距比此观测者与前标的距离大。

叠标有时印制在近岸水域的海图上，最好在航线计划阶段就找出天然而清晰易识别的叠标，并标绘在海图上。

叠标也可用作预先采取的行动如转舵，或用作提醒某一事件即将发生的物标。

2)罗经差(Compass error)

叠标可用作通过比较图注和观测方位来确定陀螺罗经和磁罗经误差。

3)叠标导航线(Leading lines)

叠标导航线经常标示在海图上。在这种情况，海图上的叠标线是确保船舶安全通过危险物的一条计划航线。通过测导标成一线，航海人员就可确认船舶航行在计划航线上。

4)避险物标(Clearing marks)

避险物标可用于保证船舶处在一个安全区域或没有接近危险物。

图8-4显示了避险物标，只要Rat Island西角保持开门并使Sheep Buoy在其右侧，那么船舶就处在航道的安全一侧。

5)船首物标(Head mark)

船舶常常要求在没有可用叠标的情况下在狭窄水域按计划航线航行，此时则需选择一个合适的船首物标。这一物标是指海图上很易识别的物标，位于计划航线的延伸线上。只要船首物标的方位经过误差修正且可通过中心线的罗经复示器观测，保持方位值恒定，则船舶就在航线上。需记住的是船舶不必直对着物标，仅保证航行在计划航线上即可，多数情况船舶需要抵消风和流的影响。

6)方位避险线(Clearing bearings)

如果无避险物标可利用，海图上的可识别单个物标可同样地使用。

图8-5给出了船舶走032°(T)，船舶只要使Thorn Island西的Fort角在真方位028°(T)和042°(T)之间，就说明在安全一侧航行。这些方位避险线应以NLT028°(T)和NMT042°(T)标示在海图上。

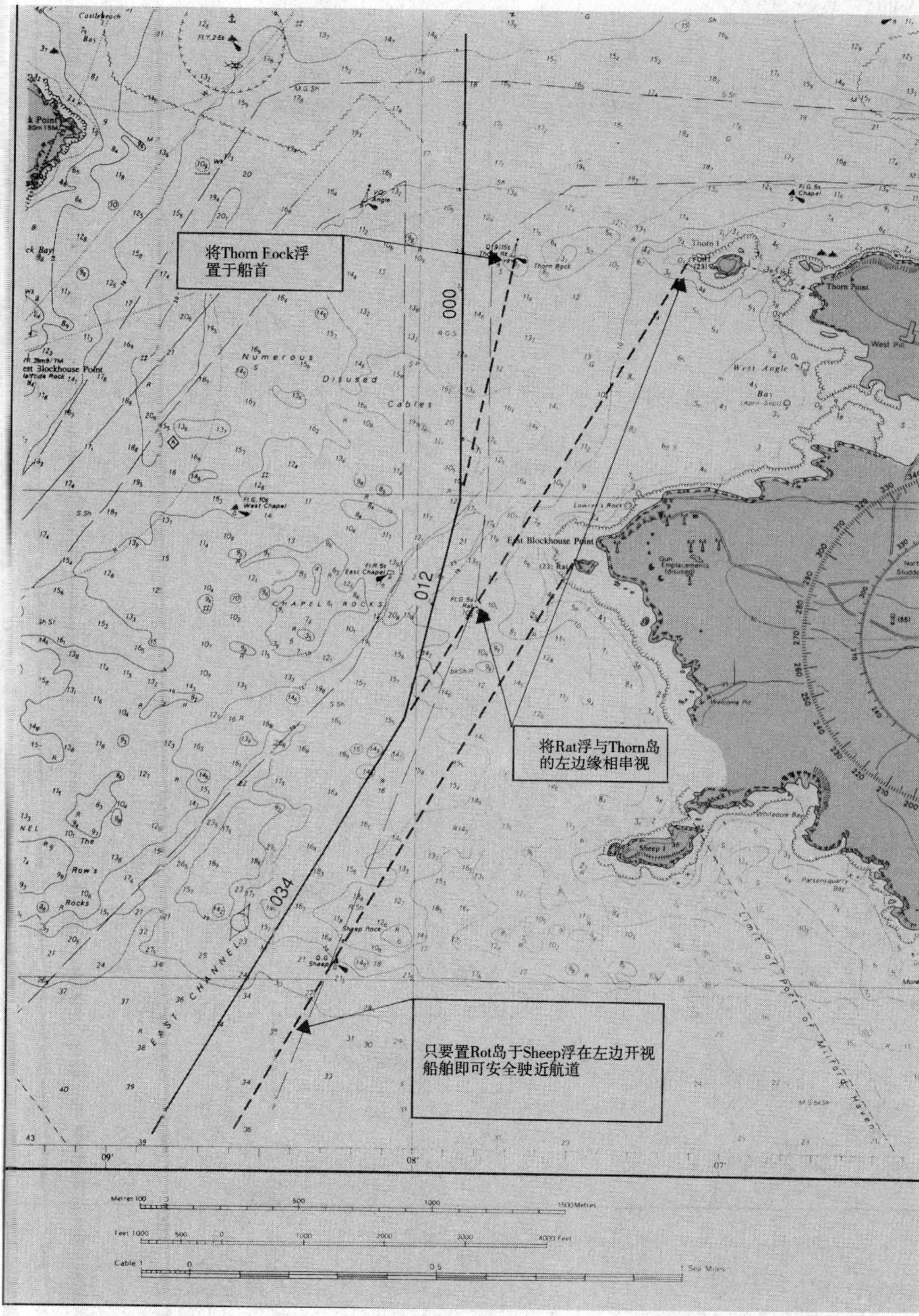

图 8-4　天然叠标、避险物标和船首物标

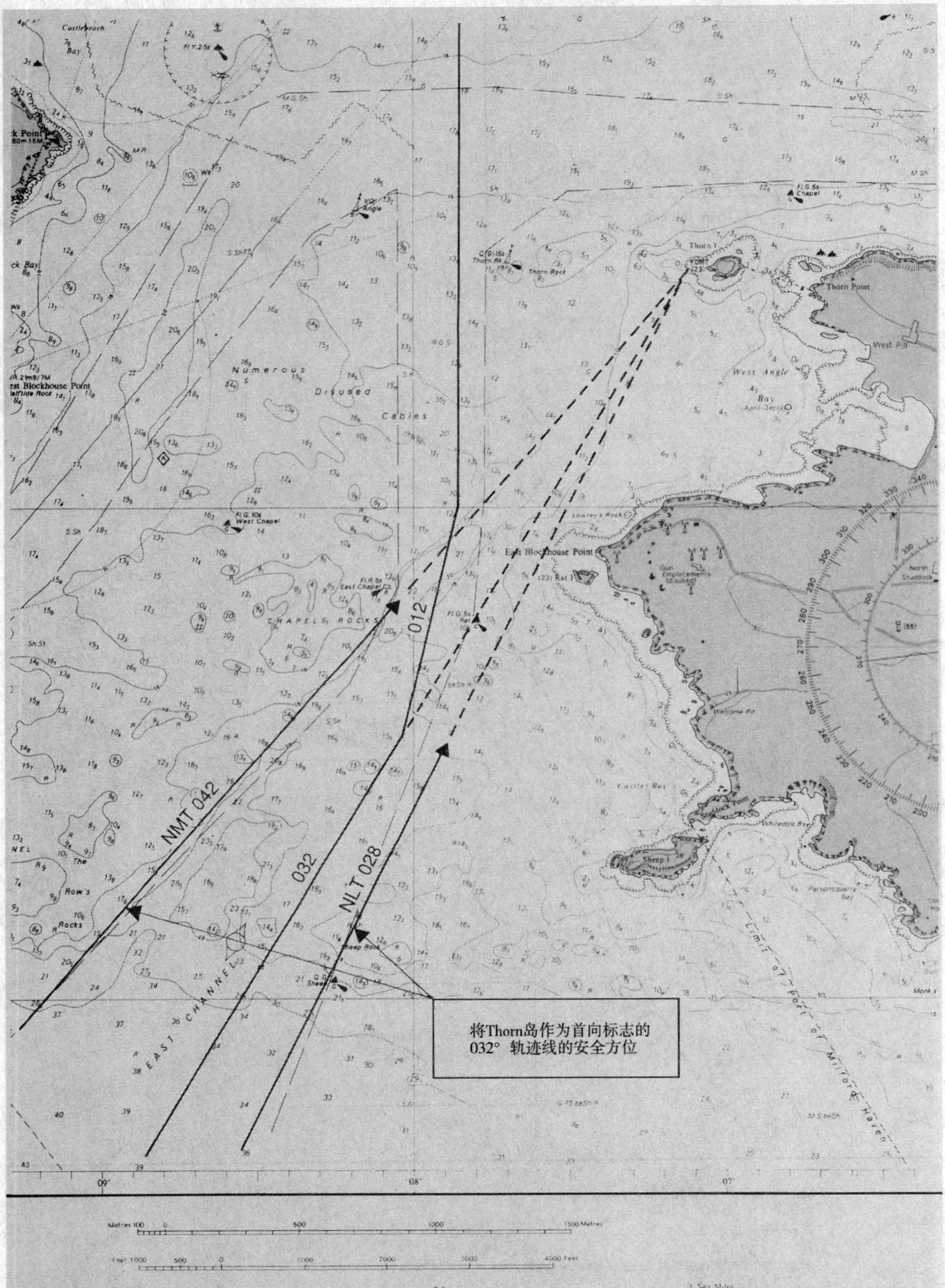
NMT 042
032
NLT 028
012
将Thorn岛作为首向标志的
032° 轨迹线的安全方位
Thorn Point
West Angle Bay
East Blockhouse Point
Numerous Disused Cables
CHAPEL ROCKS
EAST CHANNEL
Castles Bay
Sheep I
Limit of Port of Milford Haven
Metres
Feet
Cable
Sea Miles

图 8-5　方位避险线

观测方位避险线和避险物标不能认为是确定了船位,它仅能协助值班驾驶员保证船舶不进入危险区域而已。同样,初显(隐)距离方法不能认为是精确定位方法,仅能有助于值班驾驶员清楚是否在接近危险中。

9. 灯光作用距离(Range of lights)

在最大距离上,可依据三个因素发现助航灯标:测者的眼高和灯标的高度、灯光的强度、大气透明度。

1)地理能见距离(Geographical range)

灯标的高度越高,照射的距离就越远,而观测者眼的高度越高,就能看到更远的灯标。这两个因素组成了最大可见距离——地理能见距离,这一距离可从灯标表中获得。在实际航海中,如观测的灯标光力弱,这一距离减少得相当大,因此就不能在地理能见距离上看到该灯标的灯光。

2)光力射程(Luminous range)

灯光能够照射的最大距离,取决于灯光的强度和当时的大气能见度。不必考虑测者的眼高或灯高。显然,灯光强度越强,能照射的距离越远。无论大气处于什么状态,都能在相应的表中查出灯光照射距离。

3)额定光力射程(Nominal range)

标注在海图灯标中心处附近的数值通常是额定光力射程,即当气象能见度为10n mile时的光力射程。额定光力射程并不是固定不变的。如日本等一些国家,标注的是地理能见距离;如巴西等一些国家,标注的是地理能见距离和额定光力射程最大者。驾驶员有责任使自己清楚地知道海图上标注的灯标射程是哪个距离。

4)初见灯标(Landfall lights)

在航次计划阶段,驾驶员有机会决定初见灯标的最大距离。比较额定光力射程和地理射程,取二者的较小者作为该灯标能够被看到的距离,假定的是当时的气象能见度至少10n mile。记住,只有光力射程超过其地理射程的灯标才能获得相应的船位。任何情况下,最大可见光弧应标绘在初见物标的海图上,以使值班驾驶员知晓哪个灯标可能被看到,哪个首先被看到。

5)最大可见距离(Extreme range)

接近沿岸时,根据灯标的高度、强度和周围的能见度可看到灯标。

有时,沿岸附近的高强度灯标在雷达能探测到前,就已经被发现。假如不能根据该灯标确定其精确位置,应在发现时观测其罗经方位,并根据当时该灯标的最大可见距离进行标绘,以便让值班驾驶员了解危险范围。

在预期看到灯标而未见到时,值班驾驶员应清楚船舶不在预计的位置或灯标不亮或被乌云遮住或船舶与灯标间存在着低能见度,究竟是什么原因可由驾驶员自己来判断,实际上不可能完全与应该出现的一样。

10. 资料(Information)

1)海图资料过于繁杂(Chart information overcrowding)

用于监测航行的资料在多数情况应显示在使用的海图上。但在一些情况,这并不可行。如果将更多的资料显示在海图上,造成过多的资料覆盖在海图上所使用的区域,会遮盖了某些海图细节。在某些情况下,在航线附近书写些必要的资料以减少资料过密,如可在陆地上用一条连接线或参考符号以示提醒。

2)计划书(Planning book)

总之,最好把某些资料写在计划书上,如高低潮时间、日出日落时间、VHF 工作频率等。如是定期班轮,驾驶员最好把整个航次计划写进计划书中作为海图的补充资料,可作为日后的参考。

3)操纵记录簿(Conning note book)

最好依据航线的长短和复杂程度或根据某一部分航次计划简写在一个笔记本上,以使操纵人员还有引航员能适时地更新,需要时,不必离开操纵位置到海图上查看。

航次计划完成后,应呈送船长认可批准。驾驶台团队成员应知道最详尽的计划在执行过程中也将改变。主张改变计划的人的责任是确保这一变化得到船长的认可,且其他人员应知晓这一情况。

第三节　航次计划的实施

(Implementation of Passage Plan)

一、评估(Appraisal)

在进行航次计划的准备之前,航海人员需要对可能出现的任何风险有清楚的认识,所以预先要对可能出现的任何风险进行评估,并对风险有风险控制和解决预案。

评估被看作是航次计划的最重要的一步,因为收集所有相关信息,确定计划航线的坚实基础正是在这个阶段。在进行航次计划评估时,首先尽可能地不去考虑商业航行规划的迫切要求,摆在第一位的是航行安全和环境保护的因素,用一定的时间来进行航次计划的评估会在以后的工作中得到收益。

1. 了解航次任务(Comprehension of passage task)

一般营运人下达的航次命令包括;航线、载货港、卸货港、受载期、货物种类和数量、受载要求。可能是多港装卸,有时可能指定航线,应特别注意,切不可盲目从事。应仔细分析研究营运人的航次命令,除特殊情况外,一般都应执行营运人指定的港序,并据此制定具体的航次计划。

2. 评价所有可用信息源(Assessment of all available information resources)

需要进行评价的可用信息源包括:

1)船舶的条件和状况,其稳性、设备、任何操纵的局限、海上航道和港口的允许吃水、船舶操纵性能包括任何的限制;

2)货物的特殊性质(尤其是危险品),以及货物在船上的分布、积载和系固;

3)全航次船员的伙食及适当的富余量;

4)有效的船员证书和文件的配置,包括船舶设备、船员、旅客或者货物;

5)为计划航线或航路配置适当比例尺、精确的并经改正到最近的海图,包括临时性通告、航行警告和无线电航行警告;

6)精确的并经改正到最近的航路指南、灯标表、无线电信号表;

7)任何最新的有关附加资料,包括:

(1)有关当局出版的各类航路指南、航路设计海图;

(2)潮流和潮汐图集和潮汐表;

(3)气候资料、水道测量和海洋数据以及其他相应的气象信息;

(4)可供使用的气象服务(诸如世界气象组织出版的标号为 NO.9 的 D 卷中的内容);

(5)船舶分道通航制、船舶报告系统、交管系统和海上环境保护措施;

(6)整个航次可能遭遇的船舶通航密度;

(7)如果雇佣引航员,引航业务资料、引航员的登轮和离船,包括船长和引航员的信息交流;

(8)可获得的港口资料,包括紧急的岸基支持的处置和设备;

(9)任何跟这种船舶类型或其货物有关的附加项目,船舶将航经的特殊水域,以及需要行进的航程或航路的模式;

3. 航线评价(Assessement of passage)

在充分评价上述各种信息源的基础上,应对预定的航次或者航路作出全面评估。这种评估应清晰地标明所在区域的风险、可能影响到航行安全的那些区域,包括任何定线航路、报告系统和船舶交通服务,以及任何适用的海洋环境保护。

1)大洋航线评价

大洋航线首先考虑的是港口间的距离、油水和储备情况等。

大圆航线是最短航程航线,但其他因素也应予以考虑。

气象条件需要考虑,实践证明利用某种气象导航服务是有效的。尽管推荐航线距离较长,但充分地证明了航时较短、船舶遭受损失更少。

有效的利用洋流,可为船舶提供全程更好的航速,从而补偿长航线的不足。

天气系统也要考虑,例如,夏天航行于中国海的船舶易于遭遇热带风暴,需要足够的海域用以规避;高纬度的航线要求考虑冰区条件。

尽管船舶采用推荐航线有其优越性,但要求遵守载重线规则。在某些特殊情况下(通常是政治原因),船舶需要避开特定区域。

2)沿岸航线评价

沿岸航线主要考虑的是保持与海岸线和危险物的一定距离。当船舶航经 IMO 采纳的分道通航和定线制的水域时,必须遵守相应的航线。在某些沿岸水域,对于特定类型船舶的最小离岸距离由有关政府规定。一些航运公司也规定了距岸的最小距离。

在群岛海峡区域,必须确定哪些海峡和水道可以使用,是否有引航要求。在某一条件下绕离群岛海峡可能是比较好的选择。

在对计划航线进行了评估并清楚了是短途沿岸航线还是长航线后,船长要亲自决定计划并责成一名驾驶员设计航线。对于大多数船舶而言,这项工作由二副来完成;某些船舶则指定一名驾驶员来完成;有些船舶则必须由船长自己设计航线。不管由谁来设计,都必须要求船长对航线负责。

二、执行计划(Implementation of plan)

制定、讨论和批准计划后,应确定计划的执行,也就是确定计划执行的方法,包括充分利用可以利用的资源。

1. 策略(Tactics)

用于完成计划的策略包括:

1)预计潮水时间

确定预计抵达重要航行点的时间,以期利用有利的潮流。

2)预计白天抵达的时间

确定预计抵达重要航行点的时间最好是白天,以期能更好地利用白天航行的优点。

3)交通状况

重要区域的交通状况。

4)预计抵达目的地的时间

预计抵达目的地的时间,特别是在过早抵达时并不见得就有利。

5)潮流

当航经相关海域的时间已知,可将从海图或潮流图集中获取的潮流信息在航线设计中加以考虑。理想情况下,在航经之前应计算操舵航向,事实上,严格按照计划航行能消除潮流的影响。

6)计划修正

必须牢记,在航行设备不可靠或不精确或时间变动如推迟离港的情况下,只有在执行的过程中不断修正,才能使计划得以安全执行。

2. 辅助人员(Additional personnel)

为使航次计划安全执行,有必要利用额外的甲板或轮机人员来控制风险。这包括因工作的需要而做到以下各点:

1)在规定的情况下,如近岸航行、航经受限水域、驶近引航站等,呼叫船长上驾驶台。

2)将机舱从无人值班转换为有人值守。

3)呼叫额外的适任人员上驾驶台。

4)除值班人员外,应保证人员随时可从事驾驶台工作,如操舵、瞭望等。

5)除值班人员外,应保证人员随时可适应甲板工作,如准备引航梯、收锚和备锚、准备靠泊设备、系解拖船等。

3. 航前会(Briefing)

召集有关人员开航前会是大有裨益的,虽然航前会可能占用相当一段时间。即将开航时,必须向相关人员做简单通报,以便编制工作时间表和提出进一步的要求。

特别是在不同于常规航行的变化,如双值守、锚泊班等应由船长或驾驶员指定相关的人员。

这种航前会需要经常更新,在不同的航段,需要重新通报航行进程。这种通报应使每个人清楚在整个航行中的作用,并使自己作出满意的贡献。

4. 航行准备(Navigation preparation)

管理的基本要点之一就是确保工作场所经过清理,并可用于完成工作任务。使驾驶台适合于航行,这通常是初级驾驶员的职责。如果有检查表的话,应该在航行前认真去做并实地检查,以便有效地完成这些日常工作,为安全航行做好各项准备。

5. 组织(Organization)

航次计划的整个执行组织包括:

1)开航前

(1)航次计划制定与上报批准;

(2)驾驶台/机舱团队获得良好的休息;

(3)按照公司检查表及时测试驾驶台设备;

(4)作好驾驶台开航准备工作;

(5)召开航前会议(Briefing)

2)航行中

严格执行航次计划的各项具体要求,并在实施过程中保持连续的监控,然后作好相应的记录。

3)航行结束

航行结束后,应进行总结(Debriefing)。船长应利用任何可能的机会同团队成员讨论计划及其执行情况,应坦然地接受可能有的缺点,以便在将来的航次计划中予以纠正和考虑。

三、监控(Monitoring)

监控航次计划的实施是为了能保证船舶按照预定的航次计划航行,而且这也是处在驾驶台团队中的值班驾驶员的首要职责。

1. 监控的主要功能(Main functions of monitoring)

(1)确定船位;

(2)瞭望与避碰;

(3)遵守航行规则;

(4)进行时间管理;

(5)气象观测;

(6)航行及非航行中的应急处理。

2. 监控方式(Methods of monitoring)

1)视觉

(1)方位;

(2)距离;

(3)视觉观察;

(4)导标线;

(5)清晰的标志及方位;

(6)灯光弧度等。

2)电子仪器

(1)雷达和 ARPA;

(2)全球定位仪和差分全球定位仪(GPS & DGPS);

(3)回声测深仪;

(4)速度和距离计程仪;

(5)综合导航系统和电子海图等。

3. 监控记录(Records of monitoring)

在执行航次计划的整个过程中,应保持严格和连续的监控,对该计划的任何改变应予以清晰的标记和记录。另外,对于航行中其他应记录内容也应有相关的记录并保存好。

第九章　疲劳与压力

（Fatigue and Stress）

多年来，人们并没有把疲劳与压力问题看作是人为失误的潜在原因或因素。形成这种误解的一个原因是人们一直信奉多种特性都可以防止疲劳与压力：个性、智力、教育、培训、技术、补偿、动机、体格、力量、吸引力或职业精神。然而，最近的事故数据以及研究指出，事故是由于疲劳与压力对人体机能所产生的影响所致。本章就疲劳与压力所引起的人为失误的起因、特点与预防的措施问题进行说明。

第一节　疲　　劳

（Fatigue）

IMO海上安全委员会（MSC）在其1999年5月19日至28日举行的第71次会议上审议了有关人员疲劳的问题以及IMO对此应努力的方向。会议认为应制定切实可行的指南，向所有相关各方提供有关疲劳的适当信息。因此，MSC在2001年5月30日至6月8日举行的第74次会议上以附则的形式通过了《减轻和管理疲劳指南》（MSC/Circ.1014）。

疲劳之所以危险还因为无论一个人的技术、知识和培训水平如何，都会受到疲劳的影响。它不是人的缺点，而是人所处的状态。疲劳所产生的负面影响对人类生命安全产生了灾难性的危险，损害了海洋环境和人类财产。由于航运业是一个技术性和专业性都非常强的行业，使得这些负面影响又呈指数级的上升，所以要求船员应保持持续的警觉性和高度的注意力。

一、疲劳的定义（Definition of fatigue）

疲劳是人的一种生理规律，是为避免机体过于衰弱，防止能量过度消耗的一种保护性反应。产生疲劳的原因很多，受到生理、心理及社会等因素的影响。

疲劳的定义有许多种。然而，疲劳通常被描述成一种感觉疲劳、萎靡不振、或困乏的状态。这种状态是由于长时间的脑力或体力工作、长时间的焦虑以及艰苦的环境或失眠所引起的。疲劳的结果是损害了身体机能，降低了警觉性。

目前，对于疲劳还没有形成普遍接受的技术性定义。然而，所有定义中最普遍的说法是人体机能的降低。IMO通函（MSC/Circ.813、MEPC/Circ.330）中的“人的因素普通术语列表”提出，疲劳是由于体力、脑力或情绪的消耗，造成体力或脑力的下降，使得几乎所有的机体能力、力量、速度、反应时间、协调性、决策性、或平衡性都受到削弱的现象。

人在连续劳动或从事其他体力活动一定时间以后，会自然地发生劳动机能衰退现象，这就是由疲劳引起的。这时，在人体内发生了生理活动变化、机能变化和物质变化。分解代谢和合成代谢难以维持，肌肉收缩变弱，中枢神经系统产生抑制作用，全身感到精疲力竭，渴望休息或睡眠。

人疲劳以后，意志减弱、注意力分散、反应迟钝、对信息输入方向性的选择能力降低、处理信息缓慢、信息的输出形式混乱、动作缺乏准确性，甚至出现失误，难以保证生产安全。

产生疲劳的原因很多，受到生理、心理及社会等因素的影响。因而在对疲劳类型的划分上也存在着不同的分类方法。但是，大体上可以分为生理疲劳和心理疲劳两类。

1. 生理疲劳（Physiological fatigue）

生理疲劳，即肌肉疲劳，包括全身疲劳和局部疲劳，急性疲劳和慢性疲劳，静态作业疲劳和动态作业疲劳，以及姿势疲劳等。

全身疲劳是由于全身承受繁重的体力劳动而引起的。表现为全身性肌肉和关节性酸痛，疲惫乏力，具有全身的广泛性，以劳动器官为甚。全身疲劳又分为急性疲劳和慢性疲劳。心理疲劳、营养不良、供氧不足等也可引起全身疲劳。

局部疲劳是个别器官或肢体承受紧张作业，使局部肌腱过度紧张或局部血液循环不良而引起的疲劳。短时的局部疲劳，一般不会影响其他部位的功能；长期的局部疲劳，由于体内物质的弥散作用，会转化为全身疲劳。局部疲劳与劳动者所从事的职业性质有关。它主要是由不良姿势和体位所引起的。

2. 心理疲劳（Psychological fatigue）

心理疲劳，即精神疲劳，具体表现为体力不支、心情不安、怀有畏惧退缩心理、对于干扰作业的刺激十分敏感、情绪不稳定等。

引起心理疲劳的因素主要有工作单调、缺乏兴趣；劳动效果欠佳、困难较多、技能不熟练；劳动条件较差、心理感到不舒服；人际关系紧张、精神负担重；不愉快；事业上压力过大等。

心理疲劳可加重生理疲劳。疲劳使注意力分散，适应能力降低，身体机能衰退，导致事故的增加。

二、疲劳对于船舶作业的影响（Influence of fatigue on ship operation）

对于包括海运业在内的需要一天24h运行的连续运输方式和行业来说，疲劳被认为是一个关系到船员职业健康和安全的重要问题，它的存在使得在船上工作场所发生事故和伤害的可能性有了极大的提高。

疲劳使人体生理节奏遭到破坏，从而导致睡眠质量差、消化系统失调、妄想症、精神错乱、嗜眠症、呼吸问题、抑郁症、易怒、神经病以及间歇性精神病等。疲劳对船员的工作产生不利的影响，它会干扰船员的注意力，降低船员身体和大脑的反应能力，减弱船员做出各种合理决定的能力。

IMO通过对1995年过去6个月所发生的事故进行评估显示，在16%的重大船舶事故及33%的伤亡事故中，有船员疲劳的因素在里面。显然，解决疲劳问题会对船员的安全产生积极的影响，它会通过减少对贵重财产和环境的破坏及损害潜在地削减船舶所有人、经营人或管理者的营运成本。

人类出现疲劳现象主要是因为没有得到充足的休息，无法从长时间的不睡觉或沉重压力的影响下恢复。除了受不睡觉的时间长短影响以外，疲劳程度还受到其他因素的影响。所从事工作的类型、工作和生活的环境、白天工作的时间等都能影响到疲劳的程度。减少疲劳影响的最好方式之一是储存充足的恢复性睡眠。然而，由于诸如工作安排、生理节奏以及外在环境等因素的存在，获得充足的恢复性睡眠可能会存在一定的困难。

根据人体生理节奏，人类正常的睡眠周期受体温节奏的控制。这种节奏在夜间会积极促进睡眠，在白天则会使人保持清醒。因此，夜间工作可能会使人更加疲劳，一个人更不可能在白天休息的时间里获得宁静的睡眠,所以在同样长的时间里,人们在白天将会比晚上获得较少的睡眠。此外,人在白天睡觉不扎实,容易受到嘈杂声、温度等因素的影响。显然,在管理过程中必须对这个因素予以考虑,以对船员疲劳问题进行有效的处理。

然而,航海的特殊性又将海运业与其他行业区分开来。必须认识到船员属于被"禁锢"在工作环境里的一类人。首先,船员每年平均离家6个月以上,在一艘移动的、受到各种不可预料的外部环境因素影响的船上工作和生活,例如,天气条件。第二,在船上工作时,工作和娱乐活动没有明显的分别。第三,现在的船员来自世界各地,国籍和生活背景不同,他们往往需要在一起工作和生活很长一段时间。

同一些标准化的行业相比,航运方面的船舶操作变得越来越复杂,原因在于船舶类型、航线类别和长度、港口的变化以及船舶在港停留时间长短的多样性,所有这些因素构成了疲劳潜在起因的独特组合。

三、疲劳的原因(Causes of Fatigue)

疲劳属于人的生理、生命现象的一部分。研究疲劳对合理设计、改善环境、加强管理、提高工作效率、增加安全性具有重要的意义。引起疲劳的原因包括生理、心理两个方面。

引起船员疲劳的最普通原因是缺少睡眠、休息质量差、压力和工作量大的工作。此外,还有许多其他原因,并且会根据具体情况的不同而有所不同,例如,工作与环境中的情况引起的疲劳。

疲劳原因的分类有许多方式。为确保分类的完整性,并且保证其中包括大多数原因,把疲劳的原因分成以下4种基本类型:

1. 船员因素(Factors of crew)

船员因素与船员生活行为方式、个人习惯以及个人的特性有关。然而,每个人感觉疲劳的情况各有不同,疲劳对每个人的影响通常与这个人所实施的特定行为有关。主要包括:

①睡眠和休息;

②生物钟或生理节律;

③心理和感情因素;

④服用药物;

⑤工作量。

2. 管理因素(Factors of management)

管理因素与船舶的管理和营运有关。这些因素会潜在地引起船员压力和工作量的增长,最终导致疲劳。这些因素包括:

(1)组织性因素,比如有关员工的政策及其持久性、船上和岸上人员的角色、计划改变、加班加点、中断、船舶保养、船员的培训和选用等。

(2)航程和计划因素,比如靠港的频率,港口之间航行所需时间,航线上的天气和海况,航线上的通航密度,在港工作性质和工作量等。

3. 船舶特有的因素(Particular factors of ship)

船舶特有的因素可能会致使船员产生疲劳,主要包括:

(1)船舶设计:船舶本身容易影响、引起船员疲劳的设计特点;

(2)会影响到船员的工作量:船舶自动化、设备可靠性等;

(3)检查与维护:船舶不同设备的日常性与突发性修理及维护保养;

(4)影响到承受压力的大小:在船舶生活与工作环境中的噪声、振动、居住空间等。

4. 环境因素(Factors of environment)

受到过度的环境因素影响,例如温度、湿度、过度的噪声等会引起或产生疲劳感。长期处于这种环境甚至会使一个人的健康遭到损害。此外,考虑到环境因素会使人体产生不舒适的感觉,因此它们还能破坏人的睡眠或对其产生一定的影响。

船舶自身的运动也被认为是一种环境因素。船舶自身的运动情况会影响一个人保持身体平衡的能力。这是由于人体需要使用更多的能量保持身体平衡,尤其是船舶在恶劣的海况下航行的时候。船舶自身的运动和一个人的工作能力之间存在着直接的联系。船舶运动过度也会引起晕船和呕吐的现象。

环境因素还可以被分为船舶内部环境因素和船舶外部环境因素。在船舶内部,船员面对的环境因素有:噪声、船体振动以及温度、潮湿等。外部因素则包括码头、天气条件以及船舶的通航密度情况。

为了解除这些引起疲劳的原因,需要做许多工作。针对不同的因素,所采取的应对措施的时机也不同,比如噪声问题最好在船舶设计阶段解决;休息问题可以由船员个人解决;船员的培训等问题可以在船员雇佣阶段解决。

四、疲劳的特征(Characteristics of fatigue)

在最近的研究中发现,疲劳对人体机能的负面影响可以与酒精的作用相比。研究发现,连续18h不睡觉对人体机能造成的影响相当于人体血液中酒精浓度达到0.05%时的影响。当连续没有睡觉的时间达到24h,此时疲劳的影响与人体血液中酒精浓度达到0.10%时的影响相同。更需要注意的是,此次研究的对象是一些得到了很好休息的学生,他们在整个研究期间没有被要求从事任何繁重的体力劳动。对于其他的人群,可能会受到相似的影响。

因为人们难以正确判断自己的疲劳程度,所以发生疲劳后是危险的。疲劳会对一个人的机能产生不利的影响,它可以降低船员个人和群体的行为的有效性和工作效益,并可能会导致错误的发生。除非采取措施减少疲劳,否则在注意力持续集中一段时间之后,疲劳感觉会长时间的存在,从而引起对船舶安全的损害。以下是疲劳对人体机能产生的影响因素:

(1)不能集中注意力。不能组织有效的活动,注意一些琐碎的小事而忽略了重大的问题,警惕性降低。

(2)记忆力降低。遗忘掉某一项任务或任务的一个部分,工作程序错漏,工作不认真等。身体疲劳的人在注意力和记忆力方面更容易犯错误。例如,身体疲劳的人经常会忽略连贯性工作程序中的一些步骤。

(3)决策能力降低。错误的判断和理解,没有注意应该做的事情具有冒险倾向。身体长时间疲劳的人为了节省精力,常常会选择一些具有高风险的工作策略。

(4)对正常,非正常或紧急情况的反应迟钝。疲劳能够影响一个人对刺激的反应、感知、领会或理解的能力,一旦出现这些刺激,疲劳的人需要更长的时间对它们作出反应。疲劳还会影响到解决问题的能力,而这种能力是处理新出现或新奇任务的组成部分。

(5)活动失去控制。不能保持清醒,提起重物时用不上力,语言发生障碍。

(6)行为改变。沉默寡语,沮丧易发怒,具有反社会的行为。

(7)态度改变。估计不出危险,观察不到警告信号,具有较高的冒险倾向。

这些影响中的每一项都会对船上的任何职位产生威胁,特别是对于那些具有重要安全责任的职位。如果一名船员因疲劳问题而没有完成被分配的工作任务,该船员无形中就造成了伤亡或事故的危险。任何危险管理策略都必须将重点放在通过消除疲劳产生的原因,以减少此类危险的潜在发生上。船上各种管理系统和工作程序都应受到严格的检杏.以找出其中能够造成船员疲劳的设计上的缺陷。

五、疲劳的预防与消除(Prevention and elimination of fatigue)

虽然引起疲劳的原因很多,但有研究表明睡眠问题是造成疲劳的主要原因。美国的一个研究睡眠问题的小组在 1993 年的一份报告中指出:睡眠不足将导致疲劳和工作能力变差。1996 年一份提交给 MSC 第 67 次会议的报告中也指出:疲劳主要与睡眠的连续性持续时间和质量有直接关系,没有足够睡眠时间的人很容易产生疲劳。日本海事研究学会 1993 年的一份报告指出:50%搁浅和 38%的碰撞事故是由于疲劳和缺少睡眠引起的。1994 年一个法国研究小组的一份报告也表明:41.6%的交通事故源于睡眠原因。而 IMO 专家们认为对付疲劳的最有效的方法是保证船员获得高质量和足够的睡眠。毫无疑问对船员尤其是值班人员而言有效的睡眠是保证航行安全的前提。

睡眠是解决疲劳的最有效的策略。一个有效的睡眠必须同时具有以下 3 个条件:

(1)合适的持续时间。每个人所需睡眠时间不尽相同,通常认为平均 7~8h 是合适的;

(2)高质量的睡眠。每个人保持自己的睡眠处于深睡的过程中;

(3)较好的连续性。睡眠不应被打断。实践证明,一个持续 7h 的睡眠其效果远胜于 7 个持续 1h 的打盹。

但是,还要注意到失眠和嗜睡都会使人各方面的机能下降,如决策能力、反应时间、判断力、手眼协调能力及其他技能。

人们需要深度睡眠。睡眠的质量并不都是一样的,也并不都能收到完全恢复体力的效果。仅仅疲劳还不能足以保证获得一次好的睡眠。一个人开始睡眠的时间必须与其生物钟保持同步,以确保睡眠的质量。如果睡眠的时间与生物钟不同步,将很难获得彻底的睡眠。睡眠不应受到打扰。

对睡眠的要求因人而异;然而,普遍认为每天应保证平均 7~8h 的睡眠。一个人所获得的睡眠数量应能够使其精神焕发并且保持警觉性。连续几天睡眠不充足将会使警觉性降低。只有睡眠才能够保持或恢复人体的机能状况。

能影响疲劳和体能的另一个重要因素是休息。除了睡眠以外,可采用中断工作或改变工作的形式来休息。对于维持人体机能来说,休息或小憩是必须的。影响休息需要的因素是在休息前进行的工作持续的时间和工作强度、休息的时间、新工作的变化和性质。

研究表明,"短暂的小睡"作为短时间的缓解措施可以帮助在较长时间的清醒中保持身体机能。小睡最有效的时间是 20min。也就是说,如果有机会就应该小睡。但是小睡也有某些缺点,一个潜在的危险是小睡如果长于 30min,将会导致睡眠惯性,而情景意识将会受到影响,醒来之后的 20min 内将会头昏眼花和迷失方向。小睡也可能会干扰后来的睡眠,在应该睡眠时可能感觉不困。

IMO 非常关注人的因素,尤其是人为失误。作为人为失误的主要原因之一,疲劳因素也得到了特别的重视。在 STCW 95 公约的规则 VIII/1 中要求各主管机关为了防止疲劳应制定和实施值班人员的休息时间,并且要求值班制度的安排能使所有值班人员的效率不致因疲劳而削弱并且班次的组织能使航次开始的第一个班及其后各班次的人员均已充分休息。相应地,在公约的 A-VIII/1 节中强制要求所有分派作为负责值班的高级船员或组成值班部分的普通船员应在 24h 内具有至少 10h 的休息时间，休息时间可以分为至多不超过 2 个时间段，其中一个时间段至少要有 6h。

第二节　压　　力
(Stress)

一、压力的定义(Definition of Stress)

“压力”这个名词在人的生活中可谓是高频率的出现，是现代社会普遍使用的名词之一。随着社会生活节奏的不断加快，压力也不断侵入人的生活，影响着人的身心健康。

“压力”一词包含许多不同的因素。可以表现为：扰乱人体自然平衡的任何影响；人和环境之间的一种特殊关系，这种环境在个人看来已给他的应付能力带来负担或超出个人应付能力，并且危害到他的健康；对环境变化的普遍反应；处理问题失败而带来的心理反应；持续焦虑时间过长导致疾病和对身体的任何要求的不具体反应。

关于心理压力的定义有许多不同的说法，没有一个人们普遍接受的定义。一个现行的较为合理的定义是“压力是人对刺激因素的普遍反应”。这个定义既强调了环境的刺激，也考虑了个体反应方式的差异性。将可能产生压力的环境和事件称为压力源。压力是一种主观的感受，伴随着对压力情景产生身心反应。一般认为，压力是个人的对具有威胁性的刺激情境而一时又无法摆脱时的被压迫的感受。压力源本身是非特异性的，具有客观性，只有通过个体感受才形成压力感。压力源可分为四类：

1．心理性触发(Psychological attack)

心理性压力的发生，简单来说就是“要与不要”的问题。在每个人的心中都有满足基本需求，与达成愿望的想法。如果这些需求的追寻遭受压力，就会产生心理压力。如恐惧感和危险感会产生压力。

2．物理性刺激(Physical attack)

对躯体产生直接性损害的刺激，如各种疾病、环境的噪音、温度变化(太热或太冷)等。缺乏睡眠和工作太久会产生压力。

3．社会性触发(Social attack)

社会性触发指社会生活中所发生的变化。广义如政治动乱、战争、社会经济制度的变革等；狭义如工作环境的变动、家庭成员的重大生活事件。现代社会发展迅速，地区人口密集、人类互动频繁，新的工作要求方式等等原因，使得社会性压力成为人们主要的压力来源。比如，工作困境会产生压力。政策和程序，文化和工作风格可成为产生压力的原因：工作量所需的职工数不足，过多的空缺岗位，部门间配合不好，缺乏足够工作的培训，信息不充分，没有控制工作负荷，呆板的工作程序，没时间来适应变化等。

4．文化性触发(Culture attack)

文化性触发是指迁徙、移民或是跨国旅行时，因为生活方式、语言的不同而产生的变化。比如：船员外派，参加一个完全陌生的团队开始工作。

在实际生活和工作中，压力源有 3 个特征：

(1)不可控性。压力不仅是一些负面事件的影响，非常平常，甚至正面事件也可造成压力。

比方说结婚、变老、得到一份工作，工作太多或太少，独居禁室或置身于过度嘈杂的环境。

(2)不确定性。几乎人们所能想到的任何事，开心的或不开心的，都可成为压力的一个来源。压力在不同的场合是多样化的，对一个人产生高压的事件可能不会对另一个人产生同样的影响。这意味着因人而异。

(3)挑战极限。压力也可简单地理解为生活造成的身体系统的耗损。人对压力的反应程度受多种因素影响，人的身体素质，心理承受力，对局面的控制程度，人实际感知潜在压力事件的情况。

压力具有明显的情景性、高度的个体化和间接性的特点。压力对人的影响可以是非直接的，通过一些中介变量起作用。如认知评价、人格因素、社会支持因素等。

二、压力模型(Models of Stress)

拉扎罗斯认为，当人们遭受压力时，首先对压力作出评定，然后根据评定作出情绪上或行为上的反应。

(1)初级评定。涉及压力事件对个人的意义。事件是积极的，中性的，还是消极的。

(2)二级评定。个体思考如何开发自身的应对能力，减少压力事件带来的危险、破坏或损失等后果。

实验心理学者们在1908年的研究给出了激励(或行为)与压力之间的关系，并总结出一条经典定义：工作压力与工作行为之间的关系可用倒U曲线形象的表现出来，见图9-1所示。该研究结果表明，人的行为受到压力大小的影响。压力太小则使人感到厌烦，提不起精神；如果经常处于一种过重负荷的环境中，比如要进行大量的交涉和工作，压力太大会导致不良行为。只有在压力适度的情况下，才能产生最佳行为。按照这一见解，当工作的挑战性适中时行为的效果最好。挑战性太低(导致厌倦情绪)和挑战性太高(导致恐慌情绪)都将导致拙劣的行为。

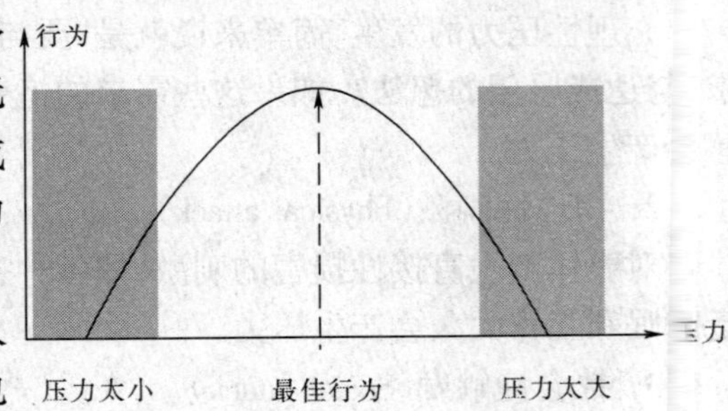

图9-1 压力与行为之间的关系

在压力之下，如果人们不能适应，就会导致身体损耗，虚弱和与压力有关的疾病，并导致更加无法适应以后在生活中遇到的压力。另一方面，成功的适应会导致成长，愉快，安全，对以后的压力更具抵抗力。因此，压力并不完全是一件坏事情。

生活中，人都需要一定量的刺激，并且多数人会在某些形式的压力下兴奋起来。在心理学上也有人认为：任何需要人去适应的改变就叫压力。正常的压力反应会有焦虑与忧郁症状，并伴随着身体相对应的症状反应。这样的反应可见于患身体疾病的病人、即将接受手术的病人，以及面对其他生活重大事件时人们的反应。

通常，在人面临压力时，总是依着人过去经验所形成的习惯，自主性地选择“应对策略”，或是在潜意识层面使用一些“心理防卫机制”，以减少反应的强度。只是有些人会潜抑这些刺激，将心理压力转成自己或他人较能接受的身体问题。当对工作的要求达到或超出人的能力时，工作压力就会加大。应付紧急情况的人会受工作压力的影响。

三、压力与事故(Stress and accident)

压力是指人从事有目的活动遇到障碍或干扰时产生的一种心理或生理的紧张状态或情绪

反应。压力与事故的发生是密切相关的，而且彼此是互为因果的。压力可以诱发事故，而事故的发生又会造成人的压力。

在日常生活中，发生过多的不悦事件或生活环境的频繁变化，不仅会使人心绪不宁、烦躁不安，损害人的身心健康，还会牵怒于他人，牵怒于自己，牵怒于设备，严重地影响工作的稳定，甚至导致事故发生。例如，亲属的不幸或死亡、离婚或失恋、受到处分或不公正的批评等，都会造成感情上的痛苦，出现精神疲劳，使观察力、注意力和理解力下降，这种情况下发生事故最多，所谓祸不单行是绝对有道理的。迁居、睡眠习惯等的改变，会使生活习惯反常；环境的变化也会使人体新陈代谢活动受到影响，情绪容易波动等。当生活变化所造成的影响超过了人的心理承受能力，且令人难以自制时，就可能发生不幸，并导致事故的发生。

压力反应可从6方面来做说明：

1. 情绪反应(Response of feeling)

人们面对危险时的情绪反应是恐惧，面对胁迫事件的反应是焦虑，而面对分离或失落的情绪反应则是忧郁。此外，还会表现为缺乏兴趣、烦躁、疲倦、消沉、紧张、不安等。也可以是紧张与忧虑、担心、内疚、不安全感共同表现出来的一种状态，是恢复轻松状态的经常性需要。它伴有一些身心症状，如大量出汗、呼吸困难、肠胃紊乱、心跳迅速、尿频、肌肉紧张或高血压。

2. 身体反应(Response of body)

面对危险或胁迫所产生的身体反应为自主神经系统的警醒，这时常可见有心跳变快、血压变高、肌肉张力增加以及口干的现象。而面对分离或失落时，身体的反应是感到疲倦，并且减少身体的活动。

3. 健康反应(Response of health)

压力最易引起原来就比较脆弱或敏感的器官或系统发病，气管敏感的人，压力可引发气喘；血压本来就不稳定的人，面对巨大压力，血压可能会陡然增高；一连串的压力都有可能会减低人的免疫力。比如：头痛，偏头痛，背痛，眼睛和视力问题，皮肤过敏反应，睡眠紊乱，消化失调，心跳加速，血液胆固醇增加，肾上腺激素增加等。

4. 精神反应(Response of spirit)

压力给人精神上带来的影响是更为直接的。其中忧虑就是压力最容易引起的一种心理反应。其他常见的压力反应还有认知功能失调、思考困难、失去自信及无助感、绝望感等。比如：对工作不满，沮丧，易怒，失落等。其特征是感觉颓废和消极等其他情况，如感觉没有希望，无用和内疚。它也被描述为丧失对事件逻辑发展认知的一种悲伤。它可轻可重，轻微时可导致工作关系出现危机；严重时表现出管理混乱；极端时可能导致自杀。

5. 行为反应(Response of behaviour)

压力也会给人带来的行为上的影响。主要表现为：家中或单位人际关系破裂，酗酒和吸毒，过度吸烟，语无伦次，严重失眠，事故频繁等。因此，当人出现这些反应时，一定要认真思考是哪些压力引发了这些反应的产生。

6. 思维反应(Response of thinking)

压力给人造成的思维反应是深层次的。主要表现为：难以作出决定或决策，解决问题缺乏创造性，记忆力下降，反应缓慢，对批评过于敏感等。

四、压力对工作的影响(Compact of Stress on work)

人只要活着就要面对不同的压力。虽然每个人遇到的压力各不相同，人的个性也各不相同,但是面对压力仍然有一些基本原则可以参考的。

(1)人的一生是由各种大小不同的生活事件所串连成的,有的事件很平常,有的事件则会给人带来或多或少的压力,需要去适应。人们在从事各项活动时,总是按照预先的计划向着预定目标前进,并期望得到预想的结果。在遭受压力时,有的人能泰然处之,有的人却一蹶不振、精神崩溃。这是由人们对压力的适应能力不同来决定的;

(2)对人的身体而言,压力会被看成是一种外来的巨大威胁,一种敌对状态。如果人的应对技巧较为丰富,并且具有可塑性,使人在面临压力环境下有进退自如的余地;如果人使用的心理防卫机制是成熟的、健康的,那么在正常的压力反应之下,人将会学习到成长与进步,且能预防它转变为不正常反应,避免精神疾病的发生;

(3)压力其实是渐渐形成的,没人能事先警觉,因为一点点的压力不会伤害人,或许还有一些好处。但当有一天人发现受到的压力,已经超过负荷量时,人甚至不知道是从什么时候开始;

(4)有些积极事件,如考上大学、升职、结婚和第一个孩子出生等等也会产生一定的精神压力;

(5)在一定条件下,保持相对的压力状态,对人的健康和事业不仅无害,反而有益;

(6)并不是所有的压力都会对人产生影响,有的压力对人是无关紧要的。但有的压力却会对人的身体构成极大的伤害,甚至可能会引发各种身心疾病,这就是压力所产生的生理效应和心理效应。一个人遭受过大压力后,可能产生的反应对工作上的影响有如下几种形式:

①不想工作;

②压抑,不愿交流。人处于压力状态一段时间后,变得频频发怒,对批评过于敏感。这是紧张与忧虑、担心、内疚、不安全感共同表现出来的一种状态。

③抵触情绪浓厚。失去对自己的控制,理智感降低,出现一种与自己的年龄、身份不相称的行为;

④固执己见。不肯改变自己的行为,坚持自己的态度;

⑤妥协或逃避。用让步的办法避免冲突,以求得心理平衡和矛盾的解决。有时也会表现为不愿承担责任;

⑥个人外表不正常。一个人在生活和工作中变得反常。这可能是处于压力状态的普遍表现。

(7)对群体而言,超负荷的压力会对工作组织上的影响有如下几种形式:

①不想工作的情绪增加。尤其在周一早上或早餐或加餐休息时产生不想工作的情绪是压力的典型表现。

②易发生事故。压力是判断错误的根本原因,判断错误容易引起事故,消耗,抵制。许多事故的发生与压力有间接的联系。

③工作表现不稳定。生活中充满压力的事件常导致人们注意力不能集中, 因而人容易心烦意乱,或不能及时完成工作。

④同事关系紧张。团队人员相互不交流和沟通,相互猜疑,致使人际关系不正常。

⑤个人流动性高。团队成员的离开非常频繁。

⑥生产效率降低。

五、对压力的处理(Dealing with Stress)

从科学的角度看,缓解压力,提高生活质量可以通过综合压力管理来实现。综合压力管理理论认为,人类只能缓解某些压力,而不能完全消除压力。

压力所产生的原因不同,缓解的方法也不尽相同。压力的产生不外乎有生理的、心理的、认知的、人际关系的、社会的、文化的和制度的等原因。只有找准压力产生的原因,干预工作才能做到有的放矢,对症下药。

研究表明,近年来港口生产与通航条件的不断变化,特别是船舶工作的难度与风险的大为增加,对船舶驾驶员的工作环境与心理都带来了很大的影响。目前,绝大多数船舶驾驶员都深感驾驶工作的风险和本身的心理压力过大,而这些船舶航行风险和本身心理压力负担的增大往往是导致船舶事故发生的潜在因素。

为了保证船舶工作的安全和正常进行,无论从短期和长期的目标出发,须注重船舶通航环境对船舶驾驶员心理的影响这一问题,并积极采取有效的应对措施。

1. 船舶安全工作的思想教育(Ideological Education of safety work on board ship)

针对目前船舶驾驶员因工作风险与精神压力而产生了一些思想和心理方面的问题,应加强做好思想工作,帮助他们克服心理与生理方面的困难,以稳定他们的工作情绪和确保工作的安全。通过奖励与教育为主,惩罚与处理为辅的方法,在严格处理事故责任人,积极教育其他人的同时,认真做好船舶驾驶员安全工作的正面思想教育。对多年无事故的船舶驾驶员,要认真总结他们的经验,树立榜样,让其他船舶驾驶员,特别是一些青年船舶驾驶员少走弯路,或付出不必要的代价。

2. 缓解船舶驾驶员的心理压力(Relieving psychological stress of deck officers on board ship)

通过采取多种方法与措施引导船舶驾驶人员正确对待工作中的风险与压力,以缓解这些因素对他们心理上造成的压力。这些方法包括:

1)学习心理学基础知识(Learning basic knowledge of psychology)

学习管理学与心理学的基础知识,认清压力与工作的关系,积极应对工作压力,掌握自我调整工作压力与心理的方法等;另外,还应重视通过相应的思想与技术性工作做好船舶驾驶员心理素质的培养工作,包括良好的工作态度、心情和信息接受能力、高度的情景意识与警戒性、对突发事件的快速反应、适度的自信心、在特殊情况下心理与感情的平衡能力等。

2)进行心理咨询和心理疏导(Carrying out psychological counsel and advice)

为了做好船舶驾驶员的心理工作,根据实际的需要,可以定期或不定期地为他们进行心理咨询和心理疏导。特别要注意防止单个船舶驾驶员发生船舶事故后影响其他船舶驾驶员连续发生船舶事故的现象。

3)展开文体娱乐性活动(Carrying out entertainment activities)

积极展开文体娱乐性活动,以改变个人与社会活动过于单一的情况。在确保船舶工作正常进行的条件下,船舶驾驶员可积极参加诸如球类与棋类活动,观看电影或其他文娱节目,以及参观与旅游活动等,以便通过以上活动调节生活与工作节奏,丰富生活内容,有利于调整心理状态。

3. 心理与生理科学的学习与运用(Study and application of science with the psychology and physiology)

可通过对船舶驾驶员体力、智力和情绪方面的研究,探索自身在体力、智力和情绪方面波动变化情况(即人体生理节律对船舶工作的影响),以便根据不同的生理节律,对处于临界期的对象加以控制,尽力避开易出现事故的不利时机,使工作时间适应其人体的生理节律和调整好人体的生物钟,最终达到科学安排工作的目的。

4. 开展船舶驾驶员安全意识的教育(Carrying out sentensive education of safety awareness for deck officers on board ship)

为了使船舶驾驶员强化和保持安全意识,应持续性地加强安全意识方面的教育。同时,为了提高安全意识教育的效果,应注意改进这种教育的方式与方法。

(1)除了应继续在船舶驾驶员中以往采用的案例分析、现场指导和宣传教育外,管理部门还应强调让他们共同讨论和研究船舶事故中人的因素的问题。端正思想认识,理顺安全理念,培养提高团队工作的领导与协调能力,改善与船长或驾驶员之间合作关系,始终保持良好的安全工作态度,谨慎做好船舶工作和保证船舶工作的安全。

(2)船员在相互的工作中应谦虚谨慎,相互尊重,强调船舶驾驶员团队合作精神,积极提倡相互谦让、协作和配合。鼓励他们在必要时,相互多加提醒与督促,共同为船舶安全工作而努力。

(3)共同研究分析和探讨船舶航行困难与事故多发航段处的安全航行技术与经验,持之以恒地加强和做好对在航行高风险区域必须谨慎安全航行的宣传工作。

(4)正确认识船长与引航员之间的复杂的法律关系,认真注意各自所具有的优势与不足切实改善船长、引航员和其他驾驶台工作人员之间的合作关系,使他们始终保持良好的安全工作态度,谨慎的做好船舶航行工作,以保证安全航行。

(5)加强团队合作与协作精神。发挥榜样的作用,对航行中发生的船舶驾驶员之间的行动不配合以及言语上的纠纷要进行有效的整改和教育,树立全体船舶驾驶员的整体观念,发扬团结合作,互帮互助的优良作风。培养员工对自己团队和企业的认同感和归属感。加强与其他航运单位的协作,树立良好的企业形象。

5. 努力消除压力的负面影响(Eliminating the negative effects of stress)

在船舶安全工作中防止压力产生的负面影响,主要应考虑良好的个人时间管理,保持良好的健康状况和充足的睡眠;按已建立的标准操作程序来开展每项工作;即使在紧张的工作中,应用幽默和愉快作为防止压力增大的良药,使自己与团队成员放松;按团队管理方式工作,所有的过失可被其他组员发现。岸上办公室保持船上有足够的适任人员进行工作;熟悉潜在的压力局面;开展良好的培训工作,对团队进行关于压力的教育,以保持身体健康。

第十章 程序与制度

(Procedures and Rules)

船舶安全管理一直是航运界关注的焦点问题,是航运公司管理工作的主要部分。船舶安全不仅直接影响到企业的效益、员工的生命安全,同时,也关系到航运公司的声誉和企业可持续性的发展。长期以来,国际航运界依赖船舶结构及其设备的改进,追求先进技术在航海领域中的应用,但并未能完全实现其预期的效果。国际海事组织在国际航行船舶中强制实施《国际安全管理规则》,国家海事局也针对国内航行船舶出台了《国内安全管理规则》,目的是通过加强人的因素管理,减少船舶事故发生。按照规则的要求建立和实施安全管理体系,并通过运行安全管理体系,控制船舶安全中的人的因素,减少船舶安全事故。本章将着重讨论程序与制度方面的问题。

第一节 程序的定义与作用

(Definition and Function of Procedure)

一、程序的定义(Definition of procedure)

所谓程序是指完成某件事的特定行为或一系列的特定行为。《辞海》中的解释为按时间先后或依次安排的工作步骤。如:工作程序(Work Procedure)等。

程序是为进行某项活动或过程所规定的途径。程序可以形成文件也可以不形成文件。当程序形成文件时,通常称为"书面程序"或"形成文件的程序"。含有程序的文件可称为"程序文件"。文件化程序中通常包括活动的目的和范围,做什么和谁来做,何时、何地和如何做,应用什么原材料、设备和文件做,如何对活动进行控制和记录等。

程序按照性质可以分为管理程序(Management Procedure)、操作程序(Operational Procedure)等。

程序文件是质量管理体系文件中最重要的组成部分,是质量管理体系结构中组织结构、质量职责和权限、资源、工程程序等方面高效、经济、协调运行的方法和保证。

二、程序的作用(Function of procedure)

经验证明,程序的作用是非常显著的。过去,美国首创的全面质量管理(Total Quality Control,简称 TQC)曾风靡世界,日本因员工"刻板"的执行质量体系程序而获得了极大的成功。

程序是一种管理或操作模式。实践证明,明显程序化的管理操作模式比经验性的操作具有更大的优越性。

程序为管理人员或按程序操作的人员提供了指导。成功的管理人员、操作人员必定有他成功的经验,如果将这些经验转化为程序,更多的人通过学习这些程序就可以掌握成功经验,而没有必要在经过长时间的学习才能进行操作。许多大型跨国公司内部的销售管理运作之所以规范,所遵循的就是这种管理模式。

程序是有关思维和行动的特殊方式。程序化管理或操作是一种科学的管理意识,只有程序化实施,才能有标准化、科学化的管理,才能在最大程度上减小在操作过程中人的不稳定性,以实现操作的安全。

程序是一种系统解决问题的过程。程序学说认为,管理性活动或操作性活动是一个完整的工作过程,是一个综合的、动态的过程。虽然并不是所有的程序中都全部包括 5 个 W 和 1 个 H(Why, What, Where, Who, When, How),但它仍然是一种系统性解决问题的过程。

三、程序的结构与内容(Structure and contents of procedure)

程序文件主要内容与格式为:标题、目的、适用范围、定义、责任和权限、程序、相关文件、附件和附录等(参见图 10-1)。

其中:

标题(What):程序文件的标题说明该程序是有关什么的程序,做什么;

目的(What, why):说明为什么要做和程序要达到的目标;

适用范围(Where, When, Who):该程序适用的部门、人员和时间等;

定义,责任和权限(Who, What):程序文件中有关术语和缩写的解释说明,相关部门和人员的职责和权限;

程序(How):该怎么做;

相关文件:与本程序文件相关的其他文件,包括本程序文件的展开文件以及有关参考文件和外来文件等;

附件和附录:隶属于本程序文件的表格、报告单等。

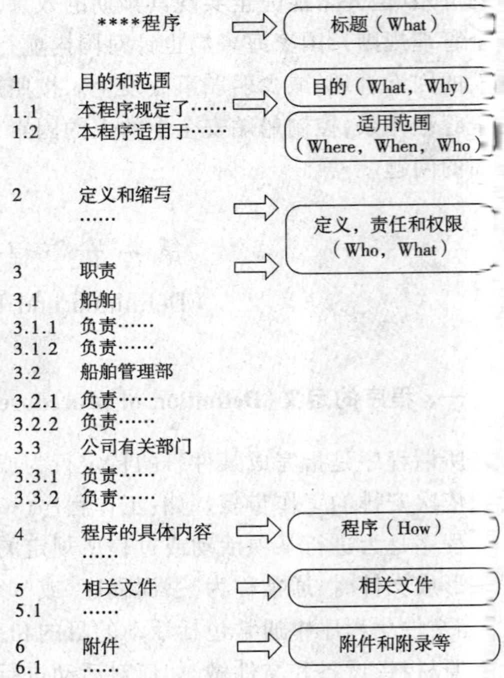

图 10-1 程序的结构与内容

四、程序加强(Enhancement of Procedure)

ISM 规则要求公司在其 SMS 体系中建立一系列的管理程序、操作程序和应急程序等,其目的就是采用文件化程序的方式进行安全管理,程序加强的目的在于实现三大目标,即:

保障海上安全(Safety at Sea)

防止人员伤亡(The prevention of human injury and loss of lives)

避免环境损害,尤其对海洋环境的和对财产的损害。(Avoidance of damage to the environment, in particular to the marine environment and to property)

五、如何使船员接受并习惯程序(How crew accept and get used to procedures)

程序建立完成后,并不是所有的管理人员和操作人员都能熟知程序的内容和步骤,尤其是对于新进人员。要实现程序化的管理和操作,就必须让相关人员熟知相关的程序。使船员接

受并习惯程序的途径主要有两种,即:

1. 熟悉和培训(Familiarization and training)

所有船员在上船任职前都应接受有关个人求生技能方面的熟知培训并获得充分的相关资料和信息。上船后,船员应及时熟悉工作环境、操作程序和设备分布,如果他们以前对这些内容不熟悉,这项工作就显得尤为重要。

船长应按照计划实施符合有关规定的培训。船员也应该利用一切可能的机会训练实际操作技能以便能对本职工作范围内的工作环境、操作程序和设备分布情况达到精通的程度。

2. 船上演习和操练(Shipboard exercises and drills)

船上的演习与操练对于船员熟悉并掌握船上的程序是非常重要的,尤其在应急程序方面。船长应该按照船舶年度演习计划完成符合相关规定的演习。

在编制年度演习计划时,应该合理安排不同种类的演习,以便在一年时间内能够覆盖所有船上可能出现的紧急情况。船长应该在船舶安全会议上对船员在演习中的表现进行充分讲评,并将演习计入航海日志。

船员职业是一项高风险的职业,船舶航行的环境情况复杂多变,气象条件、水文条件以及港口码头条件时常变得非常恶劣;船上机器设备密集,货物的物理和化学性质不一,因此海事相关组织和部门制定了一系列的公约、规则,航运公司也根据 ISM 规则的要求和自身的实际情况制定了一系列的规章制度、程序文件、操作规程和须知。

不可否认,这些众多的规章和程序会使一线的人员受到一定的约束,也会使一线的工作人员感觉繁琐和厌倦,但从更高原则来讲正是有了这些规章和程序才能使船上各项工作处于较为有序和受控状态,从而大大降低了因无序和混乱而导致人的失误最终造成事故的可能性;正是因为有了严格的操作程序、须知,因而大大限制了一线工作人员随意性和冒进行为,同时在一定程度上弥补了年轻船员在经验上的欠缺。可见遵守规章和程序是完全必要和必需的,作为担负着中国航运事业重任的主力军,应具有大局观,做遵章的模范。

六、ISO9000 系列标准及其文件化体系(ISO9000 series standards and documentation system)

ISO 是国际标准化组织,成立于 1947 年 2 月,负责制订除电工产品以外的国际标准,目前已经制订了一万多项国际技术和管理标准。

ISO9000 族系列标准是由 ISO/TC176 质量管理和质量保证技术委员会制订的全部国际标准——质量管理系列标准。这一系列标准一经颁布,立刻引起了国际社会的广泛关注。成为目前国际通用的最重要的两个国际标准之一。ISO9000 系列最初阶段有成员国 56 个,目前已有 90 多个成员国参加。

ISO9000 系列标准的 5 个主要标准是:

ISO9000-1 质量管理和质量保证标准——第 1 部分:选择和使用指南;

ISO9001-质量体系——设计、开发、生产、安装和服务的质量保证模式;

ISO9002-质量体系——生产、安装和服务的质量保证模式;

ISO9003-质量体系——最终检测和试验的质量保证模式。

ISO9004-1 质量管理和质量体系要素——第 1 部分:指南。

实施 ISO9000 必须建立文件化的质量体系,以作为一个组织具体贯彻其质量方针的行为规范(如图 10-2)。

质量手册的内容是按规定的质量方针和目标以及适用的 ISO9000 系列标准描述质量体

系;质量体系描述为实施质量体系要素所需要的各职能部门的活动,是为实施质量管理所需的组织结构、程序、过程和资源,是机构、责任和权限、目标、程序、关系、要求和标准、操作须知、作业指导、记录表簿等的文件总和,是一个有机化的文件体系。其他质量文件是详细的作业文件,包括所需的须知、作业指导书、表格和报告等。

ISO9000 是产品加工和服务业的科学的质量保障体系，也自然适用于海运这一行业的质量和安全保障。IMO 则根据航海的特殊性，吸收了 ISO9000 的构架和原理的精华，制定出了 ISM 规则，使船舶安全质量保障有了第一个国际管理标准。

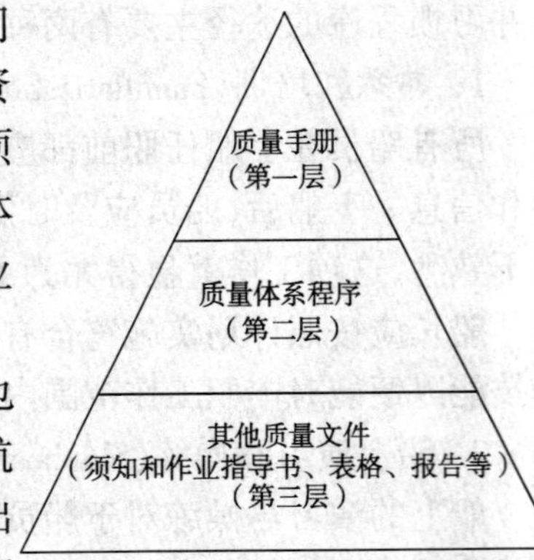

图 10-2　质量体系文件层次图

七、ISM 规则及其安全管理体系简介(Introduction of ISM Code and Safety Management System)

ISM 规则是 International Safety Management Code(国际安全管理规则)的缩写,全称为 International Management Code for the Safe Operation of Ships and for Pollution Prevention(国际船舶安全营运和防止污染管理规则),由 IMO A.741(18)号决议通过。

ISM 规则的重点是公司安全管理,直接目标是控制人的因素,最终目标是实现海上安全和防止污染。公司进行系统全面的安全管理的基础是根据 ISM 规则建立合理的安全管理(SMS)体系,并有效运行。而程序是 SMS 的主要组成内容。

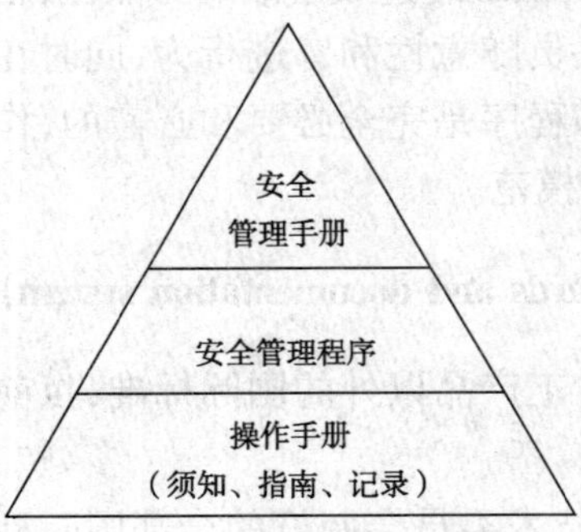

图 10-3　SMS 文件层次结构

SMS 文件分为如图 10-3 所示的 3 个层次,各文件之间既相对独立又有一定的联系。安全管理手册对 SMS 作组织和控制的综合描述,影响着程序文件和操作文件。主要说明“公司进行怎样的组织和控制”。安全管理程序是公司安全管理程序文件。主要“描述为实施 SMS 要素所涉及的各职能部门、船舶的管理活动”。操作手册是操作性程序、操作须知、作业指南,记录等操作文件的汇总。主要是“详细的作业文件”。

比如某公司将 ISM 规则中的“资源和人员”要素展开为如下程序:船员任职和考核管理程序,新上岗人员职责熟悉程序,船员培训程序,安全管理信息传递程序等。将“操作”要素展开为船上操作方案和须知的制定程序,防止船舶污染管理程序等。将“维护”要素展开为船舶维护程序,关键设备和系统的标识规定及检测要求,船舶修理程序,船舶备件采购程序,物料供应程序等。

八、ISM 规则对程序的要求(Procedure Requirement in ISM Code)

ISM 规则对船上程序做了强制性的要求并且强调了程序的重要性,并在 A.部分-实施 1.4 安全管理体系(SMS)的基本要求中对有关程序提出了要求。主要的要求如下:

(1)每个公司应当研究和制定程序;

(2)通过执行有关法规的保证安全操船和保护环境的程序;

(3)报告事故和违规事件的程序;

(4)紧急情况的准备和反应程序;
(5)内部审核和管理程序。

船舶安全管理程序是船舶安全管理手册的支持性文件,这些文件是把手册中有关要求具体化。主要的程序有:

(1)船舶安全委员会组织程序(Shipboard safety committee organization procedures)
(2)船舶文件控制程序(Shipboard document control procedures)
(3)船舶操作程序(Ship operation procedures)
(4)特殊航行程序(Special navigation procedures)
(5)船舶装卸作业程序(Ship cargo handling procedures)
(6)船舶安全管理程序(Shipboard safety management procedures)
(7)船上通信程序(Shipboard communication procedures)
(8)防止海上污染程序(Marine pollution prevention procedures)
(9)溢油应急计划(Oil spill contingency plan)
(10)燃油驳载程序(Bunker oil transfer procedures)
(11)船舶维修保养程序(Shipboard maintenance procedures)
(12)计划维修保养程序(Planning maintenance procedures)
(13)重要机器维修保养程序(Important machinery maintenance procedures)
(14)船舶应急程序(Shipboard contingency procedures)
(15)应急培训程序(Emergency training procedures)
(16)紧急情况下联系电话清单(List of contact phone number for emergency situation)
(17)船舶培训程序(Shipboard training procedures)
(18)内部评审和管理性复查程序(Internal audits and management reviews procedures)

船舶安全管理程序也可以采用下列组合,并且用手册来命名。它们包括:

(1)船上行政手册(Shipboard office manual)
(2)安全和健康控制手册;(Safety and health control manual)
(3)船舶作业手册(Ship operation manual)
(4)驾驶台操作手册(Bridge procedures manual)
(5)轮机操作和维护手册(Engine operation and maintenance manual)
(6)无线电操作手册(Radio operation manual)
(7)检验手册(Survey manual)
(8)维护保养手册(船体)(Maintenance manual(Hull))
(9)维护保养手册(轮机)(Maintenance manual(Machinery))
(10)应急计划(Contingency manual)
(11)货物作业手册(油船)(Cargo operation manual(Tanker))
(12)货物作业手册(液化石油气运输船)(Cargo operation manual(LPG carrier))
(13)货物作业手册(矿石/煤炭运输船)(Cargo operation manual(Ore/coal carrier))
(14)货物作业手册(专用汽车运输船)(Cargo operation manual(Pure car carrier))
(15)货物作业手册(运木船)(Cargo operation manual(Wood chip carrier))
(16)货物作业手册(散货船)(Cargo operation manual(Bulk carrier))
(17)货物作业手册(集装箱船)(Cargo operation manual(Container ship))

九、建立操作、应急和应变程序的有用工具——核对表(Available tools for established，operational or emergency procedures and contingencies-Check List)

核对表是建立操作、应急和应变程序的有用工具；核对表仅是包含在所建立的程序中的需做的事情清单，用于查证(交叉检查)。它帮助使用者记住正常或应急情况下该做的事情；操作性的核对表可以作为任务分析或工作危险分析的一部分，以促进安全。

核对表举例(Examples of checklists)：

1. 驾驶台核对表(Bridge Checklist)

熟悉驾驶台设备(Bridge Equipment Familiarization)

驾驶台设备检测(Bridge Equipment Test)

开航准备(Departure Preparation)

抵达准备(Arrival Preparation)

引航水域(Pilotage Water Area)

引航卡(Pilot Card)

驾驶台值班(Bridge Watch)

驾驶台换班(Change Over of Bridge Watch)

能见度受限(Restricted Visibility)

恶劣天气下的航行(Navigation in Heavy Weather)

抛锚(Anchoring)

2. 轮机核对表(Engine Checklist)

熟悉机舱设备(Engine Room Equipment Familiarization)

机舱设备检测(Engine Room Equipment Test)

开航准备(Departure Preparation)

抵达准备(Arrival preparation)

机舱值班(Engine Room Watch)

恶劣天气/抛锚/能见度受限/危急水域(Heavy Weather/Anchor /Restricted Visibility/Critical Waters)

燃料/燃油/油泥转送(Bunkering/Fuel/Sludge Transfer)

冰区航行(Navigation in Ice)

3. 操作性核对表(Operational Checklist)

船舶义务性的搜寻(Mandatory Shipboard Search)

进入危险/封闭水域(Entry into Dangerous/Enclosed Spaces)

直升机/船舶操作(Helicopter/Ship Operations)

生热作业/电焊/燃烧(Hot Work/Welding/Burning)

起吊操作(Lifting Plant Operation)

允许作业(Permission to Work)

LSA/FFA 维护(LSA/FFA Maintenance)

4. 应急核对表(Emergency Checklist)

搁浅/触礁(Grounding/Stranding)

火灾(Fire)

浸水/堵漏(Flooding/Damage Control)

弃船(Abandon Ship)

人落水(Man Overboard)

搜救(Search & Rescue)

主机故障(Main Engine Failure)

航行设备故障(Navigation Equipment Failure)

危险货物(Dangerous Goods)

岸上紧急情况(Shore Emergencies)

不管是代表公司管理水平的 ISO9000 系列标准所要求公司必须建立的质量管理体系(QMS),还是 ISM 规则要求的从事国际运输业务的航运公司必须建立的安全管理体系(SMS),它们都使程序成为了其中最为重要的内容。因此,程序的作用由此可见一斑。如何建立完善合理的管理程序和操作程序,如何正确理解认识程序在安全管理与作业中的作用,操作人员如何规范地按程序进行操作,都已经成为在现代企业中工作的人员必需具备的知识与能力。

第二节 制度的制定与执行
(Formulation and Performance of Rules)

一、制度的定义(Definition of rules)

所谓制度,我国《辞海》给出三种解释,一是要求成员共同遵守的,按一定程序办事的规程;二是在一定的历史条件下形成的政治、经济、文化等各方面的体系;三是旧时政治上的规模法度。显而易见,本文中所指的意思并不是经济与政治制度,而是各行政、事业单位或公司、企业的管理制度。

二、制度的制定(Formulation of rules)

假设一架飞机不幸失事,而飞机同时载着 A 公司的老板和 B 公司的老板,这两位老板都不幸遇难。悲剧发生后,A 公司出现一片混乱,呈现出群龙无首的状态;而 B 公司则依然井然有序,并没有受到大的影响。我们从中可以肯定的是,造成这种差异的主要原因就是 B 公司已经具备了一整套系统的管理制度,而 A 公司则未能做到如此。

制度的存在使得企业的运行更多依赖于预先制定好的一系列规范,减少了对少数个人的依赖,避免了决策的主观性。从这种意义上来说,通过制度来对人进行管理是重要的。而制度的表现形式就是程序。

事实上,我们对任何问题都需要从两个方面来看待。水可以载舟,亦可以覆舟。如何让制度成为载舟之水,而不是覆舟之水呢?不是不应该按照制度来管理人,关键在于制定什么样的制度来管理人。航运公司在针对船舶管理工作而制定制度时,必须要考虑最为重要因素之一的船员,具体包括:

1. 船员的基本素质(Characteristics of crew)

很多制度规定了管理活动中的权限,也就是权力在不同的管理层次、不同人之间的分配。这种权力的分配并不是简单地按照一定的管理学法则来实现的,而是要切实地考虑现有的船员状况。集权与分权的程度取决于权力承担者的素质状况。一般来说,倾向于将较多的权力授予能力较强的中坚力量,这样有助于保证公司管理目标的实现。而对于目前能力不足的船舶管理者,则一方面加强对他们的培训,一方面通过上级对他们的指导而逐步地将权力授予他们,最终实现充分地授权。

2. 船员的态度(Attitude of crew)

有些制度容易引发船员的反感和抵触,有些规定会超出船员的可接受程度,如果是这样,就需要对制度进行一定的调整。例如,某个航运公司的船员对考核与薪酬的挂钩比较敏感,产生了抵触情绪。在调整制度时则相对淡化日常的绩效管理与薪酬挂钩的方面,这样,船员对绩效考核的态度就由消极变为积极了。

3. 船员管理中存在的问题(Existing problems in crew management)

很多制度的制定就是为了直接解决管理中出现的与人有关的问题,对人的行为进行规范和约束。例如,当发现有些船员总是在值班前喝酒,影响船舶的安全航行,这时就需要制定相应的酒类控制制度对船员的行为进行约束。

4. 团队的气氛(Atmosphere of team)

在制定制度时不要压抑原有的良好氛围,不要由于严格的规章制度破坏了和谐和具有开发与创造性的氛围,同时也用企业的价值观引导员工个人和小团体的价值观,塑造更为适合组织与个人共同发展的团队氛围。

5. 船员的未来发展状况(Future development of crew)

这并不意味着简单地适应和迁就现有的状况,很多企业采用"老人老办法,新人新办法"就是这个道理。

三、如何完善管理制度(How to improve management rules)

任何制度的设计都有一个循序渐进的过程,所以制度的制定是不可能一步到位的,它是一个逐步修订并不断完善的过程。

首先,在制定制度时要保证制度的严肃性、合理性、科学性、完善性。以严格的制度规范企业员工的行为,保证企业向预定的方向发展。

其次要了解公司未来发展的方向,对自身的前途有一定的打算,并借鉴国内外成功企业的经验,完善公司管理制度。

再次,制度的完善包括一个持续的循环系统:计划——执行——核查——改善,简称为"PDCA"循环圈。它能保证公司的安全管理制度成为一个持续的流程,在这个流程中公司制度能得到不断的完善与提升。

四、如何理解并执行制度(How to understand and perform rules)

1. 制度是一种管理方法(Rules are one kind of management)

利用制度进行管理,可以简化并规范管理,降低管理成本。

管理方法通常可以分为两种,即"人治"与"法治"。"人治"的航运公司是一个人或几个人说了算的公司,或者说是由一个人或几个人的能力专制的企业。这种企业也会有制度,但制度体现了专制者的意志,是制约别人而不制约他的。这正是哈耶克所说的"专制之下无法治"。这种企业也许有董事会之类的机构,但形同虚设,决策由一个人作出,几乎大小事都由一个人说了算,这个人甚至会成为企业的神,他的"语录"作为最高指示,他的思想观念体现在企业的各个方面,企业成了人的化身。

"法治"的航运公司是按一套规定的制度运行的企业。这种企业也需要一个精明强干的企业家,而且他起着至关重要的作用,但他的作用与权力是制度赋予的,而且要受制度的制约。在制度面前,他和其他人是一律平等的。在这种企业中,包括最高领导人在内的所有人的职责都由制度安排所决定。重大决策的出台和发挥作用有制度所规定的程序,日常工作与协调按制度运行。在企业实行法治时,每个人都明确自己的权力与职责,公司的最高领导或部门的最高领导不用事事亲为。

这两种企业发展的结果是不同的,人治企业的成败完全取决于个人。法治的企业可以靠一套制度来纠正个人的错误,即使最高领导人作出了错误的决策,也有一套纠错机制。这样,个人可以退出或死亡,但企业可以依靠制度而长青。任何人都是企业机器上的一个零件,零件坏了可以换,但整部机器仍可正常运行。

2. 制度必须得到遵守(Rules must be performed)

制度管理,意味着管理必须具备一定的刚性,不能想怎么揉就怎么揉,想怎么弄就怎么弄。作为制度的遵守者,在制度没有修订前,必须按照制度来执行,哪怕是不恰当的,也是等到执行结束后再进行补偿。此后再协商决定是否对制度进行补充或修改。制度管理具有一定的严肃性。每一个组织成员必须明确表示对制度的尊重。对制度不满的时候,也不能否认制度的严肃性,而是通过制度反馈和修改的正当渠道提出建议。因为不满的仅仅是制度的某些条款,某些内容,而不是制度的本身和制度的全部。

公司必须强化管理,"强化"从某种程度上讲就是理解的要执行,不理解的也要执行,强化是带有强制性的。船上的工作具有分工细、等级严等特点,这是行业性质所决定的,否则无法保证船上工作正常有序地进行。全体船员必须下级服从上级、机舱服从轮机长、甲板服从大副、全船服从船长,并确保船长在船舶工作中的中心领导地位。强化管理、严格管理就好像是拧螺钉,如果一台机器上的螺钉都是松松垮垮的,这台机器是不可能正常运转的,非散架不可。强化管理、严格管理正是要把"螺钉"拧紧,从而保证企业这台"机器"正常运转。

比如,在船上安全制度的执行方面,要获得并维持高效率的船舶操作,安全和健康对所有船员来说是至关重要的,因此高标准的安全意识、个人纪律和个人素质被置于首位。公司采取一系列促进员工学习、掌握和提高安全健康的措施,在船上组建船舶安委会,由船长担任主任。公司强调船舶安委会工作的重要性,强调船长应确保船员使用适当的安全工具,鼓励安全委员会成员概述可能引起事故的潜在危险,要求船舶安委会确保所有部门做好后勤工作,杜绝由于忽视而使船员的安全和身体健康受到影响。公司安全与健康管理方针基本目标是:"得到员工对安全健康操作管理的口头承诺,并向消除人身事故和不健康管理最终目标奋斗"。

船长必须努力避免过度疲劳的驾驶员继续值班,如果有必要,可以通过调换班次让休息好的驾驶员继续值班而让疲劳的驾驶员休息。在关键操作过程中,如果所有的驾驶员都没有休息,船长应毫不犹豫地将船舶在安全锚地抛锚,直到操作可以安全地继续进行为止。

3. 制度是可以改变的(Rules could be changed)

制度都是人订的。人是最重要的因素,因此,制度也不是一成不变的,要根据实际情况的变化而不断修订。作为船舶规章制度的制定者,必须不时针对外界环境情况的变化和单位人员的意见或建议对制度进行不断的修正,使之更加合理规范并易于执行。制度的制定和更新必须遵循相应程序。船上有一系列的规章制度,这些规章制度都是为了保证船舶的安全航行而制定的,经过多年的运行,有的规章制度可能已经不符合现代船舶管理的要求,这时候制度就要进行相应的修改和完善。

4. 制度是保障公平的一种手段(Rules are an assurence way of fairness)

制度,其实就是游戏规则。在某一时间段中,必须存在一种明确的,最好是书面的规范,组织内部的每一个成员都必须遵守。这样更容易实现公平。我们常说"法律面前人人平等",在制度面前也是人人平等的。

五、制度的执行力不足的原因(Reasons of insufficient implementation of rules)

在实际工作中,许多已制定和颁布的制度之所以执行不力或难以实施,大多是由于执行力不足的原因。这些问题存在于以下方面:

1. 制度的推行(Promoting performance of rules)

在制度执行过程中缺乏必要的宣传;缺少合适的评价机制,使得公司中层干部或船上管理人员对推行规范化管理缺乏积极性和动力;缺乏必要的激励措施,使得员工产生推行规范化管理就是扣钱和束缚工作行为的错误思想。

2. 执行效果检查(Checking results of rules)

制度的执行缺乏强有力的监督落实机制,虽有具体领导和负责部门来承担监督落实责任,但对制度落实效果的考核力度不够,执行与否与员工利益的关联度较低,制度落实缺乏足够的群众基础。

3. 制度更新和完善(Updating and improving rules)

制度更新不及时,不能根据公司的发展及时修改并下发执行,过时的制度也影响了制度的权威性;部分制度不够完善,不能适应公司发展的要求。

4. 企业规范管理、安全文化和凝聚力(Standard management, safety culture and cohesive force enterprises)

管理执行力不足还在于缺少制度管理及规范管理的文化氛围。强调企业内部"依法办事",并以身作则,是各级管理者的责任。目前企业多考虑如何利用政策,但随着企业做强做大,要获得长远发展,只有从内到外都要走向规范化,主动的去遵守内外规则。也只有这样才能保证企业内部的公平,提高企业内部员工的凝聚力。

5. 各管理层对管理程序和规章制度的熟悉和表率作用(Familiarity of rules, management procedures and model function in various management levels)

企业管理层应熟悉和带头执行自己的规章制度和管理程序,做到程序大于权力。否则就会成为"人治"化的企业,从而使企业内部的制度得不到良好的执行。另外,如果中、高级管理层内部沟通或协调不够,则整体作战能力会下降;高层的管理风格和中层管理者工作意识不匹配,中层管理者执行力度差,则会使高层管理者疲于应付公司日常事务,降低了管理效率,导致执行力不足的结果。

为了加大和保持全面执行公司的管理程序和规章制度,包括公司与船舶的各级管理人员都必须认识到以上几个方面的问题,并根据所存在的问题采取有效的对策与措施,最终达到相应的目的。

第三节 船长的权力和义务

(Authority and Obligation of the Captain)

船长的权力问题是一个国际性问题,否则国际公约和规则就不会就此作出那么多的相关规定与决议等。由于深受传统管理思想的影响和约束,在当今航海科技高速发展和航运管理方法不断更新的今天,许多从事航运工作的人员在对待和处理遇到的一些新问题和新矛盾时略有差异。在航海的初期,由于船舶技术状况差,抵抗自然灾害的能力低和通信技术的不发达,决定了船长在孤立无援的情况下,因自然灾害和突发事件对船舶和人命财产造成伤害时,必须有独立思考、处置和决断的能力。所以船长的权力几乎是绝对的,像个土皇帝。船上的一切事务,都是船长说了算,因此船长本身就是老板,是至高无上的领导者或决断者。而随着航海科学技术的不断发展,船舶抵御风险的能力逐渐增强和现代通讯技术的日益发达,使海运管理的决策权逐步向岸上转移,有的甚至连航线都是公司规定的。船长从以往既是领导者、决策者又是现场指挥者,变成了今天的现场执行者和指挥者,自主决策权已基本丧失,仅仅起到一个现场监督的作用。

随着海上安全和环境保护问题的日趋严峻,特别是因岸基或公司管理与决策的迟缓或失误导致海上事故的增加和扩大,国际海事组织不得不在国际公约、规则中对船长的权力加以明确。而因航运成本的增加,使船舶经营者们也认识到,没有船长的权力产生的很多安全、环境保护和巨大成本等问题没有办法解决,于是又出现了还权给船长的呼声。

一、有关国际公约、规则和法律对船长的权力与义务的规定(Regulations about authority and obligation of the Captain in law)

第一个在公约中明确规定了船长的权力的是1989年4月28日订于伦敦,1996年7月14日生效的《1989年国际救助公约》。每一个公约的制定和每一次修改都是以血的事故和教训为基础的。如著名的泰特尼克冰海沉船就导致了冰区报告、客船抗沉性、救生设备、报务员值班、海上求救、海上救生、通信设备等一系列的国际规则出台。船长的权力问题同样是在分析数起重大油污、救助事故教训的基础上提出的。在船东、租船人和管理公司之间可能仅一纸合同或协议,日常安全管理工作较少联系,或因公司地位“人微言轻”而使安全工作处在弱势地位。但三者有一个共同的交点,就是船长。因此,在市场化的条件下,为了做好安全管理工作,必须重视船长的作用,赋予船长合理而正当的权力。

1. SOLAS公约的规定(Regulations in SOLAS Convention)

在SOLAS74公约中有关船长权力的规定近几年修改的频率较高,已经历了两次修改。从这些修改中我们可以体会到在这个问题上认识的不断深化。除了翻译上用词、组句不同外,其实质性的修改是很有意义的。

在1997和2001综合文本中是C5-R10-1“船长决定权”:“船长根据自己的专业判断,特别是在恶劣天气和严重海况时,为了必要的安全航行而作出的任何决定应不受船东、租船人或其他人的约束。”该规定在较长时间里没有修改。

在2004综合文本中C5-R34.3是2000修正案,被修改为:“船东、租船人或第Ⅸ/1条定义的船公司,或其他任何人员均不应阻止或限制船长根据其专业判断作出或执行为安全航行和保护海洋环境所必须的任何决定。”第一次修改主要是去掉了“特别是在恶劣天气和严重海况时”这个易被误解的条件,增加了“保护海洋环境”。

在2004年5月通过2006年1月1日生效的MSC.151(78)修正案中又作了修改,成为新增的第34-1条“船长决定权”,具体为:“第Ⅸ/1条所定义的船东、租船人、船舶经营公司,或任何其他人不得阻止或限制船长根据其专业判断为海上人命安全和保护海洋环境而作出或执行任何必要的决定。”第二次修改将“为安全航行”(for safe navigation)改为“为海上人命安全”(for safety of life at sea)。这些修改使船长的权力适用的范围更大了。这里的“为海上人命安全”不应狭义地理解为“人身伤亡”,应从《国际海上人命安全公约》的角度来理解。如果是“为安全航行”那么容易发生仅适用 SOLAS 第五章“航行安全”的歧义。而现在修改为“为海上人命安全”,就意味着船长的权力适用于整个《国际海上人命安全公约》所有规定的执行。而“为海上人命安全和保护海洋环境”就意味着船长的权力适用于 SOLAS 和 MARPOL 两大公约的所有规定,同时也包括与海上人命安全有关的规则、决议、通函和手册等,例如《1972 年国际海上避碰规则》和《航空和海上搜寻救助手册》等。这些表明了船长权力适用的范围更大了,责任也更重了。

2.《国际安全管理规则》规定(Regulations in the ISM)

《国际安全管理规则》(ISM)第 5 条“船长的责任与权限”规定:

(1)公司应当以文件形式明确规定船长的下列责任:

①执行公司的安全和环境保护方针;

②激励船员遵守该方针;

③以简明方式发布相应的命令和指令;

④审核具体要求的遵守情况;

⑤复查安全管理体系并向岸上管理部门报告其不足之处。

(2)公司应当保证在船上实施的安全管理体系中包含一个强调船长权力的明确声明。公司应当在安全管理体系中确定船长的绝对权力和责任,以便作出关于安全和防止污染事务的决定,并在必要时要求公司给予协助。

规则要求公司在其 SMS 文件中,明确规定规则赋予船长的 5 项责任,给出强调船长在安全和防污染方面的绝对权力和要求公司给予协助的声明。SMS 文件必须备有船长权力声明,并予以有效实施。

3. IMO A.443 决议(Resolution A.443 of IMO)

IMO A.443 决议《关于船长在海上安全和海上环境保护方面的决定》中规定:“考虑到海上安全和海上环境保护是船长在任何情况下所必须关系的头等要事,对船长的经济和其他方面的压力在任何时候都不应干扰船长在这方面必须作出的决定。”这些决定“不应受到船东、租船人或其他有关人员指示的不适当影响。为保障船长正当履行其有关海上安全和海上环境保护方面的职责,请各国政府采取必要的步骤确保:

(1)船长根据专业判断在这方面作出的必要决定不受船东、租船人或任何其他人员的约束。

(2)船长尤应受到国内法律、共同协议或雇佣合同中适当规定的保护,包括享有上诉的权力,使其不致因正当执行其专业决定而遭到船东、租船人或其他任何人不公正的解雇或其他不公正的待遇。”

国际海事组织之所以在 SOLAS 公约等文件中提出船长的权力问题,大致的原因有:

(1)国际上航运经营与船舶管理分开,无船公司增多,为了规避风险,单船公司增多,他们只负责经营,而不负责安全和防污染管理,使船处在危险指挥中,并出现了一些低标准船舶和低标准船员,不利于安全和保护海洋环境(对环境的重视正在升级)。为了追求利润,追求低成本,船龄老化,船员素质下降,配员幅度减小,管理能力差。

(2)没有绝对的权威,就没有绝对的责任,就没有强有力的管理,使船长的责任心下降,依赖性增大。管理不到位,再好的技术标准也难得到落实。

(3)没有船长的权力,不利于现场紧急情况的处理。

4.《海商法》规定(Regulations of Maritime Law)

在我国尽管海员立法还是空白,但在海商法中第三章第二节"船长"专门对船长在各种情况下的权力做了规定,明确规定"船长负责船舶的管理和驾驶"。我国 1993 年 7 月 1 日起施行的《海商法》,对船长的权利和义务作了规定。

1)船长的职责

(1)船长必须持有相应适任证书。

(2)船长负责船舶的管理和驾驶。船长在其职权范围内发布的命令,船员、旅客和其他在船人员都必须执行。船长应当采取必要的措施,保护船舶和在船人员、文件、邮件、货物以及其他财产。

(3)为保障在船人员和船舶的安全,船长有权对在船上进行违法、犯罪活动的人采取禁闭或者其他必要措施,并防止其隐匿、毁灭、伪造证据。船长采取该措施时,应当制作案情报告书,由船长和两名以上在船人员签字,连同人犯送交有关当局处理。

(4)船长应当将船上发生的出生或者死亡事件记人航海日志,并在两名证人的参加下制作证明书。死亡证明书应当附有死者遗物清单。死者有遗嘱的,船长应当予以证明。死亡证明书和遗嘱由船长负责保管,并送交家属或者有关方面。

(5)船舶发生海上事故,危及在船人员和财产的安全时,船长应当组织船员和其他在船人员尽力施救(注:国际规定和惯例都有不严重危及自身安全之前提)。在船舶的沉没、灭失不可避免的情况下,船长可以作出弃船决定;但是,除紧急情况外,应当报经船舶所有人同意。弃船时,船长必须采取一切措施,首先组织旅客安全离船,然后安排船员离船,船长应当最后离船。

(5)船长管理船舶和驾驶船舶的责任,不因引航员引领船舶而解除。

2)有关船长的其他规定

(1)船长的船舶优先权。船长、船员的下述海事请求,享有排序最先的船舶优先权:

①船长、船员和在船上工作的其他在编人员根据劳动法律、行政法规或者劳动合同所产生的工资、其他劳动报酬、船员遣返费用和社会保险费用的给付请求;

②在船舶营运中发生的人身伤亡的赔偿请求。

上述船舶优先权因下列原因之一而消灭:

①具有船舶优先权的海事请求,自优先权产生之日起满 1 年不行使;

②船舶灭失。

(2)船长在航行中死亡或者因故不能执行职务时,应当由驾驶员中职务最高的人代理船长职务;在下一个港口开航前,船舶所有人应当指派新船长接任。

(3)运输单证。提单可以由承运人授权的人签发。提单由载货船舶的船长签发的,视为代表承运人签发。

(4)货物交付。在卸货港无人提取货物或者收货人迟延、拒绝提取货物的,船长可以将货物卸在仓库或者其他适当场所,由此产生的费用和风险由收货人承担。

(5)船舶碰撞。船舶发生碰撞,当事船舶的船长在不严重危及本船和船上人员安全的情况下,对于相碰的船舶和船上人员必须尽力施救。碰撞船舶的船长应当尽可能将其船舶名称、船籍港、出发港和目的港通知对方。

(6)海难救助。遇险船舶的船长有权代表船舶所有人订立救助合同。遇险船舶的船长或者船舶所有人有权代表船上财产所有人订立救助合同:

①船长在不严重危及本船和船上人员安全的情况下,有义务尽力救助海上人命。

②救助方与被救助方就海难救助达成协议,救助合同成立。

(7)承运人的责任。船长、船员、引航员或者承运人的其他受雇人在驾驶船舶或者管理船舶中的过失,造成在责任期间货物发生灭失或者损坏,承运人不负赔偿责任。

《海商法》中这些条款与我国加入的国际条约不同的,适用国际条约规定,但我国政府声明保留的条款除外。

3)船长对船舶适航和保持船级的职责

国际《海牙规则》、《海牙—维斯比规则》、我国《海商法》第47条关于承运人适航义务的统一规定,要求船舶适航义务重在开航前和开航当时,并规定"承运人在船舶开航前和开航当时,应当谨慎处理,使船舶处于适航状态,妥善配备船员、装备船舶和配备供应品,并使货舱、冷藏舱、冷气舱和其他载货处所适于并能安全收受、载运和保管货物。"同时船长应注意到,海商法意义上的适航,和我们从安全角度所说的适航在时间、内容等方面的内涵是有区别的。

而港口国监督的目的在于保证船舶开航时和开航后的船舶适航和安全,其检查时机是在船舶到港后,要保证船舶在港口国监督中不被滞留,就得保证船舶始终适航。事实上,港口国监督制度对船舶提出了全程适航的要求。

就航海习惯而言,船舶适航应是在通常航海风险下,船舶适于海上航行而不至于明显危及船舶、人员、货物的安全,不至于明显存在污染海洋环境的可能。保持船级在于不发生使船级失效的情况。从保障海上人命财产安全和保护海洋环境的角度,船方应按照有关规定和海员通常做法,经常保持船舶适航和始终保持船级。

船长的适航和保持船级职责主要在于:

(1)在开航前和开航当时应确认:船舶的结构、强度、稳性、主机、辅机状况良好,能经受住该航次所经海区及其季节遇到的常见风险;船舶证书都在有效期内;

适当地配备船员,符合该船《船舶最低安全配员证书》要求,船员能够胜任航次任务;

船舶已适当地装备,即已按现行《国际海上人命安全公约》及有关规定配置好有效的必需设备和图书资料;

船舶已得到适当的供应,即已备足有一定安全余量的燃润油料、备品和物料、食品和淡水;

货舱及其他载货处所已经谨慎处理,能够安全地装载和保管货物;正确装载,满足稳性、载重线、强度、吃水差、系固和水密要求。

(2)船舶航行不超越本船船级证书的限制条件;未经主管机关或船级社同意,禁止对船体结构、布置和设备作随意改动;督促对船体、所辖设施和设备进行正规的维护保养,使之保持良好技术状态;教育和监督船员谨慎作业,避免对影响船级的设备和设施造成损坏;对影响船级的损坏或缺陷及时向公司报告并申请检验。

(3)在承载和装卸特殊货物,或遭遇恶劣天气等情况下,按海员通常做法谨慎处理,使船体、设施和设备处于良好的工作状态;谨慎航行,避免发生碰撞、搁浅或触礁等影响船级的事故。

(4)保证日常工作安排不会导致船员过度疲劳,不会影响船舶和人员的安全;保持船舶卫生状况良好;船舶配员、船员居住、工作和生活条件符合有关规定。

(5)按规定做好检查和操作记录,并予妥善保管。

二、公司对船长的权利与义务的规定(Company regulations about master's authority and obligations)

船长受船公司委托,负责船舶的管理和驾驶。领导全体船员贯彻执行党的路线、方针、政策，遵守国际公约以及国家法律、法规，熟悉和执行公司的安全和环境保护方针，根据船公司的要求安全优质地全面完成运输生产任务。

ISM规则要求公司以声明形式对船长的绝对权力承诺予以保证和鼓励。如下是公司总经理签发的船长权力声明：

授权船长采取一切必要措施，并有绝对权力采取决定性行动，保证海上安全，防止人员伤亡，避免对环境，特别是海洋环境造成危害以及对财产造成损失。

船长可在任何时候要求公司有关人员提供必要援助以便履行安全和防污染职责。

当人员或船舶安全受到严重威胁或对环境构成严重危险时，船长有权背离有关安全规定。

三、对船长权力的分析和思考(Analysis and consideration to master's authority)

船向何处航行、如何航行都是决策。决策可以集体作出，但指挥这条船只能是一个人。公约、规则、海商法和公司的综合体系文件都赋予了船长"绝对的权力"。船长的权力，可以理解为是法律赋予的权力。如果船长不知道公司对他的授权，那就属于重大的缺陷。这种缺陷是船舶将被滞留的缺陷。

1．"权力"与"权利"(Authority and right)

"权力"与"权利"这两个词在日常中看似可以混用，但在法律上是有严格区别的。

"权力"(Authority)，指的是公权，是行政强制的权力，如政府行使的权力。这种权力只能代表国家或集体的利益，决不意味着行使职权者任何的个人利益。

"权利"(Right)，指的是私权，通常与个人利益相联系，如法律赋予人民所享有的权利。"权利"是法律承认并保护的资格或能力，但并不意味着法律要求他必须这样做。

而"船长的权力"，用的是"力"，英文用的是 MASTER'S AUTHORITY，可以理解为被授予的权力，相当于"职权"，在职务的范围内行使船长的权力。它不仅指法律关系主体具有行为的资格或能力，而且也意味着他必须从事这一行为，必须行使自己的权力，必须履行自己的职责，否则就构成"失职"或"渎职"而违法，这一点船长们必须清楚。

2．绝对的权力(Absolute authority)

绝对的权力意味着有以下两点：

(1)任何人，任何方面都不应阻止或限制。"绝对"意味着只以某一条件为依据，那就是船长的专业性判断和其认为有必要，而不考虑其他条件，它具有最高性的特点。

(2)"绝对"又意味着它不需借助他人即可实现的权力，也不需要另外的认可，是一种法定的权力，它具有不可剥夺性。

对船长的"专业性判断和其认为有必要"，这种判断或认为没有加任何限定和修饰，如正确的或合理的等。这意味着任何人都不能以任何理由阻止或限制船长的职务行为。

由此可见，船长的绝对权力与官场中的绝对权利是两个截然不同的概念，船长的绝对权力就意味着负有绝对的责任和义务。

3．船长绝对权力的对象(Object of Master's absolute authority)

在 SOLSA 公约中 C5-R34-1(船长的决定权，master's discretion)规定："第Ⅸ/1条定义的船东、租船人、船舶经营公司，或任何其他人均不应阻止或限制船长根据其专业判断为海上人命安全(2004版为：安全航行)和保护海洋环境而作出或执行任何必要的决定。"从这条规定中应注意两个问题，一是船长权力的对象。二是船长权力的界定。规定的这种表述属于列举式规定，而且没有用范围模糊而广泛的"等"字。这意味着除了规定中列举的对象外，没有其他。因此,船长权力的对象就是船东、租船人和公司或其他任何人员。

ISM规则中"公司"在第Ⅸ/1条定义"系指船舶所有人或其他组织或个人,诸如管理者或光船租赁人,他们已从船舶所有人处接受船舶营运的责任,同意承担国际安全管理规则规定的所有责任和义务"。不难看出船舶管理公司符合此定义。"或其他任何人员"(or any other person)的含义是指以个人名义的人员,应包括不在执行公务的个人。

因此船长的权力就是针对公司、租船人、管理公司提出的,由此我们还可以理解为船长的绝对权力不能针对来自国家、政府、当局的行政权力的规定、要求等。海事主管机关为维护公共管理秩序,预防和制止危害社会事件或违法行为、危险状态,以及不利后果的发生,依法对船舶采取必要的行政强制措施时,船长必须执行,否则将承担相应的法律后果。它具有行政的强制性和单向性。对国际公约、规则、法规、规定等也必须遵守,不得违反。因此船长的绝对权力与官场中的绝对权利是不同的两个概念。

4. 绝对权力范围的界定(Identification of range of absolute authority)

在船舶安全问题上,船长应该是一言九鼎的。同时对船长的这种权力的范围是有严格界定的,那就是"根据其专业判断为海上人命安全和保护海洋环境而作出或执行任何必要的决定。"因此,船长的权力就是界定在海上人命安全和保护海洋环境的范围之内,凡是涉及或影响船舶安全和防污染的问题,船长都有权决定,并且应该得到完全的支持。这种对船舶安全和防污染的涉及和影响可能是直接的,但也可能是间接的,如船员配备、规章制度的修改或制定等等。同时,船长的权力应理解为是日常管理的权力,不是操纵船舶或在紧急情况下才有的权力。

(1)ISM规定的目的是鼓励船长履行安全和环境保护方面的义不容辞的职责,并防止船长在紧急情况下就安全和环境保护方面作出的专业决定受到公司、船东、租船人等方面的压力和干扰。明确船长对涉及船员、环境、船舶及其货物安全的责任和权力是船岸关系中的一个重要方面。如果要把最高管理层对SMS的承诺和公司为加强安全和环境保护采取的措施,放到船上有效实施,就应充分鼓励并协助船长履行自己的职责与权力,完全实施SMS。

(2)公司用SMS文件赋予船长的首要职责,就是执行公司的安全和环境保护方针。SMS文件是为了贯彻公司安全和环境保护方针的具体化,安全和环境保护方针是SMS的灵魂。船长对公司的安全和环境保护方针的执行包括:

①必须站在方针的高度看待SMS,当发现SMS具有与方针不相符合乃至违背之处,则应依据方针妥善处置;

②对SMS文件未涉及的事宜,依据方针处理之;

③必要时,为了安全和防污染目的,依据方针背离SMS文件的某些具体规定;

④依据方针复查SMS文件,并提出完善建议。

应当注意的是,强调船长重视执行方针,并不意味着可以轻视SMS文件规定,或可以随意背离SMS文件规定,而在于使SMS文件能更完善地支持方针,从而使方针得以更完美地服务于ISM规则的安全和环境保护目标。

(3)激励船员。规则要求船长激励船员,首先,是因为船员处在安全与防污染的第一线,其体系的响应程度直接左右着安全效果;其次,是船舶流动性大,指定人员和有关部门虽可通过分析船上记录和偶尔上船抽查SMS的执行情况和有效程度,但监督频度和力度终究有限,这就需要船长分担并履行职责。

规则明确船长具有激励船员的责任,这对SMS的船上运行效果意义重大。再好的管理本系，只有通过有具备一定素质的人员对体系的积极响应，才能实现其目标。人员对体系的响应程度，决定了既定体系的实施效果。人员响应管理，是指人员对管理体系的响应程度和持久性的控制，以激励人员的响应积极性为直接目标，通过机制激励、信念激励、观念激励等方法加以实现。激励船员，就是要激励船员积极响应 SMS。

(4)船长绝对权力。岸上管理层所实施的任何检查和协调制度，都应保证船长具有绝对的权力和决策权，以便船长从旅客、船员、船舶和海洋环境的最高利益出发，采取任何行动。

(5)行使绝对权力的时机。既然船长的权力是日常管理的权力，那么行使船长的权力应是不必研究时机的，因此也就不必宣布或声明"我现在要行使船长的绝对权力了"。但很显然，船长根据自己的专业判断不得不针对权力的对象行使自己的绝对权力时，必然是遇到紧急的、重大的情况，或在安全和防污染的职业判断受到来自船东、租船人和公司等的不当干涉时，不得不违反公司制订的程序时才得以行使。

为了做好船舶的管理工作，必须正确理解船长的权力：

①船长的这种权力相当于职能管理的权力，相对公司而言不是"服从"的关系。而是不应阻止或限制，仅此而已。

②船长的这种权力是有严格的界定的，那就是"为了海上人命安全和保护海洋环境而作出或执行任何必要的决定"。反过来说，船东的指示只要是不涉及船舶安全和防污染，船长都应遵从，即使船长认为服从是损害船东利益的，包括事故的善后处理。但船长可做适当的说明和记录，如认为事关重大，可递交"船长声明"或"船长事实记录"，用于备忘。

③这种权力是日常管理的权力，不是在紧急情况下才有的。如不行使或不能行使船长的权力，就等于是失职或不作为，甚至渎职。

④船长的权力是法定的，是建立在法律的基础之上制度化了的权力，称为职权。公司只要聘任你为船长，在确保航行安全和船舶日常安全管理工作中，就意味着你具有这种权力，这与具体某个船长的素质、资历等没有关系。

⑤船长权力和公司监控之间的关系。这是做好船舶安全管理工作一个问题的两个方面。船长对船舶以及当时的环境和情况最了解，同时由于法律对船长赋予的权力，使船长具有了比公司更有利的对抗第三方的地位和权力；而公司的监控可以为船舶提供必要的岸基支持，及时发现船长可能的失误。

公司的岸基支持根据 ISM 规则又可分为两种，一种是"可能需要"(as may be necessary)(ISM C5.2)，这种需要可能是船长的，也可能是公司的；还有一种是"按需要"(as required)(ISM C4.0)，专指船长的要求。由于法律对船长的权力的赋予，使船长在船舶安全管理中的地位发生了变化，公司给的只能是建议性的、协助性的、支持性的。而有的船长习惯了公司或领导的指示，没有权力意识，放弃了自己的职责，不管其后果。有的船长甚至认为反正你们公司给的都是建议性的，当遇到了紧急情况也不报告，这是对船长权力和公司监控的曲解。"建议性"的并不是不负责任的，但是否采纳是船长的权力，即使采纳，责任也是船长的，任何时候都不能把公司推到不利的诉讼地位。保护公司的利益，这是船长起码的常识。这与对经营性的不涉及船舶安全的调度命令不同，这是命令性指示，船长必须服从，即使船长认为执行是损害经营者利益的。

法律和公司赋予船长的权力，并不是为了船长个人，而是为了船舶安全管理和防污染的需要，使船长"以便作出关于安全和防污染事务的决定，并在必要时要求公司给予协助"。但是在生产力水平总体不高的情况下，在经营、管理、船员日益市场化，逐渐以各种形式分开的情况下、安全与生产效益的矛盾将会相当长时期存在,“安全第一”观念的确立,安全基础建设将是一项长期的任务,完全实现船长的权力还有待时日,但总体上是朝着这个目标在努力。

四、船长与公司的权利关系(Relationship of right between Master and company)

1. 船长的权力与公司的权利的关系(Relationship between Master's authority and company's right)

SOLAS公约中对船东、承租人、公司或其他任何人员的要求是“不应阻止或限制”船长的权力,因此不应理解为服从,没有必要感到失落。更不是领导与被领导的关系的颠倒。当船长履行他的权力时,与公司的关系没有变,管理、指挥、领导的关系是不可能颠倒的。不阻止或限制,我们说的积极一点是支持。

公司的责任在ISM规则中规定:“指定人员的责任和权力应包括对各船的安全营运和防止污染方面进行监控(monitoring),并确保按需要(as required)提供足够的资源和岸基支持。”这一规定和变革,实质就是把公司由原来意义上的指挥、控制的管理功能,改变为岸基支持、协助和服务。通过船长的工作,来实现公司的管理目标:船舶安全和环境保护。

2. 公司监控的权利与管理的权利(Monitoring and management right of company)

岸基支持不仅包括了人力、物力、财力,还包括信息、法律、理论、公关等方面的支持、指导和提示等多种方式和方法。显然,这里的“监控”不是监护,就像对没有行为能力的人那样,公司的责任不是监护人。“监控”更不是遥控,也无法遥控。再主动的保姆式管理,也不可能最终替代船长的作用。而是当船长需要时提供足够的资源和岸基支持。规则规定的“公司应当在船上实施的安全管理体系中包含一个强调船长权力的明确声明。公司应当在安全管理体系中确立船长的绝对权力和责任,以便作出关于安全和防止污染事务的决定,并在必要时要求公司给予协助”。这一规定表明了赋予船长权力的目的,就是以便船长作出关于安全和防止污染事务的决定。这也说明了公司的责任,就是在船舶需要时提供协助和支持。

五、ISM规则对船东公司或管理公司的要求(Requirements of IMS Code on Shipowner company and management company)

ISM规则是国际海事组织经过多年研究制定的,是一套既有理论基础,又有实践背景,适合于所有从事船舶安全管理的航运企业的国际通用标准,具有独特的特点和最低要求的基本功能。

ISM规则生效后,从根本上改变了对适航的观念,从单纯的技术角度,转向了合格的设备、技术加合格的人。规则的目的就是将对船舶的管理系统化、规范化、文件化、程序化,来规范人的行为,使之符合国际规则、行业标准,达到安全和保护环境的目的。这在一定程度上解决了对人的素质的过分依赖的问题。

应充分认识到,规则的生效,不仅改变了船舶的管理,同时也增加和延伸了船东的责任,如公司的制定责任、执行责任、培训责任等。因为船舶发生的任何问题几乎都可归于管理上的问题。

规则的产生有着深刻的背景,人们通过对航运事故的分析,尤其是对几起震惊世界的油船污染事故的教训,发现设备、技术上要求的不断提高,并没有使事故率下降。事故有80%与人的因素有关。但“人的因素”(human factor)在很多引用中被异化成了“人为因素”(man-made factor)。二者的差异也许是微妙的,但其含义和推定的结果却是不同的。“人为因素”很容易使人得出这样的结论,事故都是当事人造成的,而忽视了从管理上,尤其是从岸上的管理上找原因,使船员承担了额外的责任。在人的因素中有80%与管理因素有关,而在管理因素中,又有80%与公司、岸上的管理有关。因此,对事故的分析,由于没有找到真正的原因,既不能使人心服口服,也不能真正地吸取教训,而成为后世之师。

六、ISM规则对船东公司和管理公司确立的新认识和新观念(New cognition and concept of ISM code to Shipowner company and management company)

1. 船长(Master)

船长必须改变视船东、公司为领导,下级服从上级的观念,树立船长在事关船舶安全和防污染问题上的权力意识船长在现场,船长最了解船舶所处的环境和情况,应该如何做最有利,最安全,船长应最清楚。同时也要求船长在需要岸基支持时,要学会如何"请示",必须要有自己的分析和判断,要有自己的决策意图,决不能两手一摊,只等上级的指示。

"顾客就是上帝"是商场上最流行,最时髦的一句口号,但作为船长必须改变视营运人、租船人为上帝的观念。这只是一个商业口号,不适用于安全管理。也就是说船长针对营运人、租船人的指示、命令或要求,首先应考虑它是否符合公约规则、法律法规和船舶的安全,而不是不分青红皂白的盲目执行。应该看到,他们为了效益最大化,各尽职责,各为其主并没有错。但更应看到在法律上他们是不负船舶安全管理责任的,也不可能要求他们有像船长一样的安全意识和业务水平。因此,对来自营运人和租船人的危及船舶安全的指示或命令时,船长可以拒绝执行。一般遵守游戏规则的营运人和租船人也不会过分干涉船长的安全决策权。那些要求过分的租船人,有时仅是为了下一步扣租金埋下伏笔而已,船长切不可在安全问题上动摇。即使船长服从了,而出了安全问题,责任仍是船长的,租船人将会推得一干二净。但对来自营运和租船人方面的营运命令,只要不危及船舶的安全问题,只要不违背公约规则、法律法规,船长必须执行。船长如果采纳了岸基的建议,应视同自己的决策,因为船长才是船舶安全的责任人 任何时候不能用岸基的建议当作公司的指示去对抗第三方,绕来绕去仍把公司或船东绕进去了,而变成了公司责任,使公司陷入不利的商务纠纷。

2. 岸基部门(Shorebased division)

岸基部门也有观念转变的问题,必须改变长期以来的"保姆式"管理方式。因为,这既不符合规则,也不适应市场。更大的问题是它不是一个安全的长效机制。

"保姆式"管理的最大问题是依赖性和责任心。它影响船长的成长,影响船长独当一面的心理承受能力的增强,影响船长独立处理问题的判断力和决断力的提高。这样的教训已经有过了。现在有识之士都在反对或改变"保姆式"的管理,包括对子女、学生的教育,正所谓"抱着的孩子长不大"。为什么我们还在强调执行"保姆式"管理呢?怕出事故的短期行为是达不到公司长效安全的目的的。

3. 船东(Shipowner)

公司应正确理解船长权力。公司如何做到既遵守了规则,尽到了公司监控的责任,又避免了船东或公司的"故意",确实有个方法问题。那种"指示"甚至"命令"船长的简单做法已经不适合要求了。有关的管理人员要知道和理解这些相关的规定,尊重船长的权力,做到公司应该做的,避免船东责任,避免在安全问题上对船长的实质性的不当影响。这样才能发挥船长作用,做好安全工作。

作为船东,要树立船东观念。不仅要有商业诚信,还要有安全诚信,理解安全与经营的关系，安全与成本的关系，安全与上市公司的信誉影响的关系。安全并不直接创造效益，但所有的效益中都有安全的一份贡献值。安全不仅只是资金投入，更是一种有丰厚回报的战略投资。如何树立安全第一的权威地位，应遵守一些基本的“游戏规则”。

由于法律对船长的授权，由于这些规定的变革，实质就是把公司原来意义上的指挥、控制的管理功能，改变为岸基支持、协助和服务。公司通过船长的工作，来实现公司的管理方针和管理目标：船舶安全和环境保护。

公司在自己责任上应尽到公司的责任。比如，派合格的、具有指挥能力的船长是公司的责任。ISM 规则中规定：“公司应当保证船长：

(1)具有适当的指挥资格；

(2)完全熟悉公司的安全管理体系；

(3)得到必要的支持，以便可靠地履行其职责。”

也就是说，公司如果有证据证明船长不具备适当的指挥资格，就不应该聘任其为船长。这种指挥的资格，不仅需要技术上的资质，还包括管理上的合格。因此只要公司聘任其为船长，就意味着公司满足了以上保证的 3 条。在这点上，船长的权力，与船长的素质和资历没有关系的。当然，船长这个群体也是存在个体差异的。如这种差异属不适任，那就只能用市场竞争的办法进行培训、换岗、淘汰；如基本适任，则是公司知人善任的问题，但必须“具有适当的指挥资格”。船舶的安全管理不同于陆地上工厂的车间班组，它需要绝对的权力、绝对的责任，对船长的权力不论是船长还是岸基都应正确地加以理解。

第十一章 船舶应急
(Emergency & Contingency)

船舶工作是高风险的工作,受到船舶、环境的影响比较明显。特别是,船舶进出港时往往会遇到通航密度大,航道狭窄和航行难度大的问题。在此过程中,船舶主机或其他设备突然发生意外情况是很难绝对避免的。一旦发生意外情况,则应立即采取相应的应急措施。为此,不但应重视驾驶人员进出港口时个人应急处理能力的训练与培养,同时要求他们在应急工作中能发挥团队精神,共同积极采取有效措施应对和化解危险。本章将着重讨论船舶应急上的问题。

第一节 船舶紧急情况
(Emergency on Board)

一、船舶紧急情况(Emergencies and contingencies)

所谓紧急情况(Emergency),牛津英文字典将其解释为"一个突发的、严重的、需要立即采取行动的事件或局面";剑桥字典将其解释为"一个意外的,需要立即采取行动的事件"。所谓偶发事件(Contingency),牛津英文字典解释为"可能发生或不发生的事件";剑桥词典解释为"一个在将来易于发生但不一定发生的事件、偶然的事件"。

突发性是各类安全事故、灾害与应急情况的共同特征,有些突发事故没有任何可查的先兆,一旦触发,迅速发展蔓延,甚至失控。应急活动的复杂性主要源于:灾害、事故或事件影响因素与演变规律的不确定性和不可预见的多变性;参与应急处理人员的分工的不明确性、人员之间的协调性以及应急活动指挥员决策的正确与果断性。

应急处理是指船舶在突发紧急情况或偶发事件时的应急方案、处理、行动等。在整个船舶营运过程中,由于外界环境、航行水域附近的他船、本船等各方面的原因,常常会产生各种紧急事件,而对这些紧急事件处理的好坏,直接关系到船舶财产、人命和环境的安全。

二、主要的紧急情况(Categories of emergencies and contingencies)

船舶主要的紧急情况有:碰撞(Collision);搁浅/触礁(Grounding/Stranding);火灾(Fire);浸水(Flooding);堵漏(Damage Control);弃船(Abandon Ship);人落水(Man Overboard);搜救(Search & Rescue);主机故障(Main Engine Failure);舵机故障(Steering Gear Failure);航行设备故障(Navigation Equipment Failure);医疗和急救(Medical & First Aid);危险货物(Dangerous Goods)、保安(Security)等。

三、应急部署表(Muster List)

船舶所处的环境复杂多变,随时可能发生各种危及船舶和人命安全的紧急事件。为了避免严重后果,把损失减到最低程度,每一艘船舶,都应根据人员状况、本船设备和情况制定针对各种变故的应变计划(Contingency Plan)和应急部署表(Muster List)。所有船员应该严格按应变计划和应急部署表的要求,定期进行训练及应变演习,使预定方案变成船员的本能。从而在发生紧急情况时能迅速协同抢救,正确熟练地使用各种应急设备,有效地控制局面。

应急部署表和应变计划既是船舶发生海事时应采取应急措施的计划,又是平时进行应急演习的检查依据。每一船舶应根据本船的设备和船员技术状况及人员数量,编制应急部署表和应急须知,规定船舶在各种紧急情况下的组织分工及每个船员的岗位和职责。

(1)我国规定200总吨及以上的中国籍船舶应配备由我国港监和船检认可的统一印制的货船或客船应急部署表。

(2)应急部署表由三副根据大副的部署意图负责具体的编制工作,经大副审核、船长批准签字后施行。应急部署表应张贴在驾驶室、机舱、餐厅、主要走廊及其他船员集合的场所。

(3)应急部署表应在船舶出航前制定,制定后,如船员有变动应修订或制定新表。

(4)应急部署表应本着下列原则进行编制:

①应结合本船的船舶条件、船员条件、客货条件及航区自然条件;

②关键岗位、关键动作应指派技术熟练经验丰富的人员;

③根据本船的具体情况,可以一职多人或一人多职;

④人员的安排应有利于应急任务的完成,这些任务包括:关闭船上水密门、防火门、舷窗或其他类似的开口;准备、降落救生设备;集合乘客;使用通信设备;指派消防人员及使用消防设备及装置。

(5)应急部署表应包括的内容:应急部署表的内容重点应放在具体任务及其执行人的安排上。明确每个船员在各应变部署中应携带的设备、器材及工具,应奔赴的现场及岗位,应完成的任务与职责。

根据SOLAS公约规定,任务栏目中应包括:

①船上水密门、防火门、阀、流水孔、船舷小窗、天窗、舷窗和其他类似开口的关闭;

②救生艇筏和其他救生设备的配备;

③救生艇筏的准备工作和降落;

④其他救生设备的一般准备;

⑤集合旅客;

⑥通信设备的用法;

⑦指定各防火区域的消防队人员;

⑧使用消防设备及装置方面的专门任务。

在客船上还应指定服务部门的船员完成以下工作:

①向旅客告警;

②查看旅客是否适当地穿好衣服,以及是否正确地穿好救生衣;

③召集旅客于各集合点;

④维持通道及楼梯的秩序,并控制旅客的动向;

⑤保证把毛毯送到救生艇上。

四、应急须知(Emergency Notice)

SOLAS公约要求船上每个人员应配备一份必须遵循的应急须知;我国船上通常将应急部

署表中每个人的职责分别制成应变任务卡(俗称床头卡)分派给相应的船员。

客船上应在乘客舱室、集合地点及其他乘客处所张贴用适当文字书写的图解和应急须知,向旅客通知:他们的集合地点;应急时必须采取的行动;救生衣的穿着方法。

五、应变计划(Contingency Plan)

按照 ISM 规则的有关规定,对船上可能出现的紧急情况,船公司应当考虑船上可利用的资源,建立标明、阐述反应的计划和程序,建立确保计划和程序得以执行的核对表,熟悉(计划和程序)、培训、演习、训练以保证人人作好应急准备。例如,当船舶行驶在狭水道或拥挤水域或近距离追越另一艘船时,主机突然自动减速,作为第一反应,驾驶台值班驾驶员应知道如何利用切换开关来维持操舵或驶离危险区的足够动力。例如,在海上突然断电,驾驶台值班驾驶员应知道切换所需的所有设备并在情况紧急时知道如何切换到相应的单元或系统。如,在东方海外货柜航运有限公司(OOCL)的 S 级船上,应急电源仅供给 1 号操舵机构。在制定船舶应急计划时应当考虑包括下列内容:

(1)船上的职责分工;

(2)为重新控制局势应采取的行动;

(3)船上使用的通信方法;

(4)向第三方请求援助的程序;

(5)通知公司向有关当局报告的程序;

(6)保持船岸间的通讯畅通;

(7)处理与媒体或其他外部单位关系的程序。

船公司应根据不同船舶的种类、结构、设备和航行性质制定包括但不限于下列紧急情况的应急计划:结构损坏、主机失灵、舵机失灵、断电、碰撞、搁浅、货物移动、货物泄露或污染、火灾、货物抛弃、大量进水、弃船、人员落水/搜救、进入封闭空间、严重受伤、暴力或海盗行为、直升机操作及恶劣天气损害。

如果船上所发生的险情未被上述已列明的情况包括,船长应及时召集驾驶台团队成员针对当时情况的特点,制定应变计划,其中应该包括:

(1)确认险情;

(2)制定相应应变计划;

(3)向驾驶台团队成员通报应变计划并征求他们的意见;

(4)就经商讨的最终计划达成一致意见;

(5)监督最终计划的实施。

应变计划中的应急程序应向船长提供处理各种组合应急情况的决策支持方案。

六、船舶油污应变计划(SOPEP)

根据规定(MARPOL73/78 附则 I 第 26 条),150 总吨及以上的油船和 400 总吨及以上的非油船应具备有经主管机关认可(我国由海事机构认可)的 SOPEP。该计划应符合 IMO《船上油类应急计划编制指南》的要求,并用船员的工作语言编写。

1. 制定油污应变计划的目的及要求

SOPEP 的目的是帮助船员在船舶意外排油时,采取必要的措施控制或尽量减少排油、减轻油污损害。

为了使船员面临应急情况时避免混乱、延误时机、措施失误，因此 SOPEP 的编制必须做到：

(1)确切、可行、易于操作；

(2)能被船上人员和岸上的船舶管理人员理解；

(3)应定期进行评估，检查和修改。

2. SOPEP 的内容

SOPEP 至少应包括 4 部分的内容，即：船长或负责管理该船的其他人员在报告油污事故时应遵循的程序；油污事故中需联系的单位或人员的清单；为减少或控制排油船上应采取的应急措施；在油污应急行动中，船舶与沿岸国、地方当局取得联系的程序和要点。

1)油污事故的报告

船舶在发生或可能发生油污事故时，应及时向沿岸国报告：

(1)实际排油的情况：

①船舶或其他设备受损，或为保障船舶安全、人命救助所致的排油；

②船舶营运中，油类排放的总量或瞬时排放率超过所规定的允许值。

(2)可能发生的排油情况：

船上发生下列海上交通事故后，船长判断可能造成排油情况时，也应报告：

①船舶发生碰撞、搁浅等影响船舶安全的损害；

②影响船舶适航性的重要设备，如舵机、推进器等故障或失灵；

③报告的内容包括：船上货物/燃料油的数量和种类/损坏概况；污染概况，包括溢油量、天气、海况；船舶资料等。

2)减少和控制排油应采取的措施

不同类型的船舶采取的应急措施可能有所不同，但 SOPEP 至少应向船长提供包括操作性溢油和海损事故溢油两方面的应急措施的指导。

(1)操作性溢油应急措施，包括防止下列 3 种泄漏油的措施和应急反应程序：

①管道漏油；

②舱柜漏油；

③船体泄漏。

(2)海损事故性溢油应急措施：

海损事故指船舶发生搁浅、火灾或爆炸、碰撞、船壳破损及严重横倾等情况；SOPEP 应针对上述各种事故分别制定应急措施。

第二节 应急处理与程序

(Emergency Handling and Emergency Procedures)

对于船上发生紧急情况，进行及时、正确的处理的前提是做好准备，这些准备工作包括：建立处理紧急情况的计划和程序；建立确保计划和程序得以执行的核对表；熟悉船上可利用的资源；熟悉船舶安全(应急)设备；保持安全(应急)设备得到良好维护；定期熟悉(计划和程序)、培训、演习、训练以保证人人作好应急准备。永远要切记：事前预防比事后补救好。

一、应急反应的基本原则(General principles of emergency response)

每个紧急情况都有其自身的特征,因此不可能事先作出一个包括所有必需措施的详细程序。核对表里提供的指示可认为是一个有用的提纲,但可视情况,进行改动以迅速扭转局面。

1. 立即行动(Immediate actions)

任何事故的最初时刻是决定性的。发现事故的第一人如果能及时采取适当而有效的行动,可以在很大程度上减小事故的损失。比如,值班驾驶员在夜间发现人员落水,最重要的措施是抛下带自亮灯和烟雾的救生圈,它不仅为落水人员提供了可利用的浮具,更重要的是,它能够指示落水者的最或是位置。这一行动被延迟几分钟,也许使落水者被成功救起的可能性大大降低,特别是海水温度比较低的时候。

2. 警报(Sound emergency alarm)

发出遇险警报是重新控制局面的重要前提。绝不能等到局面变得极端危险时才通知他人。要及早请求帮助,哪怕事后证明是没有必要的。如果一个船员在甲板上发现了海盗,他的最重要的行动不是冲上去将海盗赶下船,而是拉响警报。接下来的重要工作是将遭遇海盗攻击的遇险报文用船上的通信设备发出。事实证明,如果海盗在没有有效控制驾驶台时即被发现,他们通常会放弃攻击。从这个角度上来说,船员应该熟悉船上所有警铃以及其他可用于报警的设备的位置。

3. 呼叫船长(Call master)

船长对全船负有安全责任,是船舶的领导,同时也是经验最丰富的人员。通常,局面恶化后要呼叫船长。

4. 获得帮助(Get help)

值班驾驶员在启动船舶对事故的反应中起至关重要的作用。然而,值班驾驶员的首要职责是保持船舶安全航行,因此,他需尽快得到帮助。使用核对表,启动预定程序,因此事故发生后,值班驾驶员应知晓如何立刻开始反应。

二、船舶在紧急情况下保护船上人员安全的行动(Human protection action on-board in emergency)

1. 保护人员安全的行动准则(General principles of human protection)

船舶在紧急情况下,最优先的措施是保证人命安全,因此应遵循下列原则:

(1)首先检查是否有人员伤亡;

(2)然后判断是否需要救助;

(3)最后决定是否弃船。

2. 保护人员安全的行动(Human protection action)

1)将人员撤离至安全区域

船舶发生碰撞、火灾、爆炸等紧急情况时,除迅速采取必要的应急措施外,应将旅客撤离事故现场,转移至安全区域。遭遇海盗袭击时,如可能,应将船员、旅客迅速撤至预先设定的安全区域。对于武装海盗,应放弃抵抗的企图,以避免不必要的报复行动和伤亡。

2)伤员救治(Curing of wounded person)

船舶发生紧急情况后,如有人员受伤时,若在港内可立即联系送往医院治疗,若在海上可根据船舶的具体情况,按照船舶医疗指南的指导,由负责的驾驶员进行治疗。当因伤势严重、船上条件限制等原因无法进行有效治疗时，应经船长请示船舶所有人后申请医疗援助或驶往最近港口治疗。

3)争取外界援助(Get help from outside)

船舶发生紧急情况，特别是较严重的海上交通事故时，应首先立足于自救，即按应急部署尽力采取必要的应急措施进行自救。如果船舶受损程度已超出自救的可能范围，或经自救努力之后仍无保证安全的希望时，则应在继续采取自救措施、争取时间的同时争取外界的救助。

4)决定弃船(Decision of abandoning ship)

经努力而船舶确已无法挽救且将危及人身安全时，船长可作出弃船决定。但是，除紧急情况外，应当报经船舶所有人同意。弃船时。应按先旅客、后船员、船长最后离船的原则，有秩序地安全、迅速离船。客船决定弃船后，应按应急部署表的规定，指派船员专项负责指导，引导和保护旅客，包括向旅客告警、指导、检查旅客穿好衣服和救生衣，召集旅客到各登乘点并登艇，维持通道及梯道上的秩序，控制旅客的动向，保证把毛毯送到船上，检查旅客舱室有无遗漏人员等。尽力抢救航海日志、轮机日志等重要的文件。

三、船舶应急反应程序(Emergency response procedures)

根据ISM规则的要求，公司应建立标识、阐明和处理船舶潜在应急情况的程序；应建立准备应急行动的操练及演习的计划；SMS应提供保证公司的机构能在任何时候对涉及船舶的险情、事故及应急情况作出反应的措施。

公司建立的应急程序通常通过SMS体系中的“船上应急手册”体现出来，“船上应急手册”是船上应急程序的集合，是船上应急反应的依据。

1．火灾/爆炸反应程序(Fire/exploding response procedure)

(1)船员发现火灾，应立即发出消防警报，警铃或汽笛短声，连续1min，并报告驾驶台值班驾驶员、船长，船长立即上驾驶台指挥；一水按“国际海上避碰规则”规定，显示号灯号型。

(2)全体船员听到警报信号后(除固定值班人员外)，应按“应变部署表”的分工，携带规定的消防器材迅速赶到现场，按分编四队(消防、救护、隔离和机动)集合待命，并作好灭火的一切准备工作。

(3)现场指挥大副应率领消防和隔离队长，迅速弄清火警部位、火种性质、火情和趋势、以及火警部位周围的有关物品等，立即报告船长并确定施救方案，指挥各队人员投入扑救。船长和大副还应根据火情发展，及时组织力量和调整部署。

(4)消防队应在队长三副和水手长的领导下，直接担负现场灭火，该队可根据不同性质的器材划分若干小组，如负责CO_2站和蒸汽灭火系统小组、负责水灭火系统小组、负责手提灭火机小组等；在灭火中若某类器材不适用，可将该组人员充实到其他各组执行任务。

(5)隔离队应在队长木匠和轮助的领导下，根据火情关闭门窗、舱口、风斗、孔道等；并截断局部电路和油路以及隔离燃烧物质；冷却火区边界和检查相毗连的舱室有否危险货物或易燃、易爆物质，应从速隔离、防止火势蔓延。

(6)负责救护船员负责救护伤员。

(7)机舱值班人员在轮机长的领导下，应尽快启动甲板水泵等及时供水，并提供其他应急服务，并确保主机、付机和电机设备等完好运行；当机舱失火时，其风险程度很大，轮机长为现场指挥，应率领机舱船员确定施救方案，在大副和消防队的积极配合下，首先使用有效灭火试剂或消防水灭火；若无法扑灭，然后使用固定的CO_2系统或蒸汽灭火系统灭火，因用固定灭火系统将会导致船舶失去机动性能的结果。

(8)若甲板失火时，其潜在危险性很大，在航行中船长应操纵船舶，使火区处于下风方向；若必要的话应停止前进，以减少甲板上的气流和减小火势的蔓延，以助保护居住舱室和机舱间的安全；在停泊中还应将所有货舱口关闭妥当，以防止进水，影响船舶的稳性和危险货物；若有可能，应转移邻近区域易燃、易爆物质和危险货物，以免引起火势蔓延和爆炸。

(9)若居住舱室失火时，可通过烟雾探测器探测失火舱室的部位，并及时了解防火舱壁的位置和关闭自动防火门，以助控制火势和防止火势蔓延；同时使用有效灭火试剂或消防水龙扑灭火灾。

(10)若货舱失火时，由于货物的影响，可能难以进入货舱内的失火点，惟一可选择的灭火手段，是使用固定灭火系统；应立即停止通风，撤离舱内人员，并及时关闭货舱口，尽量隔绝或减少空气流通；按现场指挥的命令，正确地启闭各路阀门，根据恰当的数量施放 CO_2 灭火系统或蒸汽灭火系统，扑灭火灾。

(11)船舶在港发生火灾，应立即通知当地和港口消防部门，当有外援灭火时应向外援人员详细介绍火场情况，并予以积极配合，共同扑灭火灾；还应立即停止装卸作业，视情做好拖带出港准备，并令机舱备妥主机待命。

(12)灭火工作一经完成，即应进行常规检查，尤其应核查着火点，防止"死灰复燃"，只有当确认无复燃可能后，施救人员才可撤离现场。

(13)火灾中若遇人员伤亡或造成环境污染，应按相应程序处理。

(14)若火灾引起爆炸，经抢救确属无效时，可宣布弃船，应按弃船程序处理。

(15)二副和大副应将起火时间、部位原因、灭火经过、火势受控、扑灭时间、货物受损程度、船体及机器设备损伤情况，谨慎、详细地记入航海日志。

(16)船长应按相关报告程序，向公司和海事当局、消防部门报告。

2. 船舶碰撞反应程序(Collision response procedure)

(1)当船舶处于紧迫局面时，为保证人命安全、减小损害风险和可能的环境污染，值班驾驶员应采取下列有效行动.并立即报告船长上驾驶台。

①应立即采取正确行动操纵船舶，尽量利用主机、舵机、侧推器和锚设备等减小碰撞的后果；

②密切守听 VHF(16 频道)和其他适用的工作频道；

③必须立即通知船长和轮机长，并发出紧急警报信号；

④关闭所有的水密门窗和自动防火门；

⑤召集全体船员准备和控制损害。

(2)若在船舶碰撞中发生火灾或进水，应按火灾或进水程序，有效控制局势。

(3)船长应督促现场指挥大副，领导船员进行损害检验，立即派木匠测量各污水沟、压载舱和淡水舱位，并通知机舱测量油舱油位，迅速测定被损部位的情况，并应随时将损害和污染的程度报告船长。

(4)轮机长应负责机舱内的损害，并对主机、辅机、舵机等机舱设备的损害作出估计和抢修，并报告船长；并且按指示在舱柜之间转移燃油和压舱水等工作，并提供船舶有关电力和辅助机械等方面的各项服务。

(5)船长应根据大副和轮机长的报告，采取行动维持船舶安全状况，减小损害和污染的程度；若发生人员受伤，应按急救程序，进行有效抢救。

(6)当一船撞入他船船体时，船长应视情采取慢车顶推或倒车退出等措施；若被撞船处于危急状态，则在不严重危及本船安全的情况下，应尽力提供合理的援助，包括救助对方船员或协助被撞船舶抢滩等。

(7)被撞船则应采取减速或停船措施，以利两船保持撞击咬合状态，并尽力操纵船舶使破损位置处于下风侧，以减少波浪冲击和进水量，还有利于实施堵漏作业。

(8)船舶碰撞双方，应完成交换有关船名、呼号、船籍港、船舶登记编号和出发港/目的港等情况；船长还应交给对方船长一份“碰撞责任确认书”，要求对方船长签字并盖船舶公章。

(9)对方船长要求本公司船长签署“碰撞责任确认书”时，船长应当详细地斟酌其内容，并明确地批注“仅限收讫”或“此签字并不表明承认我方的责任”。

(10)船长应指示值班驾驶员做好详细记录，并保存好原来的海图作业和相关海图，酌情记好航海日志，以便于海事的调查处理；船长还应尽力收集证据、证词，并在取证中应对另一方所受损害，作出一份详细报告。

(11)若情况紧急，船长有权请求第三方的救助，并按请求第三方救助程序处理。若碰撞损害严重，且确属无力抢救时，船长可决定弃船，但应按弃船程序处理。

(12)船长应按相关报告程序，向公司和有关当局报告。

3．搁浅/触礁反应程序(Grounding/stranding response procedure)

(1)当船舶即将搁浅/触礁时，值班驾驶员应立即采取主机停车措施，并在搁浅/触礁前抛下左、右双锚，双锚不仅能起锚泊装置的作用，并且又可帮助自力脱浅。

(2)船舶搁浅/触礁后，应立即报告船长，并上驾驶台指挥，一水应按“国际信号规则”和“国际海上避碰规则”的规定及时悬挂号灯、号型；并同时发出紧急警报信号。

(3)现场指挥大副应指挥抢险队，派木匠测量船舶内部舱柜(淡水船、油舱、压载舱、污水沟等液面高度)，进行损害的估计和控制损害工作，并应随时将损害形势和油污染情况告知船长。

(4)二副应在驾驶台协助船长测定船位和检查船舶搁浅/触礁的位置，并估计船舶的吃水和计算潮水情况等，以对将采取的脱浅行动作判定，同时维持船舶的安全状况。

(5)三副应负责记录船舶六面水尺和测量船边四周水深和前后左右、尤其是船首方向水深。

(6)轮机长应负责检查机舱内的主机、舵机和辅助机械的损害情况，对其作出估计并告知船长；同时根据需要换接上部海水吸收阀，以防被搅起的淤泥和沙子吸人机械设备里；必要时应备妥主机。

(7)船长应根据各方反馈信息，并结合外界的风流和潮汐情况，进行综合分析和估算自力脱浅所需拉力，最后作出应采取的应急行动，使船重新起浮或保证安全状况。

(8)若船舶在低潮时搁浅/触礁，船长应指挥全船积极采取调整前后吃水、减少压载水或淡水、转移燃油或压载水、转移部分货物或物料等起浮措施，在下一个高潮到来前作好所有起浮准备，并运用本船主机和锚设备进行自力脱浅。必要时还可视情抛弃或卸载部分货物和物料等进行脱浅。

(9)船舶发生搁浅/触礁后，当船舶或人员遭受严重威胁，只有采取抛货才能控制损失时，船长应立即报告公司，听取公司的指示；若情况紧急来不及请示时，可先采取抛货的措施，然后应将抛货情况报告公司，并通过代理及时宣布共同海损，还应通知货主或代理人。

(10)值班驾驶人员应详细记录船舶搁浅/触礁的下列情况：

①船位(纬度/经度)；

②搁浅地点(概况)和时间;

③搁浅底质;

④搁浅时的潮水情况;

⑤涨潮和落潮;

⑥风和浪的情况;

⑦搁浅前的船舶吃水;

⑧搁浅时的船舶首、中、尾吃水和当时潮水水位情况;

⑨测量船舶首、中、尾及其左、右舷的水深和当时的潮水和水位情况;

⑩船舶压载水舱、淡水舱、机舱、货舱、空舱间的漏水情况,并说明船上的水泵是否正在控制水的进入。

4. 船体破损、进水反应程序(Structural failure/flooding response procedure)

(1)船舶因碰撞、触礁、搁浅或武器攻击等原因,都可能造成船舶破损进水;当发现船舶漏损进水时,应立即发出堵漏警报(警铃或汽笛二长一短声,连放 1min)并报告船长,上驾驶台指挥,一水应按《国际信号规则》和《国际海上避碰规则》规定,显示号灯、号型。

(2)全体船员听到警报信号后(除固定值班人员外),应按"货船应变部署表"的分工,携带规定堵漏器材,迅速赶赴现场,按分编四队(堵漏队、排水队、隔离队和救护队)集合待命,并作好堵漏的一切准备工作。

(3)现场指挥大副应率领堵漏队和隔离队的队长,迅速查明漏损部位、损坏情况和进水量等,立即报告船长并确定施救方案,指挥各队人员投入扑救;船长和大副还应根据泄漏情况发展,及时组织力量和调整部置。

(4)船舶发生漏损后,船长应通知机舱备车,立即采取停车或减速措施,以减少水流和波浪对船体冲击;若已知漏损部分,应用车舵配合将漏损部位置于下风侧,减少进水量。

(5)迅速派木匠测量各污水沟、压载水舱和谈水舱的水位,通知机舱测量油舱油位,从速测定破损的位置、大小及进水情况;寻找漏损部位的方法除测量水位外,还可倾听各空气管内的水声、观察船旁水面有无气泡(记下冒泡的肋骨编号)、在舱内听声或目测漏损部位。

(6)堵漏队应在队长水手长和三管轮的领导下,直接担负堵漏和抢修任务,采取并实施行之有效的堵漏措施。

(7)隔离队应在队长三副和轮助的领导下,负责关闭水密门、导门、隔舱门、门阀等,必要时加固邻近舱壁。

(8)排水队应在轮机长领导下,由机舱固定值班人员进行,接通知后应利用所有水泵(包括便携式救助水泵)组织全力排水;另外根据情况需要,可用注入、排水和移驳压载水的办法,保持船体平衡。

(9)救护队负责维持现场秩序、传令通信和救护伤员。

(10)指派木匠定时量水,并派专人不断观察和记录前后吃水和干舷高度变化,正确计算进水量和排水量之差,充分估计险情的发展和大量进水对船舶稳性的影响;若进水严重,必要时可选择适当的浅滩进行抢滩。

(11)若情况紧急,船长有权请求第三方的援助,应按请求第三方援助程序处理,若漏损严重,堵漏无效且确属无力抢救时,船长可决定弃船,应按弃船程序处理。

(12)船长应指示值班驾驶员做好详细记录,酌情填写航海日志;船长还应按相关报告程序,向公司和有关当局报告。

5. 恶劣天气损害反应程序(Heavy weather damage response procedure)

(1)每艘船舶的船长若遇有下列情况之一时,均有责任自行采取一切措施,将此情报通知附近各船,及能与之通信的最近岸上主管当局(这种电文应冠以安全信号 TTT):

①遇到危险的冰、危险的漂浮物或其他任何对航行的直接危险;

②热带风暴(即飓风、台风、旋风及其他风等);

③遇到伴随强风的低于冰点的气流致使上层建筑严重积聚冰块;

④未曾收到风暴而遇到蒲福风级 10 级或 10 级以上风力时。

(2)船舶遭遇自然灾害和恶劣天气,应及时收听当地及附近气象台发布的天气预报和海浪预报。

(3)船长应综合分析天气情况作出判断,及时调整航向、航速,以减轻恶劣天气对船舶的损害,并采取果断措施驶离自然灾害中心。必要时可改变航线,采取斜顶风或滞航方法或驶入避风港锚泊。在大风浪中调头应谨慎进行。

(4)轮机长应在机舱指挥,确保主辅机和舵机的正常运转。还应安排轮机员根据船长的指示,将各水舱及燃油舱尽可能地注满或抽空,以减少自由液面,确保稳心要求。

(5)大副应安排水手检查并关闭所有水密门窗,以保证水密和排水畅通,并安排人员绑扎加固活动物体和重大货物。

(6)航行在台风区的船舶,首先应根据台风预报、判断台风中心的位置及其移动方向,并根据风向变化确定本船所处台风区的部位(危险半圆、可航半圆、或台风进路上),以便在不同情况下采取最合适避离措施。

(7)恶劣天气造成的搁浅、碰撞、火灾等事故,应按上述各节相应的程序处理。若遇货损,船长应及时填写航海日志和写妥"海事声明"。

(8)在恶劣天气中,发生操纵能力丧失的紧急情况时,应立即采取漂滞,船舶在漂滞中,受波浪的冲击力大为减小、甲板上浪不多,但因船体向下风有一定的漂移速度,故在下风侧必须留有较为宽阔水域,同时还应采取措施,避免陷入横风浪,尽可能保持船首顶浪。

(9)恶劣天气中在狭水道、进出港航行时,发生丧失操纵能力,船长应立即要求港口指派拖船协作,使船舶驶抵安全水域抛锚;值班驾驶员和水手应加强瞭望,并应使用 VHF 发布通告,提醒来往船舶注意,还应及时按"国际信号规则"和"国际海上避碰规则"的规定,显示号灯、号型。

(10)在恶劣天气下,无论在海上或狭水道发生丧失操纵能力,应组织船员奋力抢修,并按相关报告程序,向公司和有关当局报告和联系。

6. 弃船反应程序(Abandon ship response procedure)

(1)当船舶发生海难事故,经积极抢救无效,事态恶化,确已无法保全船舶,并迅速危及船上人员的生命安全时,船长和政委经周密和慎重考虑后,可作出弃船决定;若情况允许,船长应电告公司请示。

(2)船长应立即发出弃船警报(警铃或汽笛七短一长,鸣放 1min),全体船员听到弃船警报信号后,除"固定值班人员"外,都应立即穿着救生衣,按"货船应变部署表"规定的职责,速赴艇甲板做好放艇准备工作,待命放艇。

(3)无线电报务员在弃船警报发出后,仍应在电台坚持通讯,直至发出船舶遇险电文,同时做好弃船准备工作;当接到船长通知后,携带电台日志和执照以及艇用应急电台等撤离大船。

(4)在弃船警报发出后,机舱固定值班人员在轮机长的领导下仍应坚守岗位,按令操作,在得到完车通知后,抓紧做好锅炉熄火放汽,关停主机、辅机、发电机等一切运转中的机械设备、关闭所有油舱(柜)管系的阀门、关闭海底阀和各应急遥控装置等弃船安全防护工作,当接到船长通知或两次完车信号后,携带轮机日志等规定物品撤离机舱。

(5)驾驶台值班人员在弃船警报发出后,应降下国旗并携带下艇、投放卫星应急无线电示位标和堵塞油舱(柜)通气孔,防止溢油;并携带航海日志,车钟记录簿、出事地点及附近有关海图、船舶证书、机密文件、雷达应答器、救生圈、望远镜、手持式无线电对讲器、货运单证和船具目录等撤离大船。携带现金、账册、保暖大衣、毛毯和食品撤离大船。

(6)当船长下达放艇命令后,放艇人员将艇迅速放至水面,在登艇前船长应向艇筏负责人布置下列事项:

①本船遇难地点;

②发出的遇难求救信号是否有回答;

③可能遇救的时间和地点;

④驶往最近陆地或交通线的航向、距离;

⑤其他有关指示。

(7)全体船员应在船长、政委的统一指挥下登上救生工具,船长检查全船已无人员后,最后离船。离船后船长对全体人员仍有指挥责任。

(8)救生艇筏放置水面后,应迅速离开难船约 200m 外集合,观察难船沉没;若难船未能沉没,船员可以再次登船抢救受损船舶。

(9)为了增加成功获救的可能性,还可将所有的救生艇,筏停靠在一起,并接近船舶最后一次发出的遇难信号的位置,应急无线电示位标应发射信号,并保持与救生艇、筏在一起。

(10)船长应指示值班驾驶员做好详细的弃船记录,酌情填写航海日志;船长还应按相关报告程序,向公司和有关当局报告。

(11)弃船决定应在有充分的时间内作出,若情况许可弃船的时间应安排在最有利的情况之时,例如白天或有其他可以援救的船舶经过时。

7. 人员落水反应程序(Man overboard response procedure)

(1)发现船员落水时,在船员落水一舷,抛出驾驶台侧翼处带有自亮灯和烟雾信号的救生圈;并派出配备有望远镜的瞭望人员,密切注意以救生圈为搜寻基点。

(2)应立即定出人落水概位和发出有人落水警报(警铃或汽笛三长声音 1min),必要时可重复发出,以通知全体船员和附近船舶采取"人落水应变部署",营救落水船员;通知船长上驾驶台指挥和机舱备车。

(3)航行中值班驾驶员应立即向人落水一舷操满舵,摆开船尾,防止车叶触及落水者;采取适合当时情况的恰当操纵方法接近落水者:

①若发现有人落水,即称"立即行动",可采用"单旋回操纵方法";

②若经过一定延迟后开始行动,即称"延迟行动",可采用"威廉逊旋回操纵方法";

③若发现人员失踪后再报告驾驶台采取行动,即称"人员失踪"可采用"史乔那旋回操纵方法"。

(4)按"货船应变部署表"分工,集合救助艇船员,由大副、大管轮、水手长和两名普通船员组成;所有船员都必须熟悉发动机操作和实际操艇技术,并且都应穿上浸没式救生衣和为落水人带上一件备用救生衣;按分工施放救助艇救助。

(5)在有盛行风天气情况下放/收救助艇时,应操纵船舶接近落水者上风侧,放下本船下风舷救生艇,操纵救生艇至落水者下风处,接近并救起落水者。

(6)医生应作好急救准备，根据具体情况进行急救。

(7)当发现船员失踪，并确定该船员已不在船上，船长必须正确无误地判定该船员落水的时间，计算出落水者的位置为搜寻基点，随后船舶应开往搜寻基点，按"商船搜索救助手册"的搜寻方式进行援救；还应用无线电向该地区救助协调中心和所有其他合适的电台发出"人员落水"警报；还应按相关报告程序，向公司和有关当局报告。

此外，还有船舶走锚、搜寻与救助、主机失灵、舵机失灵、电源损坏、机舱事故、船上油污、货物移动、抛货、危险货物、战区遇险、暴力或海盗行为、医疗急救、进入封闭场所、直升飞机操作、请求第三方援助、向公司和有关当局报告等应急程序。

第三节　应急组织与演习

(Emergency Organization and Drills)

一、船舶应急组织分工(Emergency organization on-board)

应急的组织分工应根据应急的性质、船员的职务及其工作能力等因素来进行。各类应急的组织分工如下：

1．各级指挥人员

(1)船长。各类应急情况的总指挥，其替代人是大副；

(2)大副。各类应急情况的现场指挥。但事故现场在机舱时，由轮机长担任现场指挥，并负责保障船舶动力；

(3)值班驾驶员。船舶在港停泊发生应急情况时，如船长、大副均不在船，则由值班驾驶员全权负责应变指挥。

2．各类应急情况的分工

消防应急时，将人员分成灭火、隔离与救护 3 队：

(1)灭火队。由三副或水手长任队长，负责现场灭火；

(2)隔离队。由木匠任队长，在机舱相关人员配合下，根据火情负责关闭防火门、窗、通风孔，切断相关电路、移开火场附近的易燃物品，阻止火灾的蔓延；

(3)救护队。负责救助伤员、维持现场秩序等。

堵漏应急时，将人员分成堵漏、排水、隔离和救护 4 队：

(1)堵漏队。由水手长和三管轮任正、副队长，负责现场堵漏和抢修任务；

(2)隔离队。由三副任队长，在轮机部相关人员配合下，负责关闭水密门、窗、孔、隔离阀等，防止水势蔓延，木匠按指示负责测量水位；

(3)排水队。由轮机长负责，领导机舱值班人员进行排水工作；

(4)救护队。分工与消防应急时相同。

弃船时：

船长在弃船后仍对全体人员负有指挥责任，对全体人员的安全负责；

救生艇长应由驾驶员或持证人员担任，艇长应有一份该艇的船员名单。除艇长外尚应指派一名副艇长。

机动救生艇应由轮机员或熟练机匠操作发动机和进行小调整。

油污应急时：按本船《船舶油污应变计划》规定的分工进行。

二、应急演习(Emergency drills)

为使每个船员从上到下都能做到居安思危,牢牢树立起极强的应变意识,如不严格执行操练计划及有关规定,不按期实施应变演习,实践证明是绝对不行的。目前,我国船舶在这方面的工作亟待从技术、管理及思想教育上不断予以加强。

每个船员,尤其是船长、政委、轮机长和大副必须明确,船舶应定期举行应变演习是贯彻国际海上人命安全公约的具体行动,是船舶、货物、人员安全的重要保证,是贯彻船舶安全管理规定、提高安全管理水平的一项重要工作内容,是检验船舶安全管理工作好坏、应变意识强弱、应变实际能力高低以及实际应变组织工作是否合理的重要标准。根本没有应变操练,有计划也只是一纸空文,实际操练中毫无应变中应有的紧张而有秩序的战斗气氛,干部船员不亲自参与操练的不合基本要求的现象中,埋藏着极大的危险因素,应当引起安监、管理部门的严重关注,更应引起有船单位,特别是全体船员的密切注意。

1. 应变操练计划(Emergency exercise plan)

我国的主管机关规定了应变演习操练时间表。为不断提高应变演习质量以提高整船的应变能力,各船舶必须按规定制定符合于本船应变演习要求的操练计划。每年由大副与轮机长具体商定,按船长指示制定出该计划,并由船长批准在全船公布,全体船员应坚决贯彻执行。

2. 实施应变演习的基本要求(Requirement of emergency drills)

(1)应在演习应贯彻从难、从严、从实际出发的原则,按应急部署表一丝不苟地完成应变操练计划,维护操练计划的严肃性。

(2)船长及各部门长,应熟悉相应的应变指挥业务,具备实际指挥能力,并确实胜任有效组织船员并能指导船员进行应变演习的工作,而且应当身教重于言教。

(3)应变演习可单项进行,但不得以此取代综合应变演习或弃船演习。无风浪的白天,在气温适当的条件下易于实施应变演习。但不得以此代替有风浪、黑夜、冷天、热天条件下的应变演习。

(4)每次应变演习应检查救生艇属具并确保其完好状态。各救生艇应轮流在救生演习中使用,每艘艇应于三个月之内至少落水一次。情况可行则应将艇降至水上并进行操艇练习。务必使船员通过演习彻底了解、熟悉其各自应执行的任务,其中包括所用救生艇的操纵及教练任务。

(5)各次应变演习应详实地记入航海日志,内容包括演习日期,位置,演习内容细节,放出和降下救生艇所用时间,艇筏及其属具技术状况,消防设备及消防用品、堵漏设备及堵漏工具的情况。如未能按计划定期实施所要求的应变演习,或仅实施了部分应变演习内容,则应记述其原因,同时记入实施了的演习部分内容。

3. 应变演习的评估(Assessment of emergency drills)

每次应变演习完毕,均应认真总结经验教训,并就演习情况作出评估,并做好记录。

认真的总结应兼顾成绩及暴露出的问题两个方面,尤其应注意演习中的问题必须找准,有针对性地找到解决的办法。全面的评估意在对应变演习作出效果估计,以不断提高全体船员实际应变能力。这两部分工作是目前船舶应变演习操练中的薄弱环节,均应予以高度重视。应变演习可从如下诸方面进行全面评估:

1)应变意识方面

对船员应变意识的评估,当然要着眼于全体船员,更要重点着眼在船长、政委、大副、轮机长等各高级船员身上。应变意识的强与不强固然要看其认识的高低，更要看其在应变演习中所表现出来的态度，如船员对应变演习的参加率，及时到位率，工具用品携带合格率，分担任务明确率等。

2)应变演习方面

应变演习的实施依据是应急部署表。因此，对应变部署的评估不能不涉及到应急部署表的编排质量。除前述有关应急部署表的基本原则与要求必须贯彻执行外，在实施应变可行性方面，应就应急部署表中列出的应变种类、人员分配、任务的指定、设备及物品的携带与使用、集中的场所及路线等各个方面，评估其系统性、周密性以及合理性，并着重查核其符合实际应变要求的程度。不足者应予修订。

3)应变所用设施、设备、装置、用品及工具方面

应变应有一定的物质基础。消防、救生、堵漏、通信设备、设施、装置、用品及工具应保持随时可用的良好技术状态，在应变演习的评估中应占有重要地位。每一次应变演习，既是对平时该类物品养护状态的认真检查，也是对其可用性的实地考核。前者要求其具有足够的数量与质量，如不符合规定要求，则可认为不符合船舶适航标准的要求；后者则要求其发挥出应有的性能。这里的质量系指作为产品合不合格，而能否发挥性能则指其可用性，两者相关但并不完全是一回事。

4)相当于实际应变的模拟程度

应变演习的目的是为了实际应变，绝不是、也不应该是为了做样子看，摆花架子；应变演习的评估，归根到底应以其相当于实际应变的模拟程度的高低为标准。

模拟程度的高低，固然应顾及到应变意识的高低，应变部署的可行性，应变设备、设施、装置、物品、工具是否处于良好的技术状态，然而更需顾及到的是按应变的要求去实施应变演习。必须做到，应当使用灭火器的就必须使用，应当放艇的就必须放出或落下救生艇；应当谁做的谁必须去做，要求做什么和怎么做，就必须按要求做好。不如此就很难实现应变演习的最终目的。

第十二章　工作危害性分析
(Job Hazard Analysis)

广义地说,工作危害性分析是一种操作安全的分析(Operating Safety Analysis,简称 OSA),也是制造、试验危害以及操作者失误分析等的总称。它是对操作者在系统运行各阶段进行审查后进行的,其内容常包括基本作业、作业方法、潜在危害、对策等。在船舶运输中,由于工作危害性分析不充分而造成系统受损和人员伤亡的情况并不鲜见。又因工作危害性的出现常带有随机性,所以必须进行详尽的全方位的危害分析。这项工作对确保船舶运输安全有特殊的重要意义。

第一节　安全分析
(Safety Analysis)

生产和安全是人类生存和发展的两大基本需要,"生产必须安全,安全才能生产"已成为人们认识和改造世界的共同准则。安全分析实际上就是一种危害性分析(Hazard analysis)。这里的危害包括不安全的环境条件、不安全操作、机器设备故障或其他不安全因素。危害性分析的目的在于查明危害,根除或控制危害,从而达到安全生产的最终目标。

一、安全、危害、风险与危险的含义(Definition of safey、hazard、Risk and danger)

"安全"是不发生导致死亡、职业病、设备或财产损失的状况。一般地说,安全是指安稳而无危险的事物,生产过程中的安全是指人不受到伤害,物不受到损失。工程上研究与处理安全问题,一般采取某一近似客观量来定义安全的程度,俗称安全性。如安全性以 S 表示,危险性以 D 表示,则有:

$$S = 1 - D$$

"危害"(Hazard)是造成事故的潜在性危险,是可能产生安全问题的事物或环境,相当于习惯中所说的不安全隐患,是潜在的危险因素。"风险"(Risk)是指"能导致伤害的灾害可能性和这种伤害的严重程度"。"危险"(Danger)是由某种个别危害在一定环境条件下从潜在性向显现性转化而造成人的伤害或物的损失的机会。也就是说危害是实际存在的危险,风险是危险发生的概率和程度。安全和危险是一对辨证统一的概念,安全认为不存在绝对的安全,所谓安全是一种模糊数学(Fuzzy Mathematics)的概念。按照这种概念,危险度就是对安全的隶属度。事实上说的安全,已经包括了可接受风险(Acceptable Risk)的安全,也就是当危险性降低到某种程度时,人们就可以认为是安全了。

就安全而言,风险是描述系统危险程度的客观量,这主要是有两种考虑:一是把风险看成是一个系统内有害事件或非正常事件出现可能性的度量;二是把风险定义为发生一次事故的后果大小与该事故出现概率的乘积。一般意义上的风险具有概率和后果的二重性,即可用损失程度 C 与发生概率 F 的函数来表示风险 R。

$$R = f(F, N)$$

上述风险定义中，无论损失或者后果，均是针对事故来定义的，包括已发生的事故和将会发生的事故。风险既然是对系统危险性的度量，则仅仅以事故来衡量系统的风险是很不充分的，除非能够识别所有可能的事故形式。从整个系统的角度出发，风险是系统危险影响因素的函数，即风险可表达为如下的形式：

$$R = f(R_1, R_2, R_3, R_4)$$

式中：R_1——人的因素；

R_2——设备的因素；

R_3——环境的因素；

R_4——管理的因素。

二、安全分析的内容与方法（The content and method of safety analysis）

安全分析的主要内容包括：调查和评价可能出现的初始的、诱发的危害之间的相互关系；调查和评价与船舶运输安全有关的环境条件、设备、人员及其他因素；调查和分析利用适当设备、规程等避免或根除某些特殊危害的措施；调查和评价控制危害的措施及用于船舶运输系统中的最佳方法；调查和评价难根除的危害在其失控时可能出现的后果；调查和评价一旦危害失控时为防止损失与伤害应采取的安全防护措施。

对于具有高风险的船舶运输公司而言，在进行危害辨识和风险分析时，宜采用系统风险分析方法。系统风险分析方法是对系统中的危险性、危害性进行分析的工具，目前已开发出数十种分析方法，每种分析方法的原理、目标、应用条件、适用的分析对象、工作量均不尽相同，各有其特点和优缺点。它们分别适用于不同的安全分析过程，有定性的，也有定量的；有归纳的，也有演绎的，每种分析方法各有其自身的特点。在进行安全分析中，应结合船舶运输系统的船员、船舶、货物，以及航道、自然、交通等具体条件选取适当方法，作出多方面的安全分析与评价。较常用的分析方法有下列几种。

1）危害预先分析（Preliminary Hazard Analysis，PHA）

危害预先分析是整个安全管理的最初阶段的分析。在接受一项运输任务之前，对系统存在的危险性类别、出现条件、导致事故的后果作一次整体分析，这就是危害预先分析。

2）危害类型和影响分析（Hazard Mode and Effect Analysis，HMEA）

HMEA是一种可靠性、安全性、维修性、保障性分析与设计技术，用来分析、审查系统及其设备的潜在故障模式，确定其对系统和设备工作能力的影响，从而发现设计中潜在的薄弱环节，提出可能采取的预防改进措施，以消除或减少故障发生的可能性，提高系统和设备的可靠性、安全性、维修性、保障性水平。我们同样可以将其应用于船舶安全管理领域。这是安全分析中最常用的定性、归纳的分析方法，是着眼于子系统及其交接面分析方法的概括名称。

3）工作危害性分析（Job Hazard Analysis，JHA）

它是对操作者在系统运行各阶段进行审查后作出的，其内容常包括基本作业、作业方法、潜在危害、对策等。工作危害性分析包括系统运行中操作者的失误、不安全、不合理操作等对安全的影响等方面的分析。

4）系统安全分析（System Safety Analysis，SSA）

这是主管部门用于审查整个系统，如船队、公司或总公司领导阶层对其所管系统的综合性或交接面问题进行的分析和研究。所用的分析方法包括系统综合分析(System Integration Analysis,简称 SIA)、系统危害故障类型分析(System Hazardous Failure Mode Analysis,简称 SHFMA)以及系统缺陷事后分析(Past Analysis Action on System Deficiency,简称 PAASD)等方法,而所用的资料则为子系统各种分析得到的资料。

5)事件树分析(Event Tree Analysis,ETA)

事故的发生是许多事件依时间顺序相继演进的结果,并表现为一些事件的出现常以另一些事件首先发生为条件。这种事故发展的逻辑顺序可通过事件树来表现,称之为事件树分析。

6)管理疏忽和危险树分析(Management Omissions and Risk Tree,MORT)

大多数情况下,产生事故的背景原因是管理疏忽和失误(Management Omissions and Uncertainties)。分析和预测由于管理不当而造成的危害并非易事,因为管理中的决策需根据工作进行中出现的问题而定,而要充分预计发生的问题,又需预测管理中取何决策。

7)故障树分析(Fault Tree Analysis,FTA)

这是安全分析中最常采用的分析方法。该分析法用事故树图可清楚地显示发生事故的逻辑演绎过程,并可对系统的可靠性和安全性进行定性和定量的研究。

8)事故因果分析(Cause Conseguence Analysis)

这是采用因果图分析事故发生原因的方法,用来对某一具体事故进行分析。因果关系有许多重要的性质,而继承性则是很典型的一种特性,它常以多米诺骨牌被形象地命名为多米诺效应,这对因果关系的分析有很大的帮助。

三、安全分析方法的选择(Seletion of safety analysis method)

安全分析的内容相当丰富,分析的目的和对象不同,具体的分析内容和指标也不相同。选用系统风险分析方法时应根据对象的特点、具体条件和需要,以及分析方法的特点选用几种方法对同一对象进行分析,互相补充、分析综合、相互验证,以提高分析结果的准确性。选择分析方法应考虑下列问题:

1. 分析对象(系统)的特点(Characteristics of analysising object)

根据分析对象的规模、组成部分、复杂程度、原材料和产品、作业条件等情况,选择分析方法。

对危险性较高的对象往往根据过去的统计资料采用系统的、较严格的分析方法;反之,倾向采用经验的、不太详尽的分析方法(如直观经验分析、检查表法等)。

分析对象若同时存在几类主要危险、有害因素,往往需要用几种分析方法分别对分析对象进行分析。规模大、复杂、危险性高的分析对象往往先用简单、定性的分析方法(如检查表法、预先危险性分析法、故障类型和影响分析等)进行分析,然后再对重点部位(单元)用较严格的定量法(如事件树、事故树、指数法等)进行分析。

2. 目标分析(Aims analysis)

虽然对系统分析的最终目的是分析出系统的危害性,但在具体分析中可根据需要(或用户提出的要求)对系统提出不同的分析目标,例如,危害等级、事故概率、事故造成的经济损失、危险区域等,故需要根据分析目标选择适用的分析方法。

3. 资料积累情况(Information accumulation)

如果分析对象技术资料、数据齐全,则可进行定性及定量分析并选择相应的定性、定量分析方法;若对象属于新开发性质,资料、数据不充分,又缺乏可类比的技术资料和数据,则只能采用预先危险性分析等方法进行概略性分析。

一些分析方法,特别是定量分析方法,应用时需要有必要的统计数据作依据,如各因素、事件、故障发生概率,分析标准目标值等;若缺少这些数据,就限制了定量分析方法的应用。

4. 其他因素(Other factors)

包括分析人员的知识和经验、完成分析工作的时限、经费支持状况、分析单位设施配备和分析人员及管理人员的习惯、爱好等。

第二节 工作危害性分析的基本原理

(Principles of Job Hazard Analysis)

工作危害性分析(Job Hazard Analysis, 简称 JHA)需要研究的对象是一些变量众多,结构庞大、复杂而又互相联系在一起的事件,必须吸收和运用许多相关学科的成果。其中包括系统论、控制论、概率论等等。因此,了解和学习相关学科的基础知识,对理解和掌握工作危害性分析有很大帮助。

一、系统论(Systematic theory)

系统论是研究系统发生、运行和发展规律的科学。工作危害性分析,也称为系统工作危害性分析。那么,什么叫系统呢? 所谓系统,是指存在于一定环境中的、由若干相互依存和相互作用的要素所构成的、具有特定功能的有机整体。例如:一艘营运的船舶,其中既有属于自然系统的部分,也有属于人造系统的部分,因此它是一个复合系统。

系统具有共同的特征:

(1)整体性。即由两个以上要素所组成的系统,各要素按照一定方式和顺序起作用,以整体为准进行协调。

(2)功能非相加性。即系统功能不是由其所组成的各要素功能的简单相加,而是有机结合,产生整体效应。

(3)相关性。即构成系统的各要素之间的关系是相互作用、相互依赖的关系。

(4)适应性。即系统随着时间向前推移,会不断地改变自己的运动方式。

(5)开放性。即系统在运动时向外部环境开放,进行物质、能量和信息的交换,进行自我调节和自我完善。

工作危害性分析是应用系统论的观点和方法研究和解决各种系统问题。工作危害性分析把企业看作是一个由若干要素组成的系统,而每个要素的变化即存在异常和危险都会引发事故,进而危及整个系统的安全;每个要素存在的异常和危险得到调整和控制,又都会使系统的安全基础得以巩固。从整体上评价企业的安全状况,体现了系统论的基本要求。

水上船舶工作危害的发生离不开人、船、航道和周围环境以及气象水文等因素。因此,在分析工作危害的因素时必然要涉及这些方面。这些方面的因素既相互联系又相互矛盾,而且相互牵制。因为船舶工作危害的发生是因这些因素某一环节不协调而造成事故的,也就是说由于某一环节的疏忽而造成各种事故的发生(不可抗力因素除外)。船舶工作危害的原因分析不是一件简单的分析工作,它需要从几个方面来考虑,而且首先要考虑其各种因素的存在,进而从某一点或几点来剖析其内因,并从中找出危害的根本原因。如果对此只从某一方面去分析,是很难全面地了解和分析该危害的性质、特点的,也就得不到真实结论。

船舶工作危害的系统分析有以下几种形式：

(1)对人的因素分析；

(2)对船舶因素的分析；

(3)对航道、水文的分析；

(4)气象分析；

(5)周围环境因素分析。

二、模糊数学(Fuzzy Mathematics)

模糊数学是近代数学中的一门新兴科学，是人们认识事物的精确性与模糊性相互关系的辅助工具。在日常生活中，人们在判断一些事物时会得出“是”或“不是”的结论，这是人们认识事物的精确性的反映。然而，客观世界中有许多事情，它们的概念的内涵和外延是不能用“是”或“不是”能够判断的。比如：我们时常讲的“安全生产形势较好”、“安全第一责任者(安全)工作抓得扎实”、“事故隐患多”等等，都是在运用模糊概念。模糊数学实际上反映了事物处于中间状态的属性。

工作危害性分析在许多方面都吸取和应用了模糊数学原理。在传统的做法中，只把系统看成两种状态：或者安全，或者危险。但采用模糊数学原理进行工作危害性分析时，需要把系统的安全或危险状态划分为若干中间等级。比如：把危险的严重程度划分为4类：致命的，严重的，危险的，可忽略的。4个等级都分别给出了从0到1的中间数值。

由于系统的复杂性和多变性，其安全状态如何，用精确数学“是”或“不是”的概念很难作出判断，而应用模糊数学作出工作危害性分析，则能更为准确地反映出系统的实际情况。

三、控制论(Cybernetics)

控制论一词是从希腊文借用来的。原意是“掌舵人”，它是研究关于机器和生物的通信和控制规律的一门科学。控制是一种普遍存在的现象，是为保持事物某种特定状态的稳定性或促使事物由一种状态向另一种状态转变，控制者按一定目的对控制对象施加的一种主动影响或作用。因此，要实现控制，至少要有施控系统、受控系统和控制作用的传递系统这3个基本要素，由它们构成一个控制系统。

进行工作危害性分析，以便预先控制系统中存在的危险因素和防止事故的发生，是一种前馈控制的基本方式在安全管理中的具体应用。工作危害性分析的实施，实际上就是组成了一个控制系统：施控系统(各级安全管理者和职工群众)、受控系统(安全管理、机械设备和劳动条件)、控制作用传递系统(检查分析和整改措施)。

工作危害性分析的施控结果，必将大大提高受控系统对危险性的控制能力和保持运行的安全性，使安全管理工作更具有预见性和主动性。

四、概率论(Probability)

概率论是研究和寻找随机事件平均规律的理论。概率也叫“几率”、“或然率”。某种事件在同一条件下可能发生也可能不发生，表示发生的可能性大小的量叫做概率。在一定条件下必然发生的事件叫做必然事件。在一定条件下不可能发生的事件叫做不可能事件。在一定条件下可能发生，也可能不发生的事件叫做随机事件。随机事件由大量成员组成，或者出现大量次数时，就能体现出统计平均规律。任何事件 A 的概率 $P(A)$，总是介于0与1之间，即 $0<P<1$。

第三节　工作危害性分析的实施

(Implementation of JHA)

工作危害性分析是团队工作中的一个事项,它能提高有关人员的情景意识;也是安全工作计划的一个基本工具,它可以加强工作的安全和提高效率。开展一个有效的工作危害性分析,有利于减少船舶作业人员受伤,集中工作注意力,增强感知力。同时,这也能让人员充分参与,对作业进行一个全程的培训。

一、工作危害性分析的基本内容(Basic content of JHA)

首先应确定所需分析的项目和范围,并充分考虑与这些项目相关的限定条件,然后按照采用危险识别、潜在风险讨论、风险预防措施等内容与过程进行。

1. 工作过程和步骤的危险识别(Hazard identification of work process and procedure)

危险识别是工作危害性分析的初始步骤。它的目的是对所界定的作业系统项目中可能存在的所有危险加以识别。

为了能全面系统性地做好危险识别工作,首先应根据需要组建相应的工作组。该组的成员应有从事过该工作的人员或专家,以便能全面分析和找出危险,进而确定其原因、产生的后果与影响。在危险识别的过程中,可通过调研、座谈会等多种形式,组织有关专家与人员共同参与危险的识别工作。

危险识别一般可通过头脑风暴(Brain storming)的技术,运用基于分析方法的基本原理在理解,将工作涉及的系统过程进行模块化、项目化的划分,然后对每一模块或项目进行分析研究。发挥想象决不能仅着眼于对以前或现存危险的识别,还应充分考虑到将工作过程中可能发生或存在的预期性危险。

危险识别也可结合标准分析技术进行。所采用的标准分析技术包括故障模式和后果影响分析(FMEA)、危险预分析(PHA)、危险与可操作性研究(HAZOP)等。

2. 讨论工作的潜在风险(Discussion of potential risk)

潜在风险分析是对工作过程中已发生过的危险总结和对可能发生或潜在危险的预期性分析。在此基础上,通过相应的标准分析技术,对每种风险的可能原因和后果加以综合分析与处理,将这些危险根据危害性的大小加以排序,以便找出高风险区和关键性的风险因素,分析事故发生和事故后果之间的关系,以便于对工作的标准或规定加以修改和制定新的标准或规定,达到减少风险的存在和发生的目的。

在风险评估的过程中,应先明确所评估风险的类型及其相应的风险程度,对各种类型风险的分布和影响风险的各种因素加以确定;在识别和评估高风险区和影响风险主要因素的同时,应认真分析现行标准与规定对高风险区和影响风险的主要因素的作用和有效性。

风险类型可根据危害对系统的影响程度进行分级,可划分为四级:

I 级:致命性的,可能造成人员伤亡或重大的系统损失;

II 级:严重性的,可能造成严重伤害或系统损坏;

III 级:危险的,可能造成轻伤,延误任务的完成,使次要系统损坏;

IV 级:可忽略性的,不会造成伤害,需做维修或调整,系统不会受损。

3. 风险预防措施(Measures for preventing risks)

风险预防措施是在危险识别和风险评估的基础上,针对性地提出相应降低风险的措施,并根据这些措施制定具体可行的风险控制措施,包括制定和修改一些流程与规定。

在风险预防措施中应仔细考虑已存在或可能发生的风险,还应充分注意到由于新技术或更新操作方法所引起的风险,然后才能全面落实应对所有这些风险控制措施的方案。这些风险预防措施,如改进设计规范、规范操作程序、制定规章制度和加强培训等的实施应能防止事故发生或减轻事故后果与影响。

在制定风险预防措施时,先要明确需要控制风险的区域,并根据这些风险区域的实际情况制定出可行的风险控制措施;然后将这些风险控制措施加以细化并形成可操作的风险控制措施;同时,应认真识别所采用风险控制措施可能产生的新的风险及其对策,以消除风险或将其减至最小。

二、书面工作危害性分析(Written JHA)

1. 应为下列工作作出书面工作危害性分析(Written JHA for following works)

(1)具有能导致严重后果的潜在危险的工作;

(2)以前发生过事故和差点发生事故的工作;

(3)可能存在风险的单项工作;

(4)连续发生事故的工作;

(5)新的工作。

2. 实施书面工作危害性分析(Implementation of written JHA)

(1)查阅生产商的使用说明书;

(2)参考先前的工作中的风险分析;

(3)与其他有经验的雇员讨论工作步骤;

(4)观察执行任务的人。

3. 书面工作风险分析的运用(Use of the written JHA)

制定工作中发生问题处的检查表(Check list),对风险加以鉴别并给出消除每个可能风险的建议。

三、口头工作风险分析(Verbal JHA)

口头工作风险分析的益处在于能使工人注重其工作。讨论应以这种方式进行,即船员承诺安全地工作。

工作前安全会是口头工作风险分析的最好形式。也是团队内部交流的一个重要方式。经验证明,为了安全目的针对每天所从事的具体作业去复习必要的安全知识,促使作业人员自觉地按照已制定的安全规则进行作业,召开现场班前安全会议是十分有效的。国际上也称这种会议为工具箱会议(TOOL BOX MEETING)。

会议在形式上要求做每项工作前安排时间做简要的安排说明。在工前会上,应使得所有人员参与讨论,使得会议生动活泼,以营造有效的工作氛围。具体内容可以是:

(1)周围曾发生过的事故及其预防对策;

(2)作业的危险性及排除方法;

(3)改变作业流程及方法,可能造成的危险及对策;

(4)现场检查和清理的记录;

(5)上级的安全指示的传达与讨论；

(6)公司安全方针与安全管理的规定及说明；

(7)以往对改进作业的建议与方案的讨论；

(8)有关安全的文件体系与讨论；

(9)具体的图表数据，模型与实物等。

第四节　工作危害性分析的实例
(Example for JHA)

Z轮3月20日1545时抵BREMERHAVEN WESER河口引航站，因风浪大由直升飞机运引航员上船，同时进口的还有两条同类型集装箱船，依次为APL轮，Z轮和MSC轮。各相距约2~3n mile相随进港。Z轮，总长276m、船宽32m、吃水F10.9m/A11.3m、甲板载集装箱3~4层。阴雨，风SSW7~8/级，靠泊时增强至12级，落潮流3~4kn，靠落水，嵌挡。

Wilhem Kaisen集装箱码头依WESER河东岸而建，泊位走向约150°~330°，泊位附近流向基本与码头平行。泊位外侧航道宽度约450m，通常在泊位附近可掉头靠离泊，在码头区上游有一经疏浚宽度约600m的专用掉头区。

这是一次在异常恶劣天气下不同寻常的靠泊作业，最终能安全靠妥码头多少有点侥幸，但在当时情况下也属不得已而为之。因为泊位附近除码头区上游水域稍宽的掉头区外，别无他路。

1．事情经过分析(Analysis of event)

约1715时APL轮抵泊位(靠下游)，使用2条拖船始靠泊，当时风力保持SWS/8~9级。Z轮在位①处(如图12-1)，始带船首船尾拖船。

约1730时位②，右船尾T1、右船首T2(拖船以抵达先后编号)相继带妥，侧推工作正常，驶过正在靠泊的APL轮泊位准备靠5号泊，此时APL轮已基本抵码头开始系泊。

约1750时Z轮驶过泊位至位③，意图利用吹拢风，强落流，后退入泊。此时风力突然猛增至12级(65~70kn)。Z轮根据当时状况，即与引航员讲："拖船不够"！引航员即刻告诉Z轮："是的，已另外申请拖船，APL轮已基本靠妥，其他2条拖船马上过来。请告诉船首船尾再准备带拖船"。

约1800时，第三条拖船T3从APL轮过来抵船尾部，第四条拖船T4从前方港池驶来抵左舷中部向外档推，随后T5也抵船首部，此时船舶在强风流和车舵的作用下逐渐压拢向码头，约1820时T3已带拖右船尾，拖船T5虽然已抵船首部，但由于狂风暴雨，拖船系带极其困难，一时无法带妥。而此时船正不断压拢码头靠泊，情况非常危险，Z轮即提醒正在忙于和拖船联系的引航员："情况危险，不能靠泊"！引航员说："是的，拖力仍不够"。Z轮即令前进三，引航员紧接着叫右满舵。此时离码头靠泊船不到100m的位④处。Z轮又令主机加至50r/min，侧推全速向右，船舶始右转向前运动。逐渐驶离泊位区，随后根据船舶运动情况不断调整车舵、侧推驶向上游掉头区。约1840抵掉头区位⑤处，令船首部继续带T5，并一再提醒大副，不要急，一定要注意安全。约1900时，T5总算带妥。引航员和Z轮商量："现在拖力应该够了，是否再试试靠泊"。Z轮考虑一下后，认为可以试试，如仍不能完全控制靠拢速度则可再驶回掉头区。

调整车速后，船舶在风流、车舵、5条拖船的共同作用下，船舶逐渐后退，Z轮密切关注着船舶退速、压拢速度、入泊角的变化控制等运动情况，确认船舶已完全在控制之下。船舶以极慢的速度逐渐后退接近泊位。约 1950 时，船舶抵泊位外侧位⑥处，2005 时，船尾倒缆上桩，之后头缆上桩，约 2030 时靠妥码头。从抵达泊位到安全靠妥前后 3h 余。靠妥码头后风力仍持续在 65kn 上下，根据当时气象情况要求甲板部人员轮流前后值班，保持高度戒备，主机保持备车状态。对驾驶人员及值班人员作了详细布置后，办妥进口手续。约 2200 时后，风力逐渐减弱之 7～8 级，取消备车，恢复正常靠泊值班。

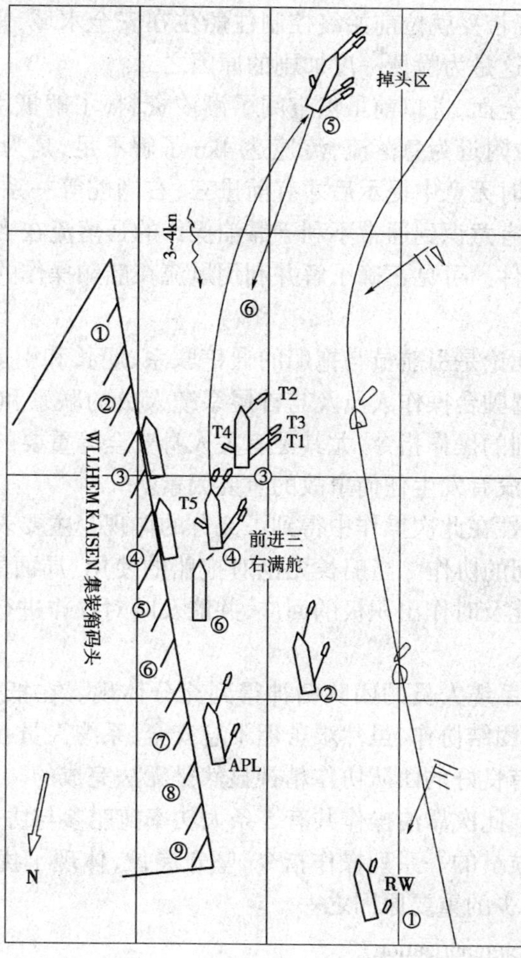

图 12-1 事件简图

在此过程中，最紧张危险时刻为位④时，当时如仍想继续带 T5，而不采取行动，则后果难以预料，或者说事故难以避免。应该说，各拖船与引航员的配合是非常默契的，引航员的操作也是值得称道的。特别是在危急情况下和当 Z 轮提出疑虑时，显示了良好的协作态度。当时船长心理压力非常大，且密切关注船舶动态，对出现的险情寻求对策，并不时提醒船首船尾系缆人员在操作中一定要注意人身安全。

2．工作危害性分析(JHA)

1)存在的问题

抵港前从气象图上看，当时低压位于北海北部，WESER 河正处于低压东南部锋面区，固囚锋、冷锋线基本上与 WESER 河重叠，锋线一直向南伸展至陆内才折向西南直至大西洋。而根据实际情况事后分析，Z 轮抵达引航站时锋面尚未过境而船舶处于锋线东侧，抵泊时则适值锋线过境。但当时所有预报均为 S/SW 7～8 级(30～45kn)，而实际风力达 12 级是始料未及的，如果说锋线过境短时间阵风风力达 12 级可以理解，然而 65kn 以上狂风持续有 4h 余则是完全出乎意料！在 8～9 级风本来就是恶劣天气情况下靠泊操作，对可能出现的更为恶劣天气没有充分的应变预案，是为此次险情的首要因素。

当船舶处于位③处准备后退入泊时，虽然风力已经达 12 级，但当时仍有风力不久会减弱的期望，以致约半小时后处于位④处情况危急时才不得已暂时取消靠泊念头，虽然最终未酿成事故，但如果能在所有拖船带妥就位前始终控制住船位在安全水域，则虽然条件一样很艰苦，但至少情况不会很危急。这是为险情一度加剧的原因之二。

对潮流情况掌握不够全面，进口前虽然查阅了潮汐资料，了解抵引航站时为高潮后，进口一路为落潮流，但对抵泊位附近为急落流，流速达 4kn 了解不足，是为险情未能及时控制原因之三。直至引航员在紧急时无意中提示后才有前进三、右满舵等一系列操纵措施后迅速摆脱困境的正确措施。而更没有意识到通常不利于靠泊操作的强落流在当时特殊情况下却可变成有利于安全的重要客观条件。可见正确了解并利用风流在船舶操作的重要性。

2)可取之处

在整个操作过程中，无论是引航员与拖船的通信联系、船长和引航员对当时局面的评估、相互之间的沟通、船长与驾驶台操作人员及与首尾系缆人员的联系和驾驶台与机舱的联系始终保持在良好状态，一系列的操作指令，尤其是有关人身安全等重要的提示能及时得到贯彻执行。这是为此次操作最终没有发生任何事故的重要因素。

团队协作精神的重要性在此次操作中得到了充分的体现。主要表现为：

(1)船长与引航员之间的协作。当船长无论对拖船的使用、局面的评估，靠泊的安全等情况提出疑虑时，引航员均能及时作出积极的回应，并能及时对操作进行必要的调整。充分体现了良好的协作精神。

(2)驾驶台人员、首尾系缆人员的团队精神得到充分体现。在抵达泊位到靠妥码头上 3h 的紧张操作中，相互配合，团结协作，虽然艰苦但不忘安全，系缆人员在连行走都艰难的情况下保证所有操作的安全，没有良好的团队协作精神显然是无法完成的。

(3)拖船的有力协作。此次靠泊操作共有 5 条大功率拖船参与协作，在异常恶劣天气情况下，各拖船能严格执行引航员的一系列操作指令，坚守岗位，体现了优秀的职业道德。也是此次险情能得以化解不可缺少的重要原因之一。

3. 总结分析与措施(Summarization)

从许多海事的教训中可以得知，在进出港、靠离泊及复杂航区等关键操作中，作为船长要确保船舶安全，就应该具备潜移默化的风险意识，心中必须时刻把握好以下各点，并以此来识别船舶所可能面临的风险，从而采取合理的安全措施，有效控制风险。

1)速度(Speed)和水域(Waters)

船速对船舶安全至关重要。船长应经常评估船舶当时特定环境条件下的航速是否安全？包括靠离泊时船舶的前冲、后退和横向移速等。应把时间、速度、距离之简单代数式用活用透。另外，对自己船舶当时位置附近的安全水域有明确的概念和界定。船长应以此为依据来评估当时船速下的本船采取停船、旋回等操纵行动时是否能有足够的余地。

2)情景(Situation)和沟通联系(Communication)

应具有良好的情景意识。船长应经常对船舶周围当时的情景状态，如气象、潮流、障碍物、浅水效应、他船的动态等许许多多可能影响本轮安全操作的各种因素具有主动的感知能力。应力求及时识别其中之风险，寻求和利用各种有利的客观条件。同时，船长应采取有效的措施，保证驾驶台内外通信与沟通的畅通和有效。这些包括对引航员操作的监督、沟通以及与机舱、船首、船尾操作人员的内部联系。外部联系则包括 VTS、船舶动态、安全信息等，并力求使这些沟通联系做到闭环通信，确保信息交换正确无误。

3)控制(Control)和团队工作(Teamwork)

对船舶的失控往往意味着事故的即将发生。为此，船长应保证船舶的所有操作在控制之中。这种控制并非是简单地行政命令和主观臆断，而是通过对驾驶台各类资源的有效管理，充分利用人员、设备、环境、信息等一切有利因素，规避各类可能存在的风险，使船舶始终能朝着既定的安全目标前进的一种驾驭艺术。另外，为了有效地控制船舶，则必须强调团队工作，充分调动和利用每一成员的积极性。这种团队工作不仅包括船舶内部驾驶台人员之间的协作，还包括引航员、拖船船员、码头工作人员之间的协作。

(本案例文字说明和图解由上海远洋运输公司顾明章船长提供)

第十三章　驾驶台资源管理案例分析
（BRM Case Studies）

案例分析是专业技术学习和业务培训中的重要内容。在现代管理原理与知识的学习过程中，对一些典型案例进行分析是促进学习和提高教学质量的有效方法。为此，船舶驾驶人员在参加驾驶台资源管理的学习过程中，应尽可能地从管理者的角度，运用驾驶台资源管理的理念与知识，结合自己工作的实践，对一些特定的、有代表性的案例进行深层次的分析来保证他们能更好地学习和理解驾驶台资源管理的原理与方法，以便他们在日后的实际工作中能有效地掌握和运用所学到驾驶台资源管理技能，促进船舶航行与操作的安全。

第一节　驾驶台资源管理案例的分析
（Case Studies of BRM）

一、驾驶台资源管理案例分析的目的（Aims of BRM case studies）

驾驶台资源管理案例分析的目的在于为了更好地的学习、理解驾驶台资源管理的原理、知识与方法，进一步提升自己在驾驶台资源管理方面的正确理念，掌握现代管理知识在船舶资源管理方面的应用方法。值得注意的是，他们应通过总结他人在这种管理工作中已有经验教训的基础上，学习和增加自己在工作中的专业管理知识与经验，提高驾驶台资源管理的技能和水平。

从事驾驶台资源管理案例分析的人员可在参加驾驶台资源管理课程的学习与培训过程中和熟悉掌握该课程的基本原理与知识的基础上再开始该项分析工作。这种有针对性的、结合典型船舶碰撞、搁浅等案例的分析工作使他们能较为系统地复习和运用自己所学到的驾驶台资源管理原理与知识，有利于他们进一步巩固和深化理解所学的知识，提高他们对这类案例分析的能力，为日后进一步做好驾驶台资源管理工作打下良好的基础。

二、驾驶台资源管理案例分析的原则（Principles of BRM case studies）

驾驶台资源管理案例分析的原则与其他类型的事故分析原则有很大的不同。当航海专业人员在对其他不同类型海上事故的案例进行分析时，他们的原则往往是必须找出事故的主要原因和责任人，并分清相关人员应承担的责任的主次和比例。为此，他们必须根据相关规则的具体条款细节，从技术的角度去认真分析和查找原因，并按照规则的要求去衡量和决定当事人员的责任情况。

驾驶台资源管理案例分析的原则主要是从事故的原因着手，从深层次的角度去分析和查找在隐藏在事故表层后面的人的因素与失误及其产生的原因。在从事这些分析工作时，我们可根据船舶资源管理中所用的关键性术语来寻找相关的原因，并排列出导致船舶发生事故的失误链。因此，这种案例分析的重点在于寻找船舶驾驶台资源管理中人的因素与失误情况及其发生的原因，而不是从船舶操作的技术性层面去分析存在的问题和原因。

三、驾驶台资源管理案例分析的主要内容(Main contents of BRM case studies)

根据驾驶台资源管理案例分析的原则与方法,参加该项工作的人员应在分析中认真采用驾驶台资源管理中提出的一些关键性术语和观点,结合案例中相关人员的实际情况,通过比对分析的方法来寻找事故发生原因中所涉及到的人的因素与失误,并排列出导致船舶发生事故的失误链及其产生原因。这种比对分析方法的具体内容包括认真分析和对照案例中的相关人员的:

(1)工作态度和情景意识情况;

(2)文化意识与差异的情况;

(3)通信方式和协作情况;

(4)船舶驾驶台人员,特别是与引航员之间的团队工作情况;

(5)船舶驾驶台设备、资料等硬软件的使用情况;

(6)船舶的决策与领导情况(包括工作任务的布置与说明);

(7)工作压力与程序执行的情况;

(8)船舶航线设计与准备情况;

(9)船舶应急措施与具体实施的情况等。

为了简化驾驶台资源管理案例的分析工作和提高分析的效力与质量,参加分析工作的人员可在全面了解案例情况的基础上,将事故原因中涉及人的因素与失误的内容逐项与上面列出的内容加以对照分析,从而得到案例中所存在的相关驾驶台资源管理方面的实际问题与原因和它们的产生原因。

在驾驶台资源管理案例分析的最后阶段,参加分析工作的人员应在找出的相关驾驶台资源管理方面的问题与原因基础上,通过进一步的分析和研究,探讨如何防止类似案例的发生的具体方法与措施,即在以后的工作中将如何采用哪些驾驶台资源管理的有效方法来防止类似事故的发生。

四、驾驶台资源管理案例分析的注意事项(Precautions of BRM case studies)

驾驶台资源管理案例分析是一项综合性分析工作,鉴于它与其他案例分析工作的共同点和相异之处,参加该项分析工作的人员应注意以下各点。

(1)首先应根据案例的发展过程寻找和分析事故发生过程中人的相关因素(重点在于人的失误)及这些因素(失误)与后果发生之间的关系;

(2)在事故发生过程中人的相关因素中间寻找失误链的存在及其形成原因(包括相关人员中所具有的任何对安全产生危害影响的想法与行为);

(3)在对案例采用比对方法进行分析时,可检查案例中是否存在以下问题:

①未能布置好任务和落实责任;

②未能处理好工作的先后次序;

③未能对过程加以有效的监督;

④未能充分利用已有的数据、资料和设备;

⑤未能认真地进行有效的交流和沟通;

⑥未能及时发现和质疑存在的问题;

⑦未能认真做好计划和执行计划;

⑧未能严格执行和遵守操作程序;

⑨未能切实保证船员的基本休息时间;

⑩未能合理调节船员的工作压力等。

(4)应尽可能地对案例进行较为系统的分析,不要过于注意细小的技术性问题,而要着重分析和查找驾驶台资源管理中存在的具体问题。

(5)在案例分析的基础上,结合自己所学的驾驶台资源管理原理与知识,总结出日后防止类似事故发生的方法与措施。

第二节 "驾驶台资源管理事故分析"案例

一、伊丽莎白二号在 VINEYARD SOUND 搁浅

1992 年 8 月 7 日晚上,英国皇家游船伊丽莎白 II 号从 Oak Bluffs 到纽约的途中,在 VINEYARD SOUND 的出口处搁浅。搁浅在 Cuttyhunk 岛以南约 2.5 海里处,见图 13-1。当时能见度良好,海面平静,落潮。船上载有 1824 名乘客和 1003 名船员。

1. 船舶概况

伊丽莎白二号总长 963 英尺(293.72 米),型宽 105 英尺(32.03 米)。事故发生时前后吃水分别为 32 英尺 4 英寸(9.86 米)和 31 英尺 4 英寸(9.56 米)。它由可变螺距双螺旋桨推进,动力是功率为 130000 马力的柴电机。海上速度为 32 节,它横渡大西洋的正常航速为 28.5 节

伊丽莎白二号曾经是通过 VINEYARD SOUND 最大、最快、吃水最深的船舶。

除了船长和引航员之外,驾驶台航行团队由 8 到 12 个船员组成,其中包括大副、二副、舵手、水手各一位。水手被安排操舵,直接听命于引航员。航行团队和引航员之间没有任何语言障碍。

两台雷达都在工作,前面的一部供船长和引航员使用,后面的供二副定位。三部测深仪中有两部在使用,就驾驶台的那部没有开,开着的两部在驾驶台后面的海图室里,并且测深记录仪也在工作。

2. 事情经过

Oak Bluffs 是伊丽莎白二号八月三日从纽约出发,经过缅因州的 Bar Harbor、新布伦兹维克的 St. John、新斯科舍的 Halifax 后航次计划停靠的最后一个港口。伊丽莎白二号 8 月 6 日 1820 离开新斯科舍的 Halifax,途经 Cape Cod 的东面、Nantucket Shoals 的东面和南面以及 Martha's Vineyard 的南面。

1145 — 8 月 7 日。伊丽莎白二号到达 Gay Head 以西 5 海里处与引航交通艇汇合。

1150 — 引航员登船,帮助引导船舶进入 Vineyard Sound 到达 Oak Bluffs。本来是安排伊丽莎白二号到 Buzzar'd Bay Light 以西,约在 Cuttyhunk 的西部 4 海里左右上引航员。由于天气良好,所以船长要求更换登船点,以避开 Sow 和 Pigs Reef 以南的浅水区域。得到引航员同意。

— 当引航员登上船后,船长认出这个引航员曾经几年前在纽波特罗德岛引过这艘船,引航员对这艘船的操纵特性已经很熟悉。引航员拿到引航卡后询问了船舶吃水,船舶特性以及主机、侧推器、雷达是否都在运行状态。船长不记得是在引航员登船的时候还是在去锚地的路上问过引航员晚上出来的时候他想在哪下船。船长事后陈述道:引航员在海图上指给他一个位置,大致是在 Buzzar'd Bay Tower 和 Brenton Reef Tower 之间。

— 伊丽莎白二号开始驶入 Vineyard Sound。

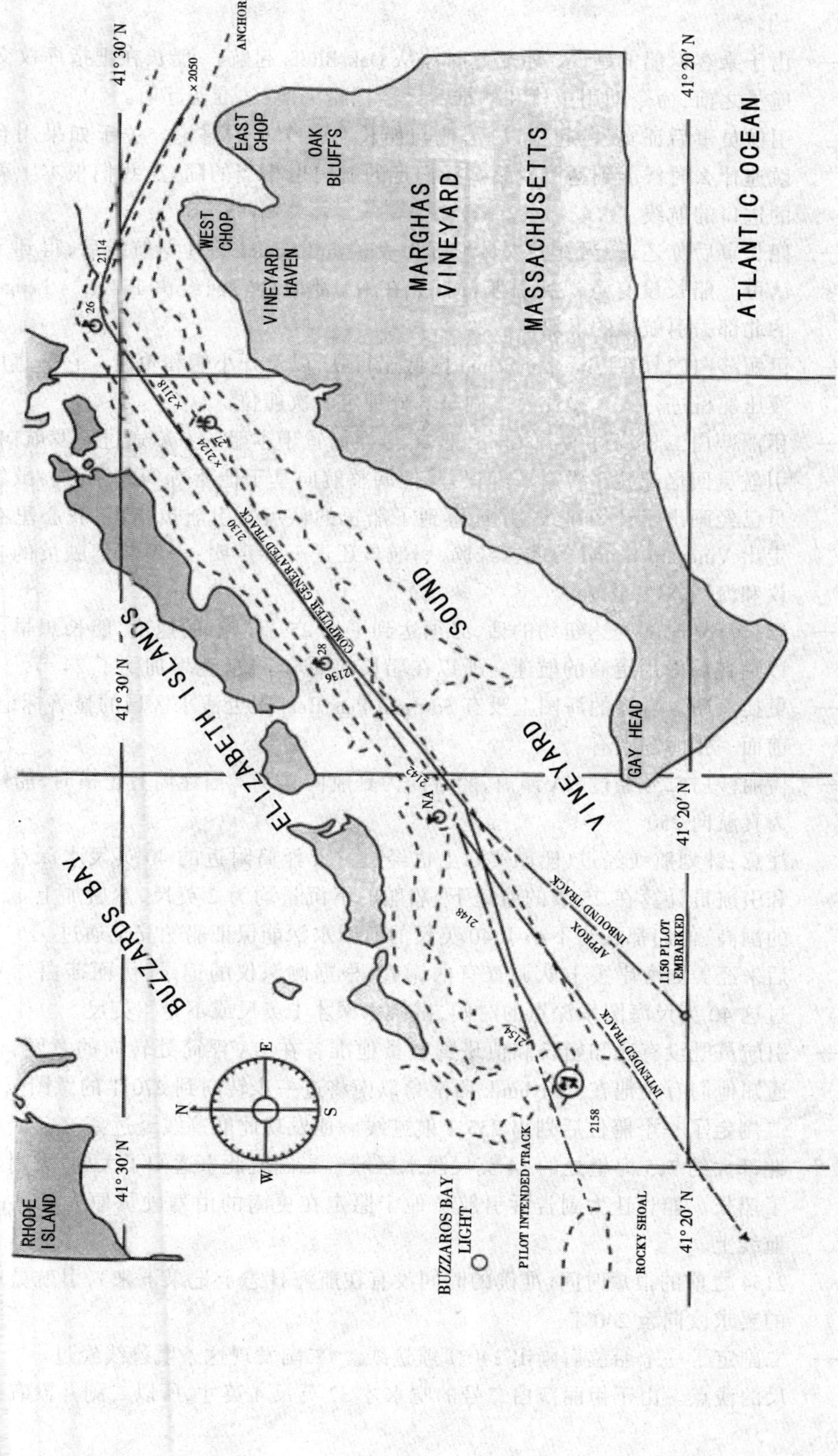

图 13-1　伊丽莎白二号搁浅事故简图

1330 — 伊丽莎白二号在先前预定的 Oak Bluffs 锚地抛锚。

— 乘客们乘坐汽艇上岸。引航员仍然留在船上。

2000 — 计划的从 Oak Bluffs 起航的时间，目的是能在 8 月 8 日早上 0070 能准时到达纽约。

2050 — 由于乘客返船的延误，船舶此时才从 Oak Bluffs 起航。船长在把指挥权交给引航员之前，命令动用主机和侧推器已经把船头摆好，准备起航。

引航员事后证实：在起锚以后，他与船长有一个小的讨论。关于如果用合适的航速什么时候能到达引航站。我们走的航向也相当的随意，我们根本上就是走的进口的航线。

— 船长事后陈述道：当驾驶人员作好出 Vineyard Sound 的计划航线后，得到了他的认可。船长没有意识到引航员打算在 NA 浮筒处转向经由 Brown's Ledge Shoal 的北部去引航员的下船点。

— 伊丽莎白二号在 Vineyard Sound 内低速行驶，以避开小船和轮渡。它一直用两台液压舵机进行人工操舵。二副每 6 分钟定一次船位。

2115 — 伊丽莎白二号绕过 West Chop，把 26 号浮筒置于本船的右舷通过。罗航向 27[illegible]°。引航员回忆起几乎没有罗经误差，他调整航向基于他所看到的浮筒。虽然驾驶员已经画出了计划航线，并且得到了船长的认可。引航员指出：我心里有自己走出 Vineyard Sound 的航行经验，引航员还进一步声明：用不着驾驶员的参考建议和海图。

2124 — 要按计划时间到达纽约的话，必须达到平均 25 节以上的速度，船长想早点提速以免在后面用更高的航速。所以在船长的要求下，航速增加到了 24 节。

2142 — 更换海图。现在的海图上没有 Sow and Pigs Reef 附近浅水区域的显著标记，但是前面一张海图上有。

2144 — 伊丽莎白二号经过 NA 浮筒，船首向为真航向 235°。当浮筒右正横时，船舶改向为真航向 250°

注意：计划航线经过(船舶实际上也经过)NA 浮筒附近的 40 英尺水深点。船长和引航员计算在 25 节的航速下，船舶的下沉量均为 2 英尺，然后加上 1.5 英尺的潮高，他们都认为不小于 40 英尺的海图水深能保证船舶安全通过。

后来经美国海岸警卫队调查官的调查：根据侧深仪的记录，伊丽莎白二号在通过这 40 英尺海图水深点的时候，富裕水深才 1 英尺或不足 1 英尺。

— 引航员既没有通知船长和值班驾驶员他准备在 NA 浮筒处转向的意图，也没有通知他们有关他在 Cuttyhunk 西南角以南将进一步转向到 270°T 的意图。

2148 — 二副定了一个船位后划出 255°T 航迹线。他发现此航迹线经过离 Brown's Ledge 北部大约 7.5 海里处的 34 英尺浅水区域。二副就此事通知了大副，大副又通知了船长。船长让大副告诉引航员他宁愿走在更南的由驾驶员原先标画的计划航线上。

215x — 2154 之前的很短时间(准确的时间没有在航海日志上记录下来)，引航员应船长的要求改向至 240°T。

2154 — 二副定了一个船位后画出 240°T 航迹线。二副发现这条航迹线经过一个 39 英尺的浅点。由于伊丽莎白二号的吃水才 32 英尺 4 英寸，所以二副并没有向引航员、大副、船长说什么。

— 引航员说到他看见了二副所画的 240°T 航迹线，也看见它要经过 Brown's Ledge 的南部。

— 船长也看到了。

注意：引航员预计出 Vineyard Sound 时的潮高为 +1.5 英尺。船长和引航员都认为加上 +1.5 英尺的潮高，船舶经过 39 英尺的海图水深点应该没有什么问题。

2155 — 伊丽莎白二号经历了好几次像似全船的颤动。驾驶台的人员回想起有两次间断的振动和隆隆声。驾驶台的仪器设备好像经历大风浪似的吓吱作响和振动。当第二次颤动将近尾声的时候，船长下令停车。

— 船长事后证实首先印入他的脑海有两个原因即：一是与他船发生了碰撞，二是机械损坏。留下第三个仅有的可能才是搁浅。

— 引航员首先怀疑的是机械损坏，比如丢了个螺旋桨什么的。

— 船长证实不存在机械故障，附近也没有其他船舶。最后船长和引航员得出仅有的结论就是搁浅了。

注意：损失是巨大的。暂时的和永久的修理费就达 1320 万美元。再加上至 1992 年 10 月 2 日才投入运营的总的收入损失估计高达 5000 万美元。幸运的是在这次事件中并没有人员的伤亡。

二、BALSA 37/SEAFARER/CAPTAIN BOUCHARD 三船之间的碰撞

美国东部时间 1993 年 8 月 10 日，菲律宾货船 BALSA 37 从 Mullet Key Channel 出口，大约 0545 时左右和双用途拖船 ITB SEAFARER 的驳船 OCEAN 255 发生碰撞。碰撞导致 OCEAN 255 起火和爆炸，BALSA 37 起火。之后，BALSA 37 马上转向顶推驳船 B.NO.155 的双用途拖船 ITB CAPTAIN FRED BOUCHARD，与该驳船发生碰撞，导致它的 1 号左侧货舱碰裂，泄露了 6 号燃油。发生事故时的能见度良好；落潮，1.5 节东流；东北偏东风，10~15 节。

1. 船舶细节

BALSA 37 是一艘建于 1985 年日本，总吨为 4337 的菲律宾货船。BALSA 37 长 345 英尺，宽 54.1 英尺，吃水 22.2 英尺。该船动力装置是一台 3400 匹马力直接驱动的柴油机，配备 20 名船员。事故发生时，BALSA 37 上有一名 Florida 州引航员。

ITB SEAFARER 是一艘在美国注册的双用途拖船，它位于驳船 OCEAN 255 船尾凹槽处，但不是完全的与之相连接。两者加起来长 641 英尺。ITB SEAFARER 宽 34.5 英尺，吃水 13 英尺。该拖船由 5600 匹马力的柴油机驱动，双螺旋桨；配备 12 名船员。驳船 OCEAN 255 宽 85.2 英尺，吃水 40.5 英尺，载货能力 255000BBLS。现装载 235000BBLS 不同等级的石油产品，包括 110000 桶汽油。SEAFARER 的船长和驾驶员有引航协会颁发的 Tampa 海湾引航证书，因此，该船没有雇佣引航员。

ITB CAPTAIN FRED BOUCHARD 是一艘在美国注册的双用途拖船，它位于驳船 B.NO.155 船尾凹槽处，但不是完全的与之相连接。两者加起来长 550 英尺。BOUCHARD 宽 37 英尺，吃水 14.9 英尺。该拖船由 4000 马力的柴油机驱动，双螺旋桨，由于其他事故，只有一台主机工作；配备 9 名船员。驳船 B.NO.155 宽 74 英尺，吃水 32.9 英尺，载货能力 188400BBLS。现装载 119100 桶 6 号燃油。事故发生时，BOUCHARD 上有一名 Florida 州引航员。

2. 事故发生经过

0406— ITB SEAFARER，以 9 节速度顶推驳船 OCEAN 255，沿 Tampa 海上浮筒开始驶主 Egmont Channel，进入分道通航区域。

04xx— ITB CAPTAIN BOUCHARD，顶推着驳船 B.NO.155，开始在 Egmont Channel 进入 Tampa Bay。BOUCHARD 一台主机工作，航速大概 5 节。因为动力装置故障，船长安排了援助拖船，拖船 EDNA ST. PHILIPS 在港进口外面与该拖带组合相遇，并系固在驳船 B.NO.155 右舷前部。

0445— BALSA 37 装载 6000 吨磷酸盐矿石离开 Manatee 港，Tampa Bay。船上有一名 Florida 州引航员。离开码头不久，船长让引航员负责航行，离开了驾驶台。

大副是值班驾驶员。驾驶台有一名舵工。没有安排瞭望人员。

除了备好车钟和监督舵工操舵，大副没有采取其他任何有助于航行安全的措施。

引航员没有要求大副提供任何帮助。

0500— 13 和 14 号浮筒东侧，大概 Egmont Key 西侧 3.5 海里的 Egmont Channel 中，一名 Florida 州引航员登上 BOUCHARD，引航该拖带组合进入 Manatee 港。该拖船船长仍旧指挥航行，引航员监督航行和注意 VHF-FM 无线电通信。之后，引航员声称引航这只有一台主机工作的拖带组合没有任何困难，不必使用援助拖船 EDNA ST. PHILIPS 协助操纵驳船。

05xx— 由于出口船密度大，当 SEAFARER 在 Egmont Channel 中靠近了 BOUCHARD 时，放慢了速度，不想在此时超越 BOUCHARD。

0525— BALSA 37 全速通过 Sunshine Skyway Bridge。此时，引航员查看雷达，发现 16 和 18 号浮筒之间有一前一后两个拖带组合物标。

0530— SEAFARER 船船长替换驾驶员吃早饭。出口船舶比较少，船长增加船速开始超越 BOUCHARD。

0535— BOUCHARD 船引航员同意与 BALSA 37 引航员"左对左"通过。

0536— SEAFARER 通过 Egmont Key Light，仍旧在 BOUCHARD 后面一点。船长以表达追越意图的两声汽笛呼叫 BOUCHARD 船引航员。假如 BALSA 37 船引航员也同意的话，BOUCHARD 船引航员同意 SEAFARER 追越。协议达成时，SEAFARER 的驳船已经在 BOUCHARD 左舷艏部，正在进行追越。

053x— SEAFARER 船船长呼叫 BALSA 37 船上引航员，并和他达成"左对左"通过协议。SEAFARER 船没有通知 BALSA 37 正在追越 BOUCHARD 船。

BOUCHARD 船引航员听到 SEAFARER 和 BALSA 37 达成对遇通过协议，但是没有使 BALSA 37 船引航员警戒两个拖带组合的追越局面。

当 BALSA 37 船航行在 21 号浮筒附近水域的一段时间里，船上引航员转换了 VHF 频道，与引航艇联系安排他下船的相关事宜。因此，他没有听到两个拖带组合达成的追越协定。当该船引航员和拖带组合达成"左对左"通过的协议时，他还认为一个拖带组合在另外一个的后面。

0539— BALSA 37 通过 21 号浮筒。船上引航员随后证实当 BALSA 37 到达从 Mullet Key Channel 到 Egmont Channel 向右转向 20°的转向点时，船舶航行在航道的中心线的右边。

BALSA 37 船引航员声称他看到了 SEAFARER 拖带船的红舷灯，就断定 SEAFARER 船在 BOUCHARD 船后面。

SEAFARER 船的追越操纵完成了一半，驳船 OCEAN 255 位于驳船 B. NO. 155 左正横距离 100 英尺到 150 英尺处。

0545 — BALSA 37 船引航员看到驳船 OCEAN 255 的绿舷灯和右舷船头上的琥珀颜色的闪光灯。引航员马上通过无线电询问 SEAFARER 船“你在干什么”

注释：驳船 OCEAN 255 的红绿舷灯和琥珀颜色的闪光灯在驳船的前端甲板上，距甲板 4 至 5 英尺，大概在拖船前面 500 英尺左右。

— SEAFARER 船船长回答：“我们同意‘左对左’通过。”

— BALSA 37 船引航员回答：“我想我们最好以‘右对右’通过。”他马上命令左舵，全速后退，请值班驾驶员通知船长上驾驶台。

— SEAFARER 船船长下令左满舵，全速后退。

— BALSA 37 和 OCEAN 255 发生碰撞。BALSA 37 的右舷船头撞了 OCEAN 255 的右舷船头，对 BALSA 37 船几乎整个右舷，包括上层建筑后部造成损伤，邻近右舷一号货舱的船首起火。

汽油泄露到驳船 OCEAN 255 甲板和水面上。摩擦引起的火花点燃了汽油，引起火灾。

随后，BALSA 37 失控地撞向驳船 B. NO. 155，左舷船头，见图 13-2，导致它左侧一号货舱破裂，货油流入水中。

目击者的证词证明碰撞地点在航道中段，19 和 20 号浮筒连线偏东一点。

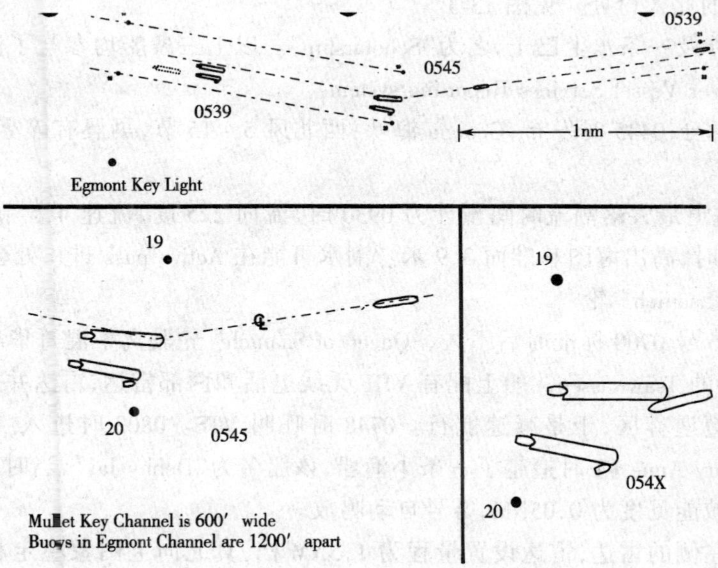

图 13-2 BALSA 37/SEAFARER/CAPTAIN BOUCHARD 三船之间的碰撞

3. 事故发生后

05xx— 这些船舶分离开后，BALSA 37 驶往 Egmont Key 东侧某一区域。

火灾迅速在驳船 OCEAN 255 船首和主甲板蔓延。因为火花和烟雾在驳船甲板上向后蔓延，烟雾驱赶 SEAFARER 船船长逃出驾驶台。在离开驾驶台之前，船长拉响警报，命令一水确保所有船员都听到。船员正常地在艇甲板集合，但被火焰和烟雾驱赶到拖船尾部。

在离开驾驶台之前，船长有意地把车钟放在进车的位置，并使拖带船朝 Mullet Key 方向航行，最后，该船在此地搁浅，并让清了航道。

SEAFARER 船船员穿着救生衣，带着求生装置在船尾集合。集合后，他们跳入水中，弃船。这些幸存者游过浮油区，被对此事故作出反应的两艘 Tampa Bay 引航快艇中的一艘救起。SEAFARER 船船员中有一人受伤。

驳船 OCEAN 255 火灾中的照片显示整个甲板油舱周围都是火焰。船长证实，在他离船后，他听到几声小的爆炸声和随后的一声较大的爆炸声。右舷 6 号油舱装载了航空燃料，但未满舱，因此在油舱空的地方充满油气。大的爆炸使整个油舱的上部暴露在空气中。此次爆炸影响到主甲板的左后舷。这艘驳船事后被定为全损。

0559— BALSA 37 在 Egmont Key 东抛锚等待救助官员。

驳船 B.NO.155 上的油泄露到 Tampa Bay，通过 Egmont Channel 流入墨西哥湾。随后，吹开风改向，把油层吹向相反的方向，吹到 Egmont Key 的南岸，严重的污染了周围部分沙滩，清洁工作耗资超过 2500 万美元。

三、Royal Vancouver 与 Queen of Saanich 碰撞

碰撞发生在两条船之间。一条为往返 Kvaerner-Fjellstrand 的长 40 米的高速双体客船“Royal Vancouver”号，一条为 130 米长的客滚船 “Queen of Saanich”号。碰撞地点位于温哥华以南，“active pass”航道的北入口处。见图 13-3。

此次碰撞还涉及一条水上巴士，名为“Scholarship”。以上三条船均参与了温哥华船舶服务报告体系(Vancouver Vessel Services Reporting system)。

海上气象预报于 0445 时发布，Georgia 海峡：西北风 5 - 15 节，早晨有碎雾。Active pass 航道也有雾。

Active pass 航道最大落潮流时间预计为 0930 时，流向 225 度，流速 4.5 节。Georgina Point 高潮预计为 0738 时，高出海图基准面 3.9 米。潮水可能在 Active pass 进口处会合。

1.“Queen of Saanich” 轮

1992 年 2 月 6 号 0700 标准时后不久，“Queen of Saanich” 轮驶离了温哥华岛 Swords 湾的轮渡码头，开往大陆的 Tsawwassen。船上配有 VHF 无线电话和两部雷达，雷达并排位于操舵室的左侧。航行途中遭遇雾区，于是减速航行。0748 时呼叫 VTS。0803 时进入 Active pass 水道，0811 时在绕过 Mary Anne PT 时追越了一条小渔船，该船名为“Debby Jay”，当时正靠近 Mayne 岛沿岸北上。该区域能见度为 0.05NM，雾号自动鸣放。

二副在观察左侧的雷达，雷达设置量程为 1.5NM 档，真北向上图象稳定相对运动显示模式。约 1.5NM 观测到“Royal Vancouver”轮的回波。船长用右侧的雷达在 3 和 6NM 档之间交替扫描，在 ARPA 6NM 档时，发现“Royal Vancouver”轮的回波。

0812 ~ 0813 时，在 VTS 的帮助下在雷达上确认“Royal Vancouver”轮在 Active pass 水道以北 3NM 处。0814 时，目标速度显示为 35 节。0816 时，速度保持在 35 节，其运动矢量线指向 Georgina Point 东侧。无其他有关该船靠近的数据记录。

0816:30 时，位于 Burrill Point 附近，靠近航道右侧航行，考虑到“Royal Vancouver”轮的逼近，车钟打在 2 的位置(2 表示微速，约 4 节)，右舵 10°将航向从 047°转向 050°。驾驶员们全都意识到了该轮的逼近，当“Royal Vancouver”轮突然转向走其计划航线时，他们都大吃一惊！

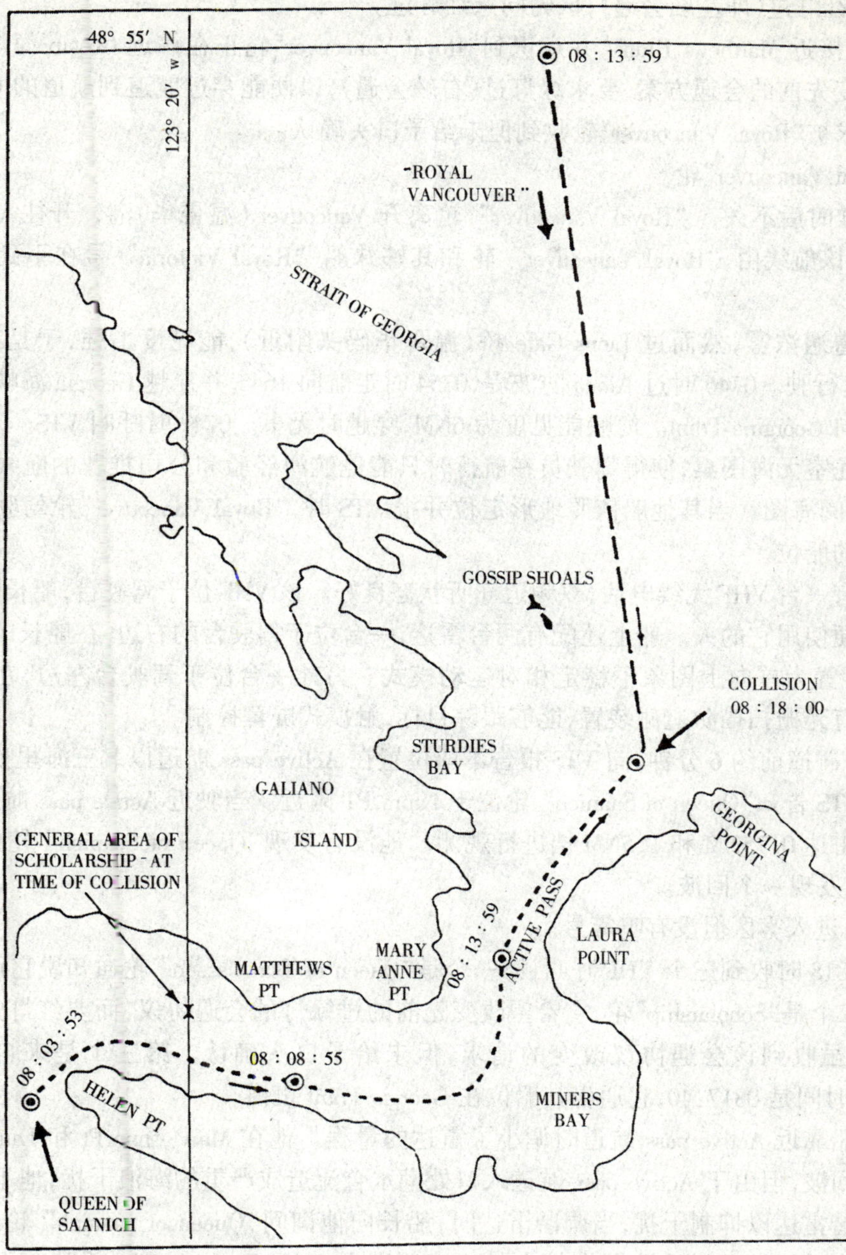

图 13-3　Royal Vancouver 与 Queen of Saanich 碰撞简图

0817 时，正舵，全速倒车（双车）。0818 时，与“Royal Vancouver”轮相撞，撞时速度估计为 5 节。碰撞角度有两种说法：一为正前方，一为左船头 25 度角。

2. “Scholarship”轮

0749 时，小型水上客轮“Scholarship”号驶离 Saltspring 岛的 Ganges 港，开往 Active pass 水道西北入口处的 Sturdies 湾。

0757 时，呼叫 VTS。0806 时，被告知“Queen of Saanich”轮在 Matthews Bluff 附近。0814 时，在得知“Royal Vancouver”轮的位置后，通过 VHF 通知该船：本船正在靠近位于 Active pass 水道南入口的 Helen PT，并将走航道的 Mayne 岛一侧。按照前 3 天早上的相似做法，请求与“Royal

Vancouver”轮红灯过(即左舷会遇),该轮同意红灯过。

0817时,接近 Matthews Bluff ,并意识到“Royal Vancouver”轮正在靠近 Gossip 海岸,便通过VHF 请求改变先前的会遇方案,要求绿灯过(右舷会遇),以便能穿过航道到航道的 Calliano 另一侧。该请求被“Royal Vancouver”轮收到但未给予口头确认。

3.“Royal Vancouver”轮

0700标准时后不久,“Royal Vancouver”轮离开 Vancouver(温哥华)港,开往 Victoria(维多利亚)港。该航线由“Royal Vancouver”轮和其姊妹船“Royal Victoria”号在不到一星期前才开辟。

航行中遭遇浓雾,然而过 Lions Gate 桥(温哥华码头附近),能见度增强,于是在抵达 PT Atkins 时全速行驶。0746时过 Aiona 防波堤,0754时走航向 164°,并穿越 Georgia 海峡。雷达船首标志线指向 Georgina Point。海峡能见度为 6NM,穿越时无事。0747时呼叫 VTS。

由于操舵室无海图桌,使得驾驶员在航行时只能凭航海经验和公司推荐的航线数据来航行,而无法参阅海图。当其他船依照地形定位并报 VTS 时,“Royal Vancouver”轮驾驶员只能去目测其他船的船位。

船上配有一台 VHF 无线电话,双频道守听状态良好。该 VHF 位于驾驶台,船长的前面,船长是唯一方便使用它的人。船上还配有两台雷达,一台位于驾驶台的右边,在船长的前面。该雷达开着,设置为首向上图象不稳定相对运动模式。另外一台位于驾驶台左边,在大副的前面。该雷达有光栅扫描防避碰装置,能够跟踪目标,触摸式屏幕控制。

0812时,碰撞前约6分钟,向 VTS 报告本船位置在 Active pass 航道以北三海里处。0812-0813时,被 VTS 告知“Queen of Saanich”轮位于 Laura PT 附近。当驶近 Active pass 航道时,船长正在交替用雷达 0.75NM 和 1.5NM 档进行观测。他没有发现“Queen of Saanich”轮的回波,但在 Sturdies 湾发现一个回波。

0816时,进入雾区但没有鸣雾号。

0816-0818时收到三个 VHF 呼叫:第一个是“Queen of Tsawwassen”轮通知说它正离开 Village 湾。第二个是“Scholarship”轮,它希望改变先前的过绿灯的会遇协议,而要红灯过。“Royal Vancouver”轮虽收到该会遇协议改变的请求,但未给予口头确认。第三个是来自“Queen of Saanich”轮,时间是 0817:40,它通告其船位在 Georgia Point 正横。

大副在船靠近 Active pass 航道时调小了雷达的量程。他在 Mary Anne Pt 和 Laura PT 之间发现了一个回波,但由于 Active pass 航道入口处潮水合流造成严重的海浪干扰,他不得不转移注意力去调谐雷达以抑制干扰,当调谐雷达时,船长向他询问“Queen of Saanich”轮的船位,他没有应答。当时船长已经采取了右舵走 205°以便进入 Active pass 航道。驾驶台里气氛很紧张。随后由于认为在 Sturdies 湾附近的回波是“Scholarship”号(其实是“Royal Vancouver”号),而该轮又希望绿灯过,所以右转速度降低,船速减慢预计为 6~10 节。

0817:30时,与“Queen of Saanich”轮首次建立 VHF 联系。约17秒后在 VHF 呼叫“全右满舵”。0818时,尽管那时相互已经能够用肉眼看见对方,并都采取了紧急措施,但还是船首撞到一起。碰撞位置:距 Georgina Point 0.22NM,方位 127°。0818:36时,“Royal Vancouver”轮“Queen of Saanich”轮广播了这次碰撞事故。两条船都没有使用紧急信号也没有向乘客通报此次事故可能会带来的危险性。碰撞期间“Royal Vancouver”轮的船员忙于安抚乘客。一名在上甲板酒吧里的乘客由于这次碰撞而被甩到柜台里去了。

四、Balduin 轮搁浅

机动船 Balduin 由奥斯陆出发开往 Fredrikstad，这是一个大约 5 小时的沿奥斯陆的狭长海湾的航行。出发之后不久，船长就离开了驾驶台，留下引航员和二副值班，他只是告诉二副在到达 Videgrunnen 灯塔前 20 分钟通知他。

在随后的船舶航行过程中，见图 13-4 所示。二副和引航员都保持沉默，相互之间没有进行过交流与沟通。这很可能是因为引航员和二副于船舶开航之前在驾驶台相见时曾发生了一些不愉快的小摩擦。

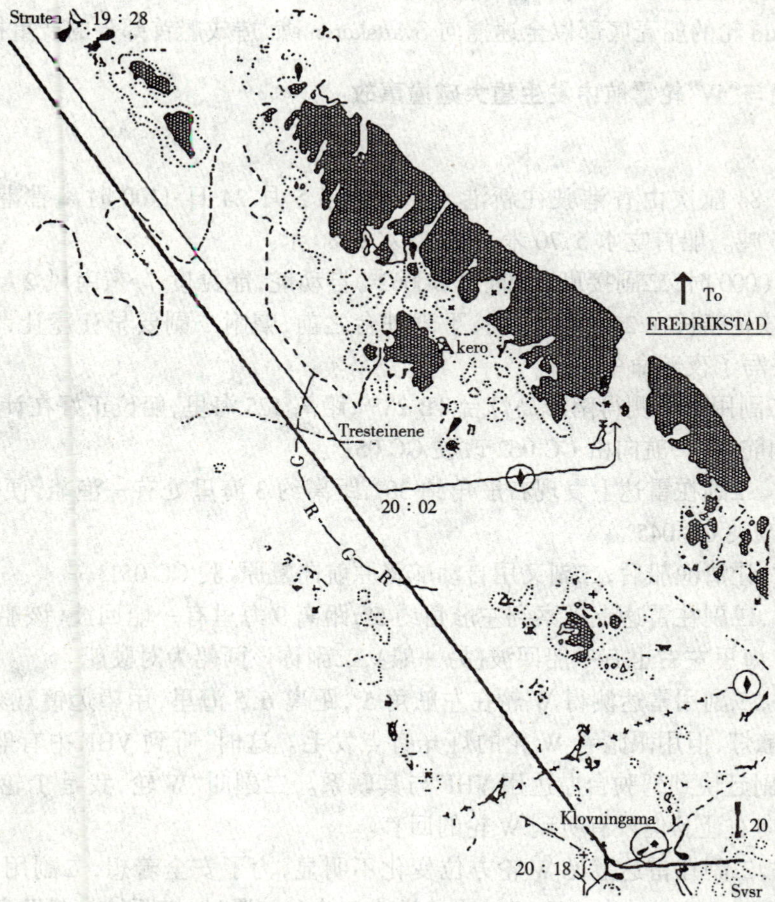

图 13-4　Balduin 轮搁浅经过图

1928 船舶经过 Struten 灯塔，二副在航海日志上作了记录。船舶以 17 节的航速全速前进。

1955 二副按照船长先前的指示通知了他。

—船舶用自动舵航行，所有的改向操作都是由引航员在没有通知值班驾驶员的情况下独自执行。

—由于某种原因，引航员在经过 Tresteinene 灯塔时没有注意到它。本来船舶在经过这里时应朝着 Fredrikstad 改航 90°的。他们没有采取任何改向措施，而是继续向前航行。

2005 船长到驾驶台。他没有理睬二副，也没有去确认船舶的位置。他要求不再使用自动舵,并让舵工就位操舵。此刻 Klovingarna 灯塔出现在船左船首的方向。二副在船长到达驾驶台之后没有继续注意航行工作,而是把注意力放在了别的工作上。

—船长当时曾向引航员询问船舶的位置,并且被告知 Tresteinerne 灯塔就在船左船首方向,而事实上此灯塔为 Klovingarna 灯塔。实际上,船舶已经驶过了 Tresteinerne 灯塔。发生事故后,引航员声称当时他并不确定船舶的确切位置,而且没有告知任何人。

2018 当 Balduin 轮驶过 Klovingarna 灯塔后,就改驶航向 090°。此时舵工感到船前方的灯光背景很熟悉又反常,因为他发现这种灯光背景是 Stromstad 市的,因为他自己就居住和生活在这个城市里。于是他就对站在他面前的两个人说:"在大桅前的远处的红色灯光不就是在 Stromstad 城里吗?"但是没有任何人理睬他。

2023 Balduin 轮的船壳底部以全速撞向 Svartskaren 礁,造成船首部分的严重损坏。

五、"T"轮与"W"轮雾航中发生重大碰撞事故

事故经过

(1)T 轮第 84 航次由香港驶往新港,于 1994 年 5 月 24 日 1100 时离香港,装载集装箱 433TEU/2678.5 吨。船首吃水 5.70 米,船尾吃水 6.80 米。

5 月 25 日 0000 时,二副接班,航向为 GC062°,自动舵,能见度 7,东南风 2~3 级,小浪。航速约为 17 节,该轮船长在 25 日 0015 时,下驾驶台之前,嘱咐二副要早让宽让,视线变差或船多时叫船长,并写了夜航命令。

0047 时,二副用雷达测得南澎岛灯台 TB 285°,距离 125 海里,船位正好在计划航线上。此时,二副用自动舵改向,航向由 GC 062°改驶 GC 051°。

约 0110 时,二副在雷达上发现右舷角约 30°、距离约 3 海里处有一渔船,便使用自动舵避让,由 GC 051°改驶 GC 045°。

约 0115 时,让清渔船后,二副又用自动舵将原航向复原,驶 GC 051°。

约 0125 时,二副在雷达上观察到左舷角约 5°,距离 9 海里有一船回波(该船即 W 轮)在左舷约 8°,距离 7 海里左右也有一船回波(另一船),二副称该两船为对驶船。

约 0130 时,二副用雷达测得 W 轮在左舷角 5°,距离 6.5 海里,用望远镜观察可见 W 轮前后桅灯和红绿舷灯,但用眼睛看 W 轮的灯光有点发毛。这时,听到 VHF 中有船在呼叫"前方来船,W 叫"二副赶快到驾驶台左边用 VHF 与其联系。二副叫"W 轮,我是 T 轮,W 轮,我是 T 轮。我们各自向右让。"但没有听到 W 轮的回答。

约 0134 时,二副在雷达上见 W 轮方位变化不明显,为了安全着想,二副用自动舵将航向由 GC 051°改驶 GC 060°。大约 0136 时,另一船从 T 轮左舷通过,横距约 1 海里多。约 0138 时,二副再用自动舵将航向 GC 060°改驶 GC 070°。

约 0139 时,二副用雷达观察 W 轮在左舷 8°~10°,距离 2.5 海里,并看到其前后桅灯及绿舷灯。二副又用 VHF 与 W 轮联系,没有听到回答。

约 0142 1/2 时,二副用自动舵往右避让,航向由 GC 070°改驶 GC 080°。

0143 时,突然下浓雾,视线变差。二副称因为当时让船,没有叫船长和与机舱联系。

约 0144 1/2 时,二副感到要碰船了,赶紧叫一水换手操舵,下令右舵 10°。

约 0145 时,二副跑到车钟旁手忙脚乱,心里想一下子拉全速倒车,但只是将车钟原前进三拉到后退一的位置,结果车也没有开出来(因为主机遥控系统故障,机舱内仅一名新机二在值班(1993 年 12 月 17 日该轮船务会决定,同意轮机长提出轮机员不下机舱值班的意见,故当时

没有轮机员在机舱,车不能马上开出来)。此时,一水看情况不妙,将右舵10°扳到了右满舵,但为时已晚。

0146时,T轮以约17节的海上速度与W轮碰撞,其球首鼻从W轮的No.3舱右舷中部往前迅速擦过,再在No.2舱前干膈舱倒数第二、三根肋骨处穿进No.2舱干隔舱,插入No.1舱中间(约靠右舷为1/4船宽处),使舱盖掉落在大舱内。T轮GPS显示碰撞地点为北纬23°21.′7分N 东经117°43.′9分E。0148时,T轮机舱将车钟摇柄放在倒车位置。

0150时,T轮机舱第一次翻出倒车,后退一。

0151 1/2时,停车。

(2)W轮第135航次由秦皇岛港驶往蛇口妈湾港,船上装载煤29646吨,船首吃水10.43米,船尾吃水10.82米。

5月25日0000时,二副接班。航向GC 229度,自动舵,能见距离约5海里以上,东南风2~3级,小波,平均航速约为10节。

0020时,二副发现视程约100米左右,便令一水叫船长,施放雾号。通知机舱备车,并改用手操舵,在VHF CH16中发雾航警报。

约0023时,船长上驾驶台。此时,二副在ARPA上观察到有几条渔船,就指挥一水避让,让清渔船后,航向仍驶GC 229°。

0100时,二副用GPS定位(北纬:2 3°27′3 N,东经:117°48′6 E)。0120时,二副、船长在ARPA上发现右前方约10海里和3海里处有一前一后两条北驶船的回波,前船为右舷角15°左右,后船为右舷角2°~3°。0125时,二副在ARPA上发现原右舷角15°。距离8海里的那条船的舷角已增大,而原右舷角2°~3°,距离10海里的这条船舷角没有多大变化,而距离在接近。二副用ARPA捕捉了这两个目标,ARPA显示后船航向为053°,航速为15.9节,会遇距离0.1海里。二副便注意观察其动态。

0130时,二副在ARPA上观察到原右舷角2°~3°,接近顶头的船距离约6海里了,考虑到右舷前方还有船,而左边没有船,就令一水往左避让,由GC 229°改驶GC 200°。对此,船长没有表示异议。随后,二副就用VHF CH16呼叫:“顶头距离我约5.5海里左右,航向053度,航速15.9节的是什么船。我W轮已经往左让了,请你保持航向。”但没有听到回答。

0135时,二副、船长在ARPA上发现原顶头的这条船距离约为4海里,而且其运动矢量是对着本船中心偏后的,会遇距离在减小,并发现来船回波矢量尾迹有小角度右转迹象。此时,船长用VHF CH16呼叫该轮:“请你保持航向,不要往右让。”对方无回答。

0135 1/2时,船长下令航速由前进三,减至前进一。0140时,二副、船长观察来船会遇距离越来越小。船长下令停车,左满舵。

0142时,船长令后退三,全速倒车。

0143时,来船距离只有0.8海里时,二副又用VHF CH16大声呼叫:“离我船0.8海里的船,你不要再继续往右让了。”但对方仍无回答。此时,二副再去看ARPA,来船矢量仍是对着本船右舷偏后,且两船会遇距离已为零。接着,船长拉手动汽笛5短声。

0145时,船长令停车。这时目见来船在右后方约50°~60°方向对着本船很快地驶来,船长立即按全船警铃,把船员叫醒。

0146时,一声巨响,船身一振,与T轮相撞(图13-5)。碰撞时,W轮的航速约为零节,GPS显示碰撞位置为北纬:23°21′9 N,东经117°43′3 E。

碰撞后,W轮No.1,2舱大量进水,随后各舱相继进水,在抢滩自救无效情况下,全部37名船员离船，安然无恙地转移到T轮上。5月25日1125时，W轮船长宣布弃船。W轮沉没在北纬23°22′6 N，东经：117°40′0 E的位置。

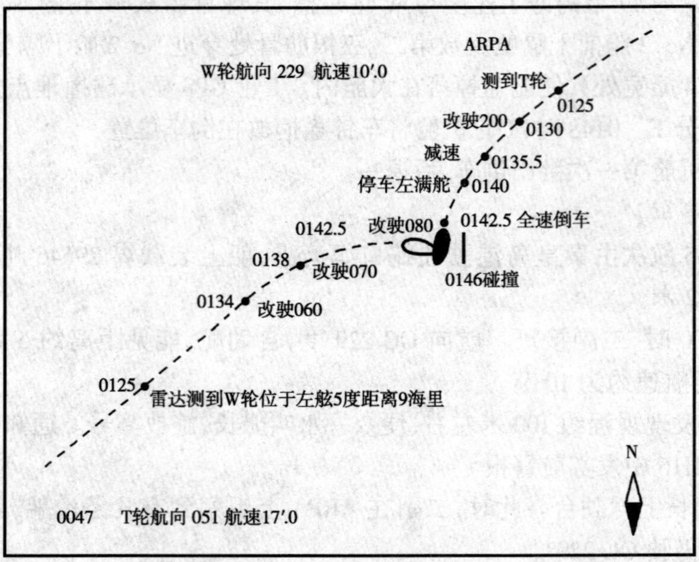

图 13-5　W、T轮碰撞事故示意图

附录一　船舶驾驶值班标准与应急操作检查表

一、STCW 公约有关船舶驾驶台值班标准与指导

第Ⅷ章　关于值班的标准

第 A—Ⅷ/1 节

适于值班

1　所有分派作为负责值班的高级船员或组成值班部分的普通船员应在 24 小时内有至少 10 小时的休息时间。

2　休息时间可以分为至多不超过 2 个时间段，其中一个时间段至少要有 6 小时。

3　在紧急、演习或在其他超常工作情况下不必保持第 1 和第 2 段规定的关于休息时间的要求。

4　尽管有第 1 和第 2 段的规定，10 小时的最短时间可以降到不少于连续的 6 小时，条件是这种降低不得超过 2 天，并且 7 天时间内提供的休息时间不少于 70 小时。

5　主管机关应要求将值班安排表张贴在显而易见处。

第 A — Ⅶ/2 节

值班安排和应遵循的原则

第 1 部分　发　证

1　负责航行或甲板值班的高级船员的资格应完全符合第Ⅱ章或第Ⅶ章有关航行或甲板值班职责的相应规定。

2　负责轮机值班的高级船员的资格应完全符合第Ⅲ章或第Ⅶ章有关轮机值班职责的相应规定。

第 2 部分　航 次 计 划

一般要求

3　对预定的航次，应在研究所有有关资料后事先作出计划，并应在航次开始前对制定的任何航线进行核实。

4　轮机长应与船长协商，预先确定计划航次的需要，并考虑对燃料、淡水、润滑油、化学品、消耗品和其他备件、工具、供应品以及任何其他需求。

每一航次前的计划

5　每一航次前，各船船长应保证充分并恰当地运用本航次所必需的海图和其他航海出版物，对自出发港至第一停靠港的预定航线作出计划，所述海图和航海出版物应包含航行限制和涉及船舶航行安全的永久性的或可预测到的危险物在内的准确、完整和最新资料。

计划航线的核实和标绘

6　在考虑了所有有关信息并核实了航线计划后，计划航线应清晰地标绘在有关海图上，并在航行期间供值班高级船员随时使用，但他应在使用之前核实将采取的每一航向。

偏离计划航线

7　如果在航行期间决定改变计划航线的下一停靠港，或者因其他原因船舶需要大幅度地偏离

计划航线,那么,应在大幅度地偏离原计划航线前计划出修正航线。

第3部分　海上值班

适用于值班的一般原则

8　缔约国应指示公司、船长、轮机长和值班人员注意遵守下列原则,以确保在任何时候均能保持安全值班。

9　各船船长必须确保值班的安排足以保持安全航行值班。在船长的统一指挥下,值班的高级船员在他们值班期间,特别是他们在涉及避免碰撞和搁浅时,负责船舶的安全航行。

10　各船轮机长必须与船长协商,确保值班的安排足以保持轮机安全值班。

保护海洋环境

11　船长、高级船员和普通船员应了解操作性或事故性的海洋环境污染的严重后果,并应采取一切可能的预防措施防止这类污染,特别是有关国际规则和港口规章规定范围内的污染。

第3—1部分　航行值班中应遵循的原则

12　负责航行值班的高级船员是船长的代表,并在任何时候,主要负责船舶的安全航行和遵照《1972年国际海上避碰规则》行事。

瞭望

13　应遵照《1972年国际海上避碰规则》第5条的规定随时保持正规的瞭望,并应达到下列目的:

.1　针对操作环境中发生的重大变化,利用视觉和听觉以及所有其他可用的手段保持连续戒备状态;

.2　全面判断碰撞、搁浅和其他危害航行安全的局面和危险;以及

.3　探明遇险的船舶和飞机、船舶遇难人员、沉船、残骸和其他碍航物。

14　瞭望人员必须全神贯注地保持正规瞭望,不得从事或分派给会影响瞭望的其他任务。

15　瞭望人员和舵工的职责是分开的,舵工在操舵时不应视为瞭望人员,除非在某些小船上,操舵位置具有四周无遮挡的视野并且没有夜视障碍或其他保持正规瞭望的妨碍。在下列情况下,负责航行值班的高级船员在白天可以是唯一的瞭望人员:

.1　对局面作了充分估计,确信无疑这样做是安全的;

.2　充分考虑了包括但不限于下列一切有关因素:

——天气情况,

——能见度,

——通航密度,

——邻近的航行危险物,和

——航行在分道通航制内或附近时必要的注意;以及

.3　当局面的任何变化需要时,能立即召人到驾驶台协助。

16　在判定航行值班的组成是否足以保证能连续保持正规瞭望时,船长应考虑所有的有关因素,其中包括本规则本节所述的因素和以下因素:

.1　能见度,天气状况和海况;

.2　通航密度,和发生在船舶航行区域内的其他活动;

.3　当航行在分道通航制或其他定线制水域内或附近时必要的注意;

.4 由船舶功能的性质、即时操纵要求和预期操纵所引起的额外工作量；

.5 应召并被指定为值班人员的任何船员适于值班的情况；

.6 船舶高级船员和普通船员的专业适任知识和自信心；

.7 每个负责航行值班的高级船员的经验和对船舶设备、程序和操纵能力的熟悉程度；

.8 任何特定时刻船上发生的活动，包括无线电通信活动，和必要时召唤人员立即到驾驶台给予协助的可能性；

.9 驾驶台的仪器和控制器，其中包括报警系统的工作状况；

.10 舵和推进器的控制以及船舶操纵特性；

.11 船舶尺度和指挥位置的视野；

.12 驾驶台的结构，这种结构可能对值班人员利用视觉和听觉探测外部情况所造成的妨碍程度，以及

.13 本组织通过的涉及值班安排和适于值班的任何其他有关标准、程序和指南。

值班安排

17 在决定可能包括合格的普通船员在内的驾驶台值班组成时，应特别考虑下列因素：

.1 在任何时候，驾驶台不许无人值守；

.2 天气情况、能见度以及是否白天或黑夜；

.3 临近航行危险物的程度，因通过航行危险物时可能需要负责航行值班的高级船员执行额外的航行职责；

.4 助航仪器，如雷达或电子定位仪以及任何其他影响船舶安全航行的设备的使用和工作状态；

.5 船上是否装有自动操舵装置；

.6 是否要履行无线电职责；

.7 装备在驾驶台上的无人机舱(UMS)控制装置、警报和指示器及其使用程序和局限性；以及

.8 特殊的操作环境可能导致对航行值班的出乎寻常的任何要求。

交接班

18 负责航行值班的高级船员，如果有理由相信来接班的高级船员不能有效地履行其职责，则不应向其交班，在这种情况下应通知船长。

19 接班的高级船员应确保本班人员完全能履行他们的职责，特别关于他们的夜视力的适应调节。接班的高级船员在其视力未完全调节到适应光线条件以前，不应接班。

20 接班的高级船员在接班前，应彻底搞清本船的推算船位或真船位，并核实本船的预定航线、航向和航速以及无人机舱控制装置(如有的话)，还应注意在他们值班期间预计可能遇到的任何航行危险。

21 接班的高级船员应亲自搞清以下有关情况：

.1 船长对船舶航行有关的常规命令和其他特别指示；

.2 船位、航向、航速和船舶吃水；

.3 当时和预报的潮汐、潮流、气象和能见度以及这些因素对航向和航速的影响；

.4 当主机在驾驶台控制时操纵主机的程序；以及

.5 航行局面，包括但不限于：

.5.1 正在使用或在值班期间有可能使用的所有航行和安全设备的工作状况，

.5.2　陀螺罗经和磁罗经的误差，

.5.3　看到或知道附近船舶的位置及动态，

.5.4　在值班期间可能会遇到的有关情况和危险，以及

.5.5　船舶横倾、纵倾、水的密度及船体下坐而可能对龙骨下富裕水深的影响。

22　负责航行值班的高级船员换班时如果正在进行船舶操纵或其他避免危险的行动，则该高级船员的交班应推迟到这种操作完成之后再进行。

履行航行值班

23　负责航行值班的高级船员应：

.1　在驾驶台保持值班；

.2　在正式交班之前，任何情况下均不得离开驾驶台；

.3　即使船长在驾驶台，继续对船舶的安全航行负责，直至被明确告知，船长已承担此责任并彼此领会时为止；并且

.4　在对为了安全而采取的某种行动产生疑问时通知船长。

24　在值班期间，应使用任何可用的必要的助航仪器，以足够频繁的时间间隔对所驶的航向、船位和航速进行核对，以确保本船沿着计划航线行驶。

25　负责航行值班的高级船员应充分了解船上所有安全和航行设备的放置地点和操作方法，并应知道和考虑这些设备在操作上的局限性。

26　负责航行值班的高级船员，不应被分派或担负任何妨碍船舶安全航行的职责。

27　航行值班高级船员应最有效地使用在他支配之下的所有助航设备。

28　在使用雷达时，负责航行值班的高级船员应切记，在任何时候均应遵守适用的国际海上避碰规则中有关使用雷达的规定。

29　在需要时，负责航行值班的高级船员应毫不犹豫地使用舵、主机和音响信号装置，但如有可能，应及时通知主机拟进行变速，或者按照适用的程序有效地使用装配在驾驶台的无人机舱主机控制器。

30　航行值班的高级船员应知晓包括冲程在内的本船操纵性能，并应意识到其他船舶可能具有不同的操纵性能。

31　值班期间应保持对与航行有关的动态和活动的正规记录。

32　特别重要的是负责航行值班的高级船员要随时确保正规的瞭望。在具有单独海图室的船上，为了履行必要的航行职责，该负责航行值班的高级船员在必需时可以短时间进入海图室，但是他必须首先确信这样做是安全的，并确保保持正规的瞭望。

33　在可行和条件允许的情况下，特别是在危险状况预计影响航行之前，应对船上的航行设备在海上进行频繁的操作性测试。适当时应对这些测试做记录。这种测试还应在到港前和出港前进行。

34　负责航行值班的高级船员应作定期检查，以确保：

.1　舵工或自动舵正操作在正确的航向上；

.2　标准罗经的误差每班至少测定一次，如可能，在任何大幅度改向后也应测定；标准罗经和陀螺罗经应经常进行核对，罗经复示仪应与主罗经同步；

.3　自动舵应至少每班手动测试一次；

.4　航行灯和信号灯及其他航行设备正常工作；

.5　无线电设备按照本节第86段规定正常工作；以及

.6 无人机舱(UMS)控制装置、报警和指示器工作正常。

35 负责航行值班的高级船员应切记,始终遵守《1974年国际海上人命安全公约》中适用规定的必要性。航行值班的高级船员应考虑到:

.1 使舵工就位并及时改为手动操舵以使潜在的危险局面转危为安的必要性;以及

.2 使用自动操舵的船舶,如局面发展到使负责航行值班的高级船员得不到帮助以致不得不中断瞭望而采取紧急措施,那是非常危险的。

36 航行值班的高级船员应完全熟悉所装备的所有电子助航仪器的使用方法,其中包括其性能及局限性。适当时,应使用每一种助航仪器并应切记回声测深仪是一种很有价值的助航仪器。

37 遇到或预料到能见度不良时,以及在拥挤水域的全部时间里,负责航行值班的高级船员应使用雷达,并应注意其局限性。

38 负责航行值班的高级船员应确保所使用的量程以足够频繁的时间间隔进行转换,以便能及早地发现回波。应切记小的或微弱的回波有可能探测不到。

39 每当使用雷达时,负责航行值班的高级船员应选择合适的量程,仔细观察显示器,并应确保有充分的时间进行标绘或进行系统的分析。

40 在下列情况下,负责航行值班的高级船员应立即通知船长:

.1 遇到或预料到能见度不良时;

.2 对通航状况或他船的动态发生疑虑时;

.3 对保持航向感到困难时;

.4 到预定时间未能看到陆地、航标或测不到水深时;

.5 意外地看到陆地、航标或水深突然发生变化时;

.6 主机、推进机械的遥控装置、舵机或者任何重要的航行设备、报警或指示仪发生故障时;

.7 无线电设备发生故障时;

.8 在恶劣天气中,怀疑可能有天气危害时;

.9 船舶遇到任何航行危险时,诸如冰或海上弃船;以及

.10 其他紧急情况或感到疑虑时。

41 尽管在上述情况下要求立即通知船长,但当情况需要时,负责航行值班的高级船员为了船舶的安全,应毫不犹豫地采取果断行动。

42 负责航行值班的高级船员应给予全体值班人员一切适当的指示和信息,以确保包括正规的瞭望在内的安全值班得以保持。

在不同的条件下和不同水域内的值班

良好天气

43 负责航行值班的高级船员应频繁地测定驶近船舶的精确的罗经方位作为及早发现碰撞危险的方法,并应切记有时方位变化明显但碰撞危险依然存在,特别是当驶近大型船舶或拖带船队时或是在近距离接近他船时。负责航行值班的高级船员还应按适用的《1972年国际海上避碰规则》及早地采取积极的行动,随后还应检查此种避碰行动是否取得预期的效果。

44 天气良好时,只要有可能,负责航行值班的高级船员应进行雷达操作。

能见度不良

45 遇到或预料到能见度不良时,负责航行值班的高级船员的首要职责是遵守《1972年国际海上避碰规则》的相应条款,特别是有关鸣放雾号,以安全航速行驶,并使主机处于立即可操纵的

准备状态的条款。此外,负责航行值班的高级船员还应:

.1 通知船长;

.2 布置正规的瞭望;

.3 显示航行灯;并且

.4 操作和使用雷达。

黑暗期间

46 船长和负责航行值班的高级船员在安排瞭望时应充分考虑到驾驶台设备和可供使用的助航仪器及其局限性;程序和所实施的安全措施。

沿海和拥挤水域

47 应使用船上适合于该地区并依据最新资料改正过的最大比例尺的海图。应以频繁的时间间隔测定船位,环境许可时应采用多种方法定位。

48 负责航行值班的高级船员应确切地辨认所有有关的航行标志。

有引航员在船时的航行

49 尽管引航员有其职责和义务,他们在船上引航并不解除船长或负责航行值班的高级船员对船舶安全所负的职责和义务。船长和引航员应交换有关航行程序、当地情况和船舶性能等情况。船长和负责航行值班的高级船员应与引航员密切合作,并保持对船舶的位置和动态进行精确的核对。

50 如果负责航行值班的高级船员对引航员的行动或意图有所怀疑,他应要求引航员予以澄清,如仍有怀疑,应立即报告船长,并在船长到达之前采取必要的行动。

船在锚泊

51 如果船长认为必要,船舶在锚泊情况下也应保持连续的航行值班。船在锚泊时,负责航行值班的高级船员应:

.1 尽快地测定船位并标绘在适当的海图上;

.2 条件允许时,以足够频繁的时间间隔,利用固定航标或岸上容易辨认的物标测定方位,以校核船舶是否安全地保持在锚位上;

.3 确保保持正规的瞭望;

.4 确保定时巡视船舶;

.5 观察气象和潮汐情况以及海况;

.6 假若船舶走锚,通知船长并采取一切必要措施;

.7 确保主机和其他机器按照船长指示处于准备使用状态;

.8 如果能见度变坏,通知船长;

.9 确保船舶按照适用的规定显示相应的号灯、号型并鸣放相应的声号;并且

.10 采取措施防止船舶污染环境,并遵守适用的防止污染规则。

第 VIII 章　关于值班的指导

第 B—VIII/1 节

关于适于值班的指导

防止疲劳

1 在遵守休息时间的要求时,“压倒其他的工作条件”需解释为仅指由于安全或防止污染原因

不能延误的或在航次开始时不能合理预料的重要的船上工作。

2　虽然疲劳尚没有普遍接受的技术性定义，但每一个参与船舶操作的人需警惕能导致疲劳的因素，其中包括但不仅限于那些本组织已明确的因素，并应在决定船舶工作时加以考虑。

3　在运用规则 VII/1 时，应考虑以下各项：

.1　所制定的防止疲劳的规定需保证不采取过多的和不合理的整段工作时间，特别是第 A—VIII/1 节规定的最少休息时间不应解释为暗示所有其他时间可用于值班或履行其他职责；

.2　下岗时段的次数和长短以及准予的补休是一段时间内防止疲劳的关键因素；

.3　对短航次的船舶，只要作出特殊的安全方面的安排可以有不同的规定；以及

4　主管机关需考虑提出一种要求，即保持海员工作或休息时间的记录，而且该记录由主管机关以适当的时间间隔进行检查的要求，以保证执行有关工作时间和休息时间的规定。

5　主管机关需以从海上事故调查结果所获得的资料为基础，对其防止疲劳的规定进行审查。

第 3－1 部分　关于保持航行值班的指导

2　对特殊类型的船舶以及载运有害、危险、有毒或高度易燃性货物的船舶可能需要有特别的指导。船长需根据情况提供操作性指导。

3　重要的是，负责航行值班的高级船员要认识到，有效地履行其职责对海上人命和财产安全以及防止海上环境污染的必要性。

驾驶台资源管理

4　公司需发布关于正规的驾驶台程序的指导，并结合考虑国内和国际的指南，促进适于每一艘船的检查单的使用。

5　公司还需向各船的船长和负责航行值班的高级船员发布以下述驾驶台资源管理原则为基础的，关于驾驶台值班人员如何配置和使用的持续评估的必要性的指导：

.1　要有足够的合格人员值班，以保证有效地履行各种职责；

.2　所有参与航行值班的人员都需具有相应的资格并适于充分有效地履行其职责，或者负责航行值班的高级船员在作出航行或操作决定时需考虑到每个当班人员资格或适任性的局限性；

.3　分派给每个人的职责需明确无误，他们需证实已明白自己的责任；

.4　工作任务需按明确的先后次序完成；

.5　不要给任何航行值班人员分派其不能有效完成的，过多或过难的工作任务；

.6　任何时候对每个人都需分派其最能充分有效履行其职责的岗位，当情况需要时，需另行分派其岗位；

.7　对航行值班人员，不要分派给不同的职责、任务或岗位，除非负责航行值班的高级船员肯定这种调整能充分有效地完成；

.8　履行职责所必需的仪表和设备需备妥，使负责航行值班的相应人员随时可用；

.9　航行值班人员之间的通话需清楚、迅速、可靠，并与所从事的业务有关；

.10　非紧要的活动和使人分心的活动需避免、禁止或取消；

.11　所有驾驶台设备需工作正常，否则，负责航行值班的高级船员在作出操作决定时需考虑到可能存在的任何故障；

.12　需收集、处理和解释一切重要的信息，并使之便于为履行其职责而需要这种信息的人员使用；

.13 驾驶台或任何工作面上不得放置无关的东西；并且

.14 航行值班人员在任何时候均需作好准备，以便充分有效地对环境改变作出反应。

二、国际航运协会船舶应急操作检查表

Ship Emergency Checklists（ICS）

1．Main engine or steering failure 主机或舵失效

Action to be carried out：应采取的行动：

- □ Inform master 通知船长
- □ Prepare for anchoring if in shallow water 如果在浅水水域应准备抛锚
- □ Exhibit "not under command" shapes/lights 悬挂/显示"失控船"号型/号灯
- □ Commence sound signal 鸣放声响信号
- □ Broadcast URGENCY message to ships in the vicinity，if appropriate 如果有必要向附近的船舶发布紧急信息

In case of a STEERING FAILUR 在舵失效的情况下：

- □ Inform engine room 通知机舱
- □ Engage emergency steering 采用应急舵
- □ Take way off the ship 将船停住
- □ Prepare engines for manoeuvring 备车以便操纵

Other action：其他行动：

- □
- □
- □

2．Collision 碰撞

Action to be carried out：应采取的行动：

- □ Sound the general emergency alarm 发出通用的紧急警报
- □ Manoeuvre the ship so as to minimize effects of collision 操纵船舶以使碰撞结果减少到最小
- □ Close watertight doors and automatic fire doors 关闭水密门和自动防火门
- □ Switch on deck lighting at night 夜间打开甲板灯
- □ Switch VHF to Channel 16 and. if appropriate，to Channel 13 开启甚高频电话，置于16频道，如有必要，置于13频道
- □ Muster passengers，if carried，at emergency stations 如果载有乘客，组织他们在应急站集合
- □ Make ship's position available to radio room/GMDSS station，satellite terminal and other automatic distress transmitters and update as necessary 向无线电报房/GMDSS站，卫星终端和其他自动应急发射器提供船位，如果有必要应予更新
- □ Sound bilges and tanks after collision 碰撞后测量污水和各液体舱

□ Check for fire/damage 检查火情或损坏情况

□ Offer assistance to other ship 为发生碰撞的他船提供帮助

□ Broadcast DISTRESS ALERT and MESSAGE if the ship is in grave and imminent danger and immediate assistance is required, otherwise broadcast an URGENCY message to ships in the vicinity 如果船舶处在严重紧迫危险中并且需要立即救助,则发布遇险警报和信息,否则向附近船舶发布紧急信息

3. Stranding and Grounding 搁浅和触礁

Action to be carried out: 应采取的行动:

□ Stop engines 停车

□ Sound general emergency alarm 施放应急警报

□ Close watertight doors, if fitted 如装有水密门,则应关闭水密门

□ Maintain a VHF watch on Channel 16 and, if appropriate, on Channel13 在 VHF16 频道守听,如果必要在 13 频道

□ Exhibit lights/shapes and make any appropriate sound signals 悬挂或显示号灯/号型,并鸣放相应的声响信号

□ Switch on deck lighting at night 夜间开启甲板灯

□ Check hull for damage 检查船壳损坏情况

□ Sound bilges and tanks 测量污水和各液体舱

□ Visually inspect compartment where possible 可能的话视觉检查隔离舱

□ Sound around ship 船舶周围测深

□ Determine which way deep water lies 确定深水部位

□ Determine the nature of the seabed 确定海床底质

□ Obtain information on local currents and tides, particularly details of the rise and fall of the tide 获取当地流和潮汐的情况,尤其是涨潮和落潮的具体信息

□ Reduce the draught of the ship 减少吃水

□ Make ship's position available to radio room/G.MDS5 station, satellite terminal other' automatic distress transmitters and up - date as necessary 向报房或 GMDSS 站,卫星终端和其他自动应急发射器提供船位,如果有必要,船位应更新

□ Broadcast DISTRESS ALERT and MESSAGE if the ship is in grave and imminent danger - and immediate assistance is required otherwise broadcast an URGENCY message to ships in the vicinity 如果船舶处在严重紧迫危险中并且需要立即救助则发布遇险警报和信息,否则向附近船舶发布紧急信息

□ Other actions:其他行动:

□

4. Man overboard 人落水

Actions to be carried out: 应采取的行动:

□ Release lifebuoy with light and smoke signal on the side the crew member has fallen overboard 在人员落水一侧释放带有灯光和烟雾信号的救生圈

☐ Take immediate avoiding action so as not to run over the man overboard 立即采取规避行动，避免压过落水人员

☐ Sound three prolonged blasts of the ship's whistle and repeat as necessary 汽笛拉三长声，必要时重复释放

☐ Post a lookout with binoculars and instructions to maintain a continuous watch on the man overboard 安排一配有望远镜人员瞭望，并对落水人员的持续瞭望

☐ Hoist signal flag "O" 悬挂'O'信号旗

☐ Commence a recovery manoeuvre, such as a Williamson turn 开始搜救操纵，如威廉逊旋回

☐ Engage hand steering, if helmsman available 如果有舵工则实施手操舵

☐ Note ship's position, wind speed and direction and time 标注船舶位置，风速和风向以及时间

☐ Inform master, if not already on the bridge 如果船长不在驾驶台则通知船长

☐ Inform engine room 通知机舱

☐ Place engines on stand-by 备车

☐ Muster rescue boat's crew 集合救助艇人员

☐ Prepare rescue boat for possible launching 准备好救助艇以备随时放艇

☐ Distribute portable VHF radios for communication 分配便携式 VHF 以便保持联络

☐ Rig pilot ladder/nets to assist in the recovery 准备好引航梯或安全网协助救助

☐ Make ship's position available to radio room/GMDSS station 向报房或 GMDSS 站提供船位

☐ Broadcast URGENCY message to ships in the vicinity 向附近船舶发布紧急信息

5. Fire 火灾

Action to be carried out：应采取的行动：

☐ Sound the fire alarm 鸣放火灾警报

☐ Call master if not already on bridge and notify engine-room 如果船长不在驾驶台则叫船长并通知机舱

☐ Muster crew 集合船员

☐ Establish communications 建立通信

☐ Check for missing and injured crew members 核对失踪和受伤船员

☐ On locating the fire, notify all on board of that location 查明火源，通知船员火灾地点

☐ If an engine room fire, prepare for engine failure 如果机舱失火，做好主机失效的准备

☐ Assess fire and determine the class of fire 评估和确认火灾的程度

☐ Appropriate extinguishing agent 合适的灭火剂

☐ Appropriate method of attack 适当的灭火方法

☐ How to prevent the spread of the fire 如何防止火灾蔓延

☐ The necessary personnel and firefighting methods 必要的灭火人员和方法

☐ Close down ventilation fans, all doors including fire and watertight doors an skylights 关掉通风，关闭所有门，包括防火门和水密门及天窗

☐ Switch on deck lighting at night 夜间开启甲板灯

☐ Make ship's position available to radio room/GMDSS station, satellite terminal or other automatic distress transmitters and update as necessary 向报房或 GMDSS 站，卫星终端和其他自动应急发射器提供船位，如果有必要船位应加以更新

- ☐ Broadcast DISTRESS ALERT and MESSAGE if the ship is in grave and imminent danger and immediate assistance is required otherwise broadcast an URGENCY message to ships in vicinity 如果船舶处在严重紧迫危险中并需要立即救助则发布遇险警报和信息，否则向附近船舶发布紧急信息

6. Flooding 进水

Actions to be carried out: 应采取的行动

- ☐ Sound the general emergency alarm 鸣放应急警报
- ☐ Close watertight doors, if fitted 如装有水密门，则关闭水密门
- ☐ Sound bilges and tanks 测量污水和液体舱柜
- ☐ Identify location of incoming water 查明进水位置
- ☐ Cut off all electrical power running through the area 切断经过进水部位的电源
- ☐ Shore up area to stem water flow 堵住进水区域，阻止进水
- ☐ Check bilge pump for operation 检查舱底污水泵

  Check auxiliary pumps for back-up operation, as required 如果需要，检查备用泵以备用
- ☐ Make ship's position available to radio room/GMDSS station, satellite terminal and other automatic distress transmitters and update as necessary 向报房或 GMDSS 站，卫星终端和其他自动应急发射器提供船位，如果有必要，船位应加以更新
- ☐ Broadcast DISTRESS ALERT and MESSAGE if the ship is in grave and imminentdanger and immediate assistance is required otherwise broadcast an URGENCYmessage to ships in the vicinity 如果船舶处在严重紧迫危险中并需要立即救助时，则应发布遇险警报和信息，否则向附近船舶发布紧急信息

Other actions: 其他行动：

- ☐
- ☐
- ☐

7. Search and rescue 搜救

Actions to be carried out: 应采取的行动：

- ☐ Take bearing of distress message if radio direction finder fitted 如果配备无线电测向仪则测遇险信息的方位
- ☐ Re-transmit distress message 转发遇险信息

  Maintain continuous listening watch on all distress frequencies 在所有的遇险频率保持不间断守听
- ☐ Consult MERSAR/IAMSAR manuals 参阅 MERSAR/IAMSAR 操作手册
- ☐ Establish communications with all other surface units and SAR aircraft nvolved in the SAR operation 在所有参加的搜救行动的水面与空中的搜救单元之间建立通信

  Pilot station, course and speeds of other assisting units 指引其他救助单元的位置，航向和

航速

☐ Monitor X-band radar for locating survival craft transponder(SART) signal using 6 or 12 nautical mile range scales 通过 X 波段雷达的 6 海里或 12 海里量程挡锁定救生艇的搜救信标

☐ Post extra look-outs for sighting flares and other pyrotechnic signals 安排额外的瞭望人员观察火焰和其他烟火信号

Other actions: 其他行动:

☐

☐

☐

8. Abandoning ship 弃船

Actions to be carried out: 应采取的行动:

☐ Broadcast DISTRESS ALERT and MESSAGE on the authority of the master 在船长的授权下发送遇险警报和信息

☐ Instruct crew members to put on lifejackets, and wear adequate and warm clothing 指示船员穿好救生衣和穿上足够的保暖衣服

☐ Instruct crew members to put on . immersion suits, if carried, if water temperature is below 16℃ 如果携带了浸水救生服,而水温又低于 16℃时,指示船员将其穿上

☐ Order crew members to lifeboat stations 命令船员到登艇甲板集合

☐ Prepare to launch life boats/liferafts 准备释放救生艇或救生筏

☐ Ensure that lifeboat sea painters are attached to the ship 确保救生艇缆绳系附在船上

☐ Embark all crew in the lifeboats/liferafts and launch 所有船员登艇或进筏后,再释放艇或筏

☐ Ensure lifeboats/liferafts remain in safe proximity to the ship and in contact with each other 确保救生艇或救生筏保持在船舶的安全距离附近,并使每个艇或筏都相连在一起

Other actions: 其他行动:

☐

☐

☐

附录二　船舶驾驶台资源管理的应用与实践

一、应用驾驶台资源管理原理　促进现代船舶安全航行工作

上海远洋运输公司船长　李健

随着世界航运经济的快速发展,各国航运公司船队正在不断壮大,航行在世界各水域的船舶越来越多。今天即使我们多么注重安全、设备多么先进,船舶在海上发生事故还是难免的。因此,我们必须重视对海员而言的3条真理,即大海是危险的;我们不能改变自然规律;每个人都会犯错误。现代船舶正在不断向快速和超大型方向发展,这些船舶近岸航行和进出港口的安全工作越来越被船公司所关注和重视。笔者有幸参加了《驾驶台资源管理》课程的培训,感触很深,获益非浅。

1. 对"驾驶台资源管理"原理的认识

国际海事组织在1995修订的"1978年海员培训、发证和值班标准公约STCW78/95"的B－VIII/2部分中强调:"参加驾驶台班组工作的人员必须由足够的、称职的和不同职级的航海人员组成,他们必须分工明确,任务到人,各人之间的对话与联系应明确无误,集中精力工作,能随时对环境与局面的变化作出及时反映和采取有效的措施"。近年来,根据国际海事组织的规定,为了确保船舶在海上的安全,欧美的一些国家,如瑞典、挪威、荷兰和美国的交通与海事安全主管部门、船东协会、航运公司和引航员协会借鉴北欧航空公司(SAS)为航空飞行人员举办飞行班组管理和控制课程的成功经验,纷纷效仿和自我开发船舶驾驶员安全教育与技能课程,如驾驶台班组工作/驾驶台班组管理等。上海海事大学、中远集运和上海远洋运输公司也借鉴他人成功的经验并在此基础上结合自身的实际情况,联合开发和展开了"驾驶台资源管理"(BRIDGE RESOURCE MANAGEMENT,简称BRM)的培训,宗旨是通过"驾驶台资源管理"培训与应用,使船舶驾驶人员进一步强化安全意识和端正工作态度,明确自己在驾驶台班组工作中的职责与分工,充分发挥驾驶台所有人员的团队作用,提高正确判断和处理复杂局面的能力,达到熟练掌握和灵活运用驾驶台资源,保证船舶安全航行的目的。

按照英国牛津字典的解释,所谓"资源"是指可利用的资产。船上资源指在船上工作的人员包括引航员;硬件包括设备、仪器、物品、备件等;软件包括命令簿、手册、指导书、海图、计划等;其他包括时间、技能与经验等。所谓"管理"是指对一个企业的控制和组织等。它应具有计划、组织、控制和领导四大功能。"驾驶台资源管理"是指一个管理机构对驾驶台工作环境中的可利用资产的控制和组织;也就是说为达到船舶安全营运的目的而运用和协调好全部船舶驾驶台团队人员所能应用的技能、经验与资源。

今天,很多人都认为只要航运公司的船员具有良好的知识与技能,并制定了相关的操作程序与规定,就能保证船舶的安全和营运效益,而实际上,除了上述这些重要的因素外,船员对待工作的态度和日常的安全管理能力也在保障安全中占很大的比重。因此,船长在为船员提供业务知识与技能培训的同时,还必须积极采取措施加强他们的安全意识、情景意识、团队意识,改进其工作态度,提高其对船舶安全的预控能力。"驾驶台资源管理"就是要从理念、态度和行

为的改变过程中发现不足，解决问题，确保船舶的安全。

2. 人的因素对船舶安全的重要作用

曾经有人对海上发生的各种事故作过统计和分析，发现有80%以上的事故是人的过失因素造成的，这充分说明了人的因素对船舶安全的重要作用。超大型集装箱船近岸航行和进出港口时，通常会受到许多不利因素的制约，比如交通拥挤、吃水受限、能见度不良、天气恶劣、航道复杂、船速较快、冲程惯性大、停船性差、回旋圈大、船舶盲区大等。在这些环境和条件下，船舶常常会发生事故。这个阶段的工作重点应放在航行安全上。船长既要督促各部门合理安排船舶的维修保养工作，又要保证值班员尤其是驾驶台值班人员有充足的休息时间，减轻他们工作的压力，确保值班人员有足够的精力参加值班。船长还要了解值班人员的思想状况(包括家庭近况)，注意他们是否背着沉重思想包袱参加值班；要保证每个值班人员轻轻松松、愉愉快快上驾驶台，平平安安、高高兴兴离开驾驶台。航行期间，船长既要监督驾驶台团队人员的工作，又要相信和放手他们的工作。监督他们就是要督促值班人员在关键的时段更加注意船舶的安全，工作时候不能分心、开小差，值班驾驶人员务必加强瞭望，谨慎驾驶。同时，还要督促船舶相关人员必须按照船舶体系和船员职务职责的要求各自对所负责的工作严格认真地把好关，并对近岸航行和进出港口作好充分和必要的准备。相信他们，就是要在充分了解和掌握值班人员能力的基础上，大胆放手让他们去做。在船舶近岸航行和进出港口前，船长还应适时召集船舶的驾驶人员、轮机员、电机员以及其他有关人员，集思广益，收集和听取各部门相关人员的准备工作和检查情况反馈；与大家一起对当时的情况和环境以及各种有利和不利的因素进行全面仔细分析和评估；对重要航区、关键地段操船的难点、特点、注意事项和有关近岸航行和进出港口的计划、要求以及对万一遇到的紧急情况的应急处置方法等需要向大家说明白，以提醒大家保持对安全工作有足够的重视，减少工作中的差错和失误。综上所述，人的因素是确保超大型集装箱船进出港近岸航行安全最为根本的，也是最为重要的，任何人都不应该忽视这一点。

3. 引航员与船长对船舶进出港口的安全作用

我公司就曾发生的海事作了统计和分析，发现有多起是在近岸航行而且有引航员在船时发生的。究其原因很多，其主要在于：一是船舶驾驶员对航道，包括通航密度、障碍物以及潮汐潮流等情况的熟悉程度欠缺或因过分熟悉而疏忽；二是船舶驾驶员过分依赖引航员，放手或未能真正履行自己的权利或与引航员的沟通欠缺；三是驾、引人员对船舶主要设备的正确使用，如船舶操纵性能、旋回性能，船速的控制以及应急操纵等方面缺乏足够的了解；四是驾、引人员的"情景意识"或"局面意识"或对事故的预知和警惕性差，缺乏预控方案与措施。因此，当险情发生时或危急时刻往往缩手无策，再加上精神高度紧张而不能正确、有效地利用驾驶台资源；不能充分发挥驾驶台值班人员的团队作用而迅速完成应急操作程序。由此可见，即使有引航员在船引航，超大型集装箱船进出港近岸航行的安全并非得到充分保障，船长对此决不能放松警惕。

《中华人民共和国海商法》第三十五条：船长负责船舶的管理和驾驶；第三十九条：船长管理船舶和驾驶船舶的责任，不因引航员引领船舶而解除；这已非常清楚地表明船长与引航员的法律关系。引航员是驾驶台团队中的一员，在船引领船舶时，首先应该尊重他、热情地接待他，与其进行良好信息沟通，但对他的操船行为船长应认真加以监控。对引航员的操船技艺来讲，船长既不能盲目依赖、轻信，也不能过于谨小慎微，啰啰嗦嗦的干预引航员的正常操作。船长应通过自己的仔细观察、分析、判断来评估引航员的操船水平，不能单凭主观的感觉或引航员的年龄来判断引航员水平的高低。驾驶台团队所有人员之间，在航行安全的操作上应提倡建立交叉监督机制，避免出现因一人的差错导致较大的失误。船长不能因有引航员指挥而轻易放弃自己管理和驾驶船舶的权利与责任，甚至擅自离开驾驶台，否则船长就不能发现引航员在操船避让或靠离泊过程中失误。在关键时刻，只要船长根据自己的专业判断发现引航员的指令是欠妥的、错误的，船长就应果断地、毫不留情地纠正引航员的指令或接过指挥权亲自操作，在安全问题上没有什么情面可讲，一切应该以、也必须以船舶的安全大局为重。2005 年 5 月份某日早上，5400TEU 型某超大型集装箱船在新加坡进港途中就碰到一位马来人引航员，在雷雨天气能见度欠佳情况下，他认错浮标，导致盲目转向，时隔不到几分钟后又对我轮正前方偏左，距离不到 2 海里航道中的对驶船舶采取向左转向避让，要不是船长监控得力、及时发现并果断从引航员手中接过操纵指挥权，其后果不堪设想。一切优柔寡断、唯唯诺诺都会延误最佳的避让时机，最终都会造成船舶的危险局面直致造成船舶碰撞。试想这样的引航员能保证超大型集装箱船舶进出港的安全吗？这样的引航员在船引领船舶船长能放心吗？

无论相关法规如何规定，而实际上船长同引航员的关系都是非常微妙的。通常情况下，船长对引航员下的指令沉默不语即表示默认同意，舵工和驾驶员即可执行，否则船长应果断地提出纠正或修正的命令。对引航员尊重友好并不等于什么事情都应满足引航员的要求，船长要根据当时的环境和情况来决定。比如，有的引航员一上驾驶台就向船长提出用餐，而此时船舶可能正处在靠离码头的紧张时刻，此时用餐不管怎么说都会分散注意力，船长不妨客气地告诉引航员先专心工作，待工作完后马上用餐，不耽误时间，想必引航员也能理解和尊重船长的建议；还有苏伊士运河有的引航员一上驾驶台就会向船长索要礼品，为了保持驾驶台团队人员之间的融洽关系和船舶的安全，只要船长能够接受就答应他，如果提出的要求是过份的，船长也要注意方法，讲究策略，而不应马上生硬地拒绝。引航员在船除了船长不能解除其应有的职责外，值班驾驶员也应该各守其责，认认真真、踏踏实实地把自己的工作做好。

4. 有效的信息沟通可保障船舶安全

高新科技的发展使船舶通信(信息沟通)越来越方便，而来自各方的安全信息对超大型集装箱船近岸航行和进出港口也显得越来越重要。上面谈到引航员在船引领船舶，其实就涉及信息的沟通问题。引航员不但需要具备过硬的操船技术和丰富的实际经验，而且还必须同驾驶台团队人员相互沟通信息；驾驶台团队中包括船长在内的所有人员也必须把相关信息，比如船位信息、其他来船动态信息等等及时通报给引航员。船舶近岸航行和进出港口时，船长与驾驶员还要根据当时的环境和情况及早与引航站、VTS、PORT CONTROL、代理以及附近相关船舶等进行联系，及时收集和获取关于船舶安全的各种有关信息，以便能较早对超大型集装箱船舶的进出港口的安全作出评估、决策和预控。如超大型集装箱船在进港或离港之前及时收到航道因故受阻的信息，船长就可以较早地作出反应，及时取消或延迟进出港或靠离泊计划；在进出港口，特别是受潮汐影响较大的内河港口的引航站附近水域(如上海港)，因需趁潮进出而往往造成数艘船舶同时抵达引航站，争先恐后，互不相让抢占有利位置，船长应尽早与周围相关船舶沟通，及早地协调船舶间的操纵与避让行动，避免发生避让不协调，同时尽早与引航站取得联系，较早地获得引航员登轮时间，帮助船长及早采取控制船舶的行动，确保船舶航行安全等等。

另外，信息沟通离不开语言的交流，对航海人员来讲，英语非常重要。与引航站、引航员、当局 VTS、PORT CONTROL 以及当地代理等的沟通联系都需要用英语。没有良好的英语基础，要很好地进行信息交流与沟通那是不可能的。这就需要我们的驾驶员和船长平常要多利用时间来学习英语，在实际工作中要经常加以运用和锻炼，使得自己的英语水平不断地提高来满足工作的需要和要求。

还需要强调的是，超大型集装箱船在近岸航行和进出港口时，驾驶台必须按照当局的规定在 VHF 某个频道上守听。该项工作看来每条船似乎都能做到，但在实际工作中要做到有效正规的守听也是不容易的。这就要求值班驾驶员不但要收听与应答呼叫本船的信息，还要注意收听与本船有关的其他相关信息（比如注意收听即将驶往或驶离我船航行附近锚地的他船信息，注意收听在本船前方是否有影响本船安全航行的他船或其他安全信息等等），便于对周围船舶的监控、沟通和了解他船的意图等等。这些不直接呼叫本船的相关信息，平常往往容易被驾驶员所疏忽，而它却对船舶的安全航行是非常重要的。

5．破断过失链确保船舶进出港口的航行安全

过失的产生因素有多种，包括船舶的技术性故障和人为失误。船舶的技术性故障通常容易识辨，容易通过人的努力得到消除和纠正。人为过失可分为疏忽和失误、基于法规的错误、基于知识的错误、文化制约和违反安全惯例的失误。疏忽和失误在于注意力分散和偏见、正常可预见环境的变化以及压力和疲劳所致；基于法规的错误在于没有考虑法规而草率决定、没有注意到法规不适用、错误应用“简化的”法规和由于信息不明确而犯错；基于知识的错误在于由于无知而犯错、由于无知而自负和有关原则的理解错误；文化制约在船上的指挥结构中会造成问题，不同民族、不同文化背景的族群对同一事体的不同认识、理解和处理可能导致截然不同的结果。违反安全惯例的失误在于自满、凭经验等原因所致。有时自满意味过于自信，它可表现为忽视别人的建议、忽视查阅资料或出版物、忽视查阅法规和背离计划航线。我们说人非机器，人擅长于应用知识来分析局面，解决问题；人由于其生理因素的影响很难保证连续长时间的重复工作和长时间不间断地保持精神高度集中，人因厌烦、疲劳和枯燥而易产生反应迟钝，这些通常不容易被人发现，并将极大危害超大型集装箱船近岸航行和进出港口的安全，同时也是引发海事的一个原因。

对于人的过失而言，它可能是指操作者也许会犯的错误，也可能是舵工操错航向、引航员下达了错误的指令、值班驾驶人员标错船位或错误地设置电子导航系统。船长要充分认识过失链与相关的环节存在的可能性，辨清现有过失链与相关的环节，采取行动破断过失链，并制定防止过失链的再次产生。在现实工作中，虽然因众多不利因素的影响难以避免过失链的产生，但必须采取用中断点来破断过失链。“多米诺骨牌”原理已告诉我们，只要及时破断可导致事故的某个过失链，船舶的事故就可以避免发生。因此，超大型集装箱船近岸航行和进出港口时，船长要提前做好计划，知道将要发生什么和怎么做，要培养安全的做法与习惯，保证在正常操作中能使用安全的程序，以留出时间和精力来解决难题。船长要检查和监督其他人，同时也乐于接受他人的监督和建议。船长要始终注意事故链是否存在，应及早发现事故的隐患，并应尽快消除这些人为的过失链或事故链，确保超大型集装箱船近岸航行和进出港口的安全。

6．增强情景意识和团队意识，降低事故率

情景意识是指在一个特定的时间对影响船舶的因素和条件的准确感知。情景意识越好，事故风险越小；低情景意识产生高风险，高情景意识减少风险。因此，超大型集装箱船在狭水道、雾航、交通密集区域航行时，船长应运用情景意识原理，最大程度地加强值班驾驶人员的情景意识来确保船舶的安全航行。在驾驶台团队成员中，由于每个成员有不同的经验与训练、操作技能、身体情况与思想和有不同的对情况的适应与熟练程度，以及不同的领导与管理技能等多种因素原因。即使对同一个情景，不同的人也会作出不同的判断，而错误的判断往往造成船舶险情的发生以致造成事故。这就要求我们要强调团队的情景意识，包括船长、引航员、驾驶人员以及船上其他所有相关船员各人情景意识的综合。这里所指的“情景意识”，应该包括我们常说的安全第一、居安思危、防微杜渐、防患于未然等诸多意识。船长要充分认识其他驾驶台团队成员的作用，鼓励和提倡其他团队人员的提示和建议，要正确感知你周围情况，敏捷地察觉周围情况的变化并全面了解周围情况变化对我轮的影响，最终能对即将面临的局面加以正确考虑和计划，并作出相应应急措施的准备。

一个良好的驾驶台团队，其成员应相互信任和支持、相互沟通交流，利用他人的才能和技巧，共同克服困难，解决问题，各自把工作做到最好来完成船长规定的共同目标。作为船长要清楚认识到单凭个人的力量是不能保持高水平的情景意识的，需要团队人员的协助；团队成员应认识他们的任务与发挥作用，并做好他们应做的工作。船长要协调好同船舶相关单位，如引航员、拖船、带缆工等的关系，把它们都看成是驾驶台团队的重要关联部分，防止任何人孤立地工作。船长作为驾驶台团队的重要领导者，在驾驶台既要具有一定的船长的威严，又要同团队成员之间保持良好的沟通联系，融洽的人际关系。在工作中船长不搞专制领导，因为专制的领导出了错误，就很少或无法获得他人的提醒、提示或好的建议和信息反馈；同样也不能无主见、缺乏自信、优柔寡断，因为各行其是的“自由主义”模式也一样糟糕，同样对航行安全不利。在驾驶和避碰行动中，船长负责监控但不能专制，要通过他的热情、友好的评价和幽默来激励团队人员的敬业精神和工作责任心，使得团队每个人都留心正发生的事情以便及早地探知过失，并避免过失链的形成。在安全问题上要做到没有人害怕询问船长或引航员的意图，鼓励团队成员向船长提供各种涉及安全的有关信息，在船长的支配下共同采取行动和作出决定，以确保船舶的安全。

驾驶台值班的团队人员，还要时刻警惕到不能过于依赖电子助航和自动控制。也不能不愿请求协助和不愿提出上级犯的错误。如果纠缠于小问题或任其发展而未注意应优先考虑的大问题同样会犯错，船舶的安全照样得不到保障。

二、驾驶台资源管理的重要性和实船推广教育

上海远洋运输公司船长　庄林忠

最近有幸专门参加了“驾驶台资源管理(BRM)研修班”，结合自己所学到知识和船上的工作实际，深感获益良多。为了提高船舶的安全管理水平和根据公司的要求，自己在 2005 年 5 月上“鲁河”轮后，专门抽空组织驾驶人员和一水共同学习了 BRM 的特点及主要内涵、人的失误和团队精神在船上的表现和 BRM 在船上的应用等知识，而这种活动对船舶的安全管理工作发挥了积极的作用。现将本人对 BRM 在船舶管理中的重要性和自己在船推广学习 BRM 的情况作一简单介绍。

1. BRM 的重要性

自然界的力量是无穷的，在一望无际的大洋上，风的呼啸、浪的翻腾都是自然界对人类的力量示威，我们能否征服大海？随着社会的发展需要，在特定的水域空间和时间中，通航密度骤然猛增，拥挤的空间往往会扰乱船舶的正常航行，我们能否驾驭着它们安全地航行呢？

综上所述，我们可以得出 3 个结论：

(1)一艘船舶如果没有人的管理，它只是一个没有思维的钢铁躯壳，因为主宰船舶生命的是人类；

(2)船舶所面临的风险和威胁是巨大的，如果不对它加以管理，则其生命很可能会迅速地暗淡甚至消失；

(3)人类如果离开了船舶，我们的社会就无法通过大量物质流通的基础得到快速发展，所以人类离不开它。

基于对物的珍惜和满足社会发展的需要，主宰着地球上所有事与物的人类就必须学会如何才能充分、正确地利用周围的各种资源，包括人本身的能量与作用，去分析、处理可能遇到的各种风险，制订出有效措施，保证事物能按人们的意愿正常运作，这种行为从词义上来说就是一种管理。

初时的管理，仅仅局限在对人的行为监督和对物的合理安排上，而如今的管理，却已进化到了对那些影响人的行为和物的状态的各种因素去进行控制和利用。这种从事物源头就开始实施控制的管理应该是当前管理的最高境界。

BRM 就属于这种管理。如在分析各类事故时，它脱离了以往那种只停留在追究海上事故直接原因的肤浅做法，而从更深层次地对事故直接与间接原因的形成多种因素进行研究。例如是什么原因使人发生了不安全行为？又是什么原因造成了物的不安全状态等？虽然这些因素在可能表面看来只不过是引发事故的间接原因，但它们却是事故的源头。任何事情从源头抓起肯定是最好、最有效的做法。

既然要从源头抓起，管理者就必须清楚地了解，哪些因素会影响船舶的安全？在 BRM 这门学科中，它通过对各类事故的仔细剖析，结合管理工作中经验的积累，较为系统地发现了那些平时一直影响着船舶安全的根本因素，然后将它们加以归类，把这些因素直接、明了地给以展现，再引导人们在工作中如何去发现和控制它们。

人的能力无可质疑，他们只要发现了问题的所在，就能够想出办法去解决它。因此，及时发现问题成了关键。到底如何去发现问题呢？让我们列举 BRM 中所述的一个能引发人的不安全行为的因素——情景意识来说明问题。

所谓情景意识是指“在一个特定的时间对影响船舶的因素和条件的准确感知，知道在你周围将会发生什么事”。情景意识可通过知识和技能、平时积累的经验、对工作所作的计划和准备、团队的资源管理以及通信和反馈中获得。一个人如果丧失情景意识，就表明一个过失链正在形成，事故正在逼近。因此，情景意识越好，事故风险就越小。因此，了解丧失情景意识的线索和迹象就成了保证安全的一个重要环节。BRM 提示着人们，在判断是否正在丧失情景意识时主要应考虑：

(1)不确定性。主要表现为：两个或更多的平时可信度很高的信息发生了矛盾，或者不同人员对特定局面的判断与对应措施的差异等。

(2)精神不振。主要表现为：将全部注意力放在了一个问题，从而忽视了其他事情；任务太多而造成顾此失彼；压力太大而变得精神恍惚。

(3)感知不全或混乱。主要表现为：对局面难以确定或发生了混乱的感觉。

(4)通信中断。主要表现为：丢失信息；指令不能被正确执行；不能完整地接受和理解通信内容。

(5)指挥或瞭望不当。主要表现为：未能进行正确的控制与指挥；未能安排好瞭望人员或者手中没有能胜任工作的称职人员。

(6)背离了计划航线。主要表现为：未制订或落实好航次计划；未制订或落实好背离航次计划的计划。

(7)背离了已建立的规则或程序。主要表现为：不遵守避碰规则和地方航行规则；在没有正当理由的情况下背离了明确规定的操作程序。

(8)过于自满，主要表现为：不考虑和轻视潜在问题；自我认为很安全。

从上述内容可以看出，情景意识涉及8个方面，一旦你在工作中出现了上述8个方面的某种表现，说明你的情景意识已出现了问题，客观上失误链已经形成，若不及时采取措施予以纠正，安全必将受到威胁。

一个人的力量是有限的，他常常会因为疲劳、知识与经验的缺乏、工作能力的不足等等因素的影响而降低识别和判断事情演变的敏感度。因此，单凭你个人的力量要想找出影响安全的各种因素和采取相应的对策是很困难的，所以必须依靠团队人员的合作和协助来达到预期的目的。为此，BRM又引出了另一个重要因素，那就是团队工作与团队精神。

能使你在考虑一个问题的同时联想到另一个问题，就像链条一样——拉住一节就能拖出一条，这就是BRM这门学科强调的精髓之一。只要你系统地学过这门学科，在执行任务时，那些常常会影响到船舶或人员安全的因素就会很容易地出现在你的思维中，就好像出现了一张CHECK LIST一样，非常地清晰。例如：(1)人的资源如何？(2)物的资源如何？(3)文化意识有何不同？(4)时间和环境对人可能造成的压力如何？(5)在计划中是否考虑了上述这些因素？(6)在行动中团队精神有否发挥？(7)领导作用如何？(8)通信是否有效且闭环？(9)情景意识是否清晰？(10)事故链是否正在形成？这10个问题就是BRM这门学科中展现给大家学习探讨的主要问题。

如果你在执行任务前能充分考虑到上述因素中的(1)～(5)，那么你的计划应该是成功的；如果你在执行任务时又能控制好上述因素中的(6)～(10)，那么你本次的行动任务必将会按照你的意愿得以顺利地完成。因此，我认为BRM这门学科是我们航海人员迫切需要的，它肯定能给航行安全带来福音，同时，我相信类似的管理理念还会波及到其他各行各业。

2. BRM在实船的推广教育

基于以上对BRM的认识与感触，自己在完成BRM课程上船工作后，认真地按照公司的要求，在船上进行BRM推广应用工作，并对推广后的效果作出评价。经过了上船初期那些必须的忙碌后，我制定了BRM的学习计划，抽空组织了驾驶人员和一水，将BRM的特点及主要内涵、人为失误和团队精神在船上的表现以及BRM在船上的应用等向他们作了介绍，主要的授课内容如下。

1)学习BRM的目的

为了实现同一目标而一起并肩工作的成员被称之为团队。成员之间互相信任、互相支持、互相督促的工作作风被称之为团队精神。BRM这门学科的精髓与目的是：切实做好驾驶台工作环境中一切可利用资源的控制和组合工作。学习 BRM 的目的就是:改变态度、增加在海上环境中正确利用和协调驾驶台团队所拥有的技能、知识与经验,以完成和达到预期的安全目的和航线的有效性。在这门学科中,最强调的就是:各种资源的管理和利用,即:人力资源、环境资源和物质资源这三种资源的管理和利用。

2)人为失误和事故

船员所从事的职业历来就被列入高风险行业,因此,我们在船上工作时,最主要的就是保证安全,于是,安全第一、高高兴兴上班、平平安安回家、安全责任重于泰山等等的标语贴满了船上任何角落,每次会议也总免不了要呼几句类似的口号以提醒船员们去重视安全。但分析每年所发生的事故,却发现由于人的因素造成的为数还真不少,原因何在?揭开这个谜非常简单,你只要到工作现场进行仔细地观察就会发现,我行我素的大有人在,分不清主次、找不到要领的也为数不少,稀里糊涂的也不是没有。要是一个团队中出现了这样的人、工作中出现了这种行为,那么保证安全这四个字就变成了一句空话。鉴于这种本可避免的人为事故的反复出现,引起了管理层的高度重视,BRM 将人力资源管理列为重要控制因素,人为失误和事故被 BRM 编排在第一章节。

经过对人为和事故的分析认为:造成人为失误的因素主要有 3 个:一是主观意识;二是精神状况;三是知识与技能。

主观意识造成的失误主要表现在:应为而不为,不应为而为。例如:团队之间不交流;听不进别人的意见;忽视查阅航海图书资料;不遵守有关法规及规定;复杂航区中不连续监视船位;背离了计划航线;VHF 中与他船闲聊等。

精神状况造成的失误主要表现在:精神涣散,压力和疲劳。例如:航行中用 VHF 与他船长时间地闲聊,从而忽视了瞭望或定位;值班时心中受到其他要事的困惑而集中不起精神;靠泊期间得不到休息,开航值班后打瞌睡;遇紧迫局面时拿不定主意等。

知识与技能造成的失误主要表现在:不熟悉法规或规章;关键性作业前不制订计划;不能辨别失误链形成的迹象;对局面感知不全或混乱;不当的通信;不正确的行动;相关资源不能充分利用;缺乏训练等。

明白了上述这些失误的表现和造成的危害,我们每个人就应该好好地进行自我反省——自己的工作态度、作风到底属于哪一类,在工作过程中有否出现过上述表现。我相信,人往高处走的毕竟还是大多数,安安全全回家也毕竟是我们每个船员家属的殷切期望,只要领导引导有方,极大多数犯有不良习气的人在明白了由于自己的这种习气可能产生的危害以及在领导们既往不咎处理下应该会痛改前非。因此,人的失误所造成的事故概率直接取决于人力资源的管理力度和人力资源的利用技巧。管理力度得当、利用技巧高超,就能够造就出优秀的员工队伍,就能够降低因上述不良表现而引发的各类事故。

3)团队精神在船的表现和应用

一个人能力再强,总也有顾及不到的方面和出现精神疲倦的时候,因此工作中必须要有其他人员的鼓励和协作,这就是工作过程中的能量互补,也就是 BRM 中团队精神中的精髓。一个能够在工作过程中进行能量互补的团队常常能出色地完成各项任务。一个团队的目标应该是一致的,我们所做的所有努力就是为了实现这个目标,尽管在具体分工上各有不同,但目标一致,这就使得不同的工作和岗位之间肯定存在着某种联系,这种联系其实就是能量互补的途径。如果这条途径中断,一个团队就会变得犹如一盘散沙,毫无战斗力可言。因此,在工作过程中团队成员要做的就是互信和支持,领导要做的就是引导并监督。只有这样,这种联系才能始终保持畅通,能量才能实行互补,这个团队才会拥有一股攻无不克的力量。这样的团队无疑是能让人刮目相看的最优秀的团队。

船上有许多任务需要团队来完成,例如靠码头。此时由驾驶台、船首和船尾(机舱在此不提)三个小组组成了一个团队,这一个团队的共同目的就是将船舶安全地靠上码头。在靠泊过程中,虽然三个小组的分工不同,各有着自己的职责,但目标始终一致。因为目标相同,因此,每个小组之间就存在着密切的联系,每个小组工作中的所有行为和安全靠泊都存在着无可否定的因果关系,一旦哪个环节出了差错,互相之间不进行协调,事故可能立即发生,比如螺旋桨缠缆绳事故,缆绳是船尾松的,而车是驾驶台控制的,由于二个小组的联系中断、动作不协调或者是指挥者的失误导致了这种事故。这种事故属于典型的缺乏团队精神而造成的。如果驾驶台用车前能先搞清楚船尾是否已有缆绳落在水中;如果船尾有缆绳在水中时二副能及时提醒一下驾驶台不要动车;如果指挥者能统揽全局、正确指挥,那么螺旋桨缠缆绳的事故还会不会发生呢?这些“如果”就是团队精神的要求。由此可见,团队精神对在靠泊过程中能起到强有力的安全保障作用。因此,在靠泊过程中要求各小组必须发扬团队精神,船首、船尾以及驾驶台之间应加强联系、互相信任、互相支持、互相监督、互相提醒,比如当三副接到车钟令后,应该考虑到此时是否有尾缆在水中,若是如此,就应该在操车前提醒船长或引航员,因为驾控主机一旦给出车钟令后,主机很快就会作出响应,这时再要想纠正有时可能为时已晚。事实上,引航员在用车时不顾及缆绳的情况也屡见不鲜,因此,三副有必要进行这种提醒,这种提醒并不是对引航员能力的怀疑,而是安全操作的需要,是 BRM 中团队精神的发扬。

尽管在船上每次授课的时间仅仅只有短短的二个课时,却得到了驾驶员及一水们的支持和认可。大家一致认为,虽然学习时间不长,但感触很深。大家表示,其实船上的每项工作目标都已非常明确,只不过个人很少会有人把自己的工作真正地去和目标结合起来,总认为我只要能按领导的指令去完成任务就算尽到了自己的职责。通过学习,现在已认识到当时这样的观点是不正确的,安全地实现目标是团队每个成员的分内事,因此,在执行任务时必须发扬团队精神,做到互相信任、互相支持、互相督促,并保持团队内部良好的闭环通信。各自为阵的做法已有违于现代科学管理中正在普遍推广的团队精神、已落后于时代步伐。落后的东西被淘汰是时代发展的必然规律。目前,我们 LUHE 轮的驾驶台成员已经拥有了良好的团队精神,在各项工作中这种精神也已得到了充分的体现,那种各自为阵的做法已成为历史。

船员的这种认识和表现,我想应该就是 BRM 这门学科中所期望的,这也就是我们学习 BRM 的成果。We are a team 这一句话,今后一定会经常地出现在我们的船员队伍中。

三、创新管理　提高技能

上海远洋运输公司船长　王海清

任何事物都在发展和变化之中。船舶管理与其他事物一样,具有相同的规律,即静止是相对的,运动是绝对的。由于船舶周而复始地在海上航行和装卸作业,频繁往来于大洋彼岸,航行在海峡运河,作业在港湾码头,所以它不但受自身条件和环境因素的影响,而且随着时间、地点的变化,航行和停泊他国异乡时,又存在着风土人情文化意识的差异。在具有计划组织、程序控制、质量管理、决策创新功能的船舶管理工作中,其涉及的船舶海上事故或灾难的原因从来都不是单因素的,而是多因素的。它们几乎总是由管理过失或一系列不严重的事件而导致过失链的积累直至最终的发生。为了能使船舶保持安全稳定和团结和谐，管理人员必须具备懂管理，会计划，精业务，敢创新等基本能力。

1. 创新管理方式，发挥团队力量

增强环境意识，更新管理观念。“船舶驾驶台资源管理”的管理理论要求每位船长从认识上必须明确管理主体和管理客体都在发展、变化，不能一成不变地看待它们，应不断更新管理观念，认真制定长期和应急计划，组织、分配和监督团队的资源，评估和控制安全风险。管理是一种变革活动，船舶安全管理首先应按照公司“安全管理体系”运行，特殊操作程序可根据具体情况实施。因为计划中的人、财、物等要素是不断变化发展的，外部的文化、科技等环境也在不断变化。随着 ISM、ISPS 规则的相继实施，PSC 检查的深入，IMO 组织对国际海上的安全管理要求不断提高，管理活动就要不断地随着环境的变化而变化。

充分利用资源，创新船舶管理模式。实行科学的资源管理，充分发挥团队力量就能使管理行为更能符合实际。日常的船舶管理工作若是能即时地根据需要改变一下方式，有时会产生出奇的管理效果。我们经常把船舶安委会（ISM 领导小组会）开会的形式改变为组织小组人员到甲板或机舱现场检查。通过检查甲板系泊系固设施、水密透气设施、动力机械设备、机舱日常维护；观看这些设备有无跑、冒、滴、漏现状；试验应急及警报旋钮开关类的灵敏度；实操防污设备的工作状态；检点消防救生应急器材配置及所处状态等。这种检查实质上是一种督促提醒，不存在找茬挑刺，它往往有出奇的安全管理效果。平时发现的问题多数是低级错误，若在 PSC 检查时发现，却是致命的缺陷。

创新船舶管理有时又受到旧机制的约束，以科学发展观和正确利用资源对船舶靠离港甲板操作人员的分配，大型船舶，建议二副负责船舶首系解缆作业指挥，三副负责船舶尾系解缆操作指挥，大副在驾驶台协助船长监控引航操纵和监督舵令执行情况，这样安排应该说更贴近业务技术的需求，从而使三副早些时间进行组织指挥的锻炼，大副能尽早的了解进出港的操纵意图，有助于晋升船长后能尽快掌握船舶进出港操纵技能。

2. 完善航次计划，做好航行准备

在制定航次计划，评估航行风险。完善的航次计划的过程中，必须充分考虑到计划应符合本船的操纵特性。船舶大小各有不同的操纵性能，如超大型集装箱船具有“速度快，制动难”的操纵特性。在船舶操纵过程中任何一种操纵行为，都只适应特定船舶的条件，不可能存在一种能够解决各种船舶条件的操纵行为。在船舶驾驶实际操纵中要根据船舶的内在条件，外界环境来实施相应的操纵方案。在制订《航次计划》时，既遵循国际法规、遵守地方规定、执行公司体系、重视环境环保、分析季节气象，又要权衡船舶条件。小型船舶的特性机动灵活，制定航次计划时只要安全可行，充分利用其操纵灵活性，选择近岸顺流，既经济便捷，亦能尽快地驶往目的港。大型集装箱船大排水量吃水大、速度快、惯性冲程大、旋回操纵要素大、浅水效应影响大、空载受风影响大、满载受流影响大、瞭望死角盲区相对大，从而制约了船舶操纵时的应舵性和灵活性，在航路设计时除了需要考虑到这些自身因素外，还有很多外界的环境因素。一般应要求尽量远离障碍物，绕避渔船相对集中的天然渔场或渔船群。另外。应根据航行区域进行航行风险评估，明确风险区域，制订规避风险措施，正确及时地采取合理的操作行动。比如我工作所在的船舶是 5816TEU 集装箱船，当它在亚欧班轮航线上运行时，我们对航行区域的风险评估和相应安排的简况见附表 2-1：

航行风险评估

附表 2-1

地域	港口	香港水域	新加坡海峡			红海		苏伊士运河	直布罗陀	英吉利海峡及附近	
航段	引水站至码头	牛洲岛至桂山	海峡东航路	新加坡中水道西水道	马六甲海峡	红海入口	苏伊士湾	编队锚地至编队锚地	直布罗陀海峡	乌珊特至格林威治线	格林威治线至北海
航行环境	复杂	船舶密集阵雨	船舶密集阵雨	船舶密集阵雨	船舶密集阵雨	船舶密集	船舶密集	复杂	船舶密集阵雾	船舶密集多雾	船舶密集多雾
风险等级	Ⅲ	Ⅲ	Ⅱ	Ⅲ	Ⅱ	Ⅱ	Ⅱ	Ⅲ	Ⅱ	Ⅱ	Ⅲ
操纵控制	船长控制	船长控制	船长监控	船长控制	船长监控	船长监控	船长监控	船长控制	船长监控	船长监控	船长控制
操纵指挥	引水员	船长	驾驶员或船长	船长	驾驶员或船长	驾驶员或船长	驾驶员或船长	船长和引水员	驾驶员或船长	驾驶员或船长	深海引水或船长
操纵监督	驾驶员	驾驶员	驾驶员	驾驶员	驾驶员	驾驶员	驾驶员	驾驶员	驾驶员	驾驶员	驾驶员
规避措施	备车操纵速度	备车操纵速度	备车安全航速	备车操纵速度	备车安全航速	备车安全航速	备车安全航速	备车操纵速度	备车安全航速	备车安全航速	备车操纵速度

航行风险评估中虽没有将航行环境、规避措施的细节纳入,但比较明显地将各等级风险下船舶操纵人员的职责进行了划分,并对风险实施控制和监控。同时,也要求有效地与轮机部门进行沟通,使他们能及早地了解到航次途中需备车航行的时间,做好备车航行的值班计划安排。

3. 增强情景意识,提高局面感知能力

强化预防意识,提高操纵技术。智者千虑尚有一失,影响船舶操纵的不确定性因素很多。不确定性本身也许不危险,但它意味着有差异,但差异的原因需要证实。总之,在顺利的情景中,应意识到不利因素的存在,安全操纵船舶,时刻想到"万一",事先制订好相应的应变措施,一旦突发事件来临,就能临阵不乱,指挥若定,以高超的技艺果断行动,变被动为主动,变不利为有利而力挽狂澜。

由于大型集装箱船具有"速度快,制动难"的特性,这就要求船舶驾驶人员不但需要从书本上认真学习船舶操纵的基本原理和规律,同时还要借鉴别人的经验韬光养晦,在实践中体会、验证、总结,达到具有'本专业精,邻专业通,跨专业懂"的实际工作技能;在实际操作中千锤百炼,掌握练就过硬的基本功。他们不但应具有通用性的实船操作技巧,还应具有处理突发事件的临场应急能力,从而能避免紧迫局面,化解紧迫危险。实践证明,在恶劣环境下摆脱困境,更需熟悉车、舵效应和锚、缆、侧推器、拖船在船舶操纵中的运用,并充分考虑到 风、流、浪、水域宽窄深浅所带来的负面影响。

不断提高目测能力,准确估算目标距离,也是船舶安全操纵必不可少的基本功。在进出港操纵时,无论是自引自靠操纵或是由引航员进行靠离泊操纵,特别是进出泊位或港内调头,船长、引航员都必须了解本船前后与他船或码头灯浮间的距离。如果船长能立即作出较准确的估计,操纵亦能指挥若定。在这里我不妨与同行们探讨一下,简便的目测本船船首距和船尾距方法:靠泊后叫一位驾驶员或其他人员,带妥对讲机到码头边,站立在船的船首端或船尾端位置,船长在驾驶桥上,以船首或船尾方向上瞭望扶手的平面为一基准面,适当调整站立位置,使自己的眼睛看到目标人员的站立地面(船长的站立位为起点,扶手面为支点,目标人员的位置为终点,三点连线为直角三角斜边)。用这种目测方法估计十分方便,一旦想知道前后安全距离或引航员要求提供数据时,船长只要走到熟悉的位置上,使眼睛一瞄,就可在第一时间内提供数据。如有疑问时,还可以与前后驾驶员确认其准确性。

在狭窄水道和港口航道及其附近等复杂水域航行,务必保持高度警惕,使用安全航速,戒备可能遇到的各种复杂困难局面或紧急情况。大风浪中航行对航向航速采取适当调整,必须满足维持正常舵效和保持主机良好工作状况的要求。浅水区域中操纵,保持足够的富裕水深,控制航行速度,消除横倾十分重要。靠近码头时尽可能保持进泊的夹角为零度,扎拢速度小于5米/分钟。接近引航站、锚地前,根据船舶操纵要素,逐步减速,停车淌航,适时制动。海上航行中的避让行动应严格执行"规则"第八条的规定,及早地采取。在实际操纵时,避让的标准是早让、宽让、让清并保持在安全距离上驶过。我轮在海上航行时速25节,避让行动的提前量(除对追越和被追越船外),以两船的12分钟雷达矢量线接近相交时为行动距离,两船即使对遇,TCPA为12分钟,单凭本船采取转舵避让,以15°/min的转向角速度,6分钟改变航向达90°,剩余TCPA仍然大于6分钟,即使他船采取了相反的行动,仍有时间采取避免紧迫危险。

如果我们只限于继续做那些过去已经做过的事情,那么,我们的管理充其量也不过是一个墨守成规的模式。这样下去,很有可能衰退,而不仅是停滞不前的问题,在竞争激烈的情况下,尤其是这样。在传统管理中,组织环境变化较为缓慢,问题多是例行、重复的,创新性并不显得突出。现代管理面临的是动荡的环境和崭新的问题,船舶管理惟有保持不断创新才能有效地保证安全。船长在处理管理问题时避免僵化的管理思想和方法,要充分认识到你的态度、言行、决策,决定你对某人或某事的处理行为,在管理和指导团队的行动时,激励船员在团队里奉献智慧,精诚团结,注意调节组织计划的整体目标,充分利用和协调团队力量、技能知识与经验,以完成和达到预期的安全目的和公司航运经营的效益。

四、做好驾驶台资源管理工作　预防事故的发生

上海远洋运输公司船长　丁德华

从事船长工作几年以来,自己作为一名船舶的管理者,由于工作的局限性,难以有机会参加管理理论的学习而缺乏这方面的理论知识,所以通常都只能是用经验来管理船舶的。参加"驾驶台资源管理BRM"的学习,对自己思想认识感触很深,特别是对BRM从理论的角度有了新的理解,课程中就现代船舶管理提出的一些理念和方法非常新颖、对现实中的船舶安全具有指导和实用的意义。

1. 正确认识、处理船长与引航员之间的关系

公司在2004年全年的事故统计显示,80%的海上事故发生时有引航员在船。一时间,驾驶台船长与引航员之间的工作关系成为议论的焦点,有的从法律的角度论述责任关系,有的从经验的角度提出相互配合协作的重要性。公司针对性地组织了多次多方研讨会总结出一些很

去的经验和结论。让我们尝试从驾驶台资源管理的理论来分析原因,寻找答案。以期找到薄弱环节,控制事故风险,降低事故概率。

船长引航员都是驾驶台资源管理中的人力资源,是驾驶台资源管理中的最重要因素。人是有弱点的,人是会犯错误的,人是发生事故的最直接因素,成事在人,败事也在人。那么,通常在驾驶台船长与引航员协作中会有哪些行为会直接或间接影响到船舶发生事故呢?

对待工作的态度,一种是"我最好"(老引航员多),这种引航员拒绝与他人协作,不采纳他人的经验和善意提醒,自以为技术业务很棒,船长对其操纵稍有异议他就会暴跳如雷,认为船长对他不信任,驾驶台没有和谐的氛围。一种是"我不行"(新引航员多),缺少经验,底气不足,行动和计划不相符,随时改变主意,过于频繁地使用车舵,不够沉着老练。

疲劳工作,超负荷工作缺少适当休息,尤其是夜间作业。长江口引航员有时在引航船上仅休息 2~3 个小时即引船进口;船长在连挂黄埔蛇口或香港盐田时往往连续在驾驶台 10 多小时,疲劳使人感知不全面或混乱,叫错或听错车令舵令是常有的事。另外,由于经验不足、对环境的估计不足、对船舶性能不熟悉、对周围情况变化反应不灵敏、或在狭水道航行中处理航速、船位、避让关系时顾此失彼、对浅水效应和船吸现象的知识只局限在书本上等等,这些人员一旦面临紧急情况就会惊慌失措,或是跳起来叫满车满舵而指挥不得要领,有的甚至蹲下身子放弃了指挥权。

人处理信息的能力是有限的。据有关科研人员的研究与统计,一般人的脑力只能记忆 7 项不同的事情,至少不能无限延伸。船长站在驾驶台同时接受和处理大量的信息,如引航、码头、拖船、周围他船、潮流、吃水、航标、机舱、船首、船船尾、舵令、车令、雷达、VHF、信号等等。如果船长在接听 VHF 电话时就很难顾及其他情况变化,难免要分散注意力,致使其指挥不连续,发生失误。事故发生前,船长所处的环境就像是一个电子邮箱一时间被塞爆了。在许多场合下,船长并不因为不具备经验和技能,而是经不起时间和空间的挑战,如果能把事故的形成演化为慢动作,那么,避免这个事故可能就是轻而易举的了。

以人为本,分析以上各种现象,可能是各位船长所经常遇到的。既然人有这么多的弱点,事故是一定不可避免的吗? 不! SARS 很可怕,找到了它的致病原因,人们就可以对付它,我们罗列这些现象不是为船长找客观原因,而是能使船长知己知彼,采取积极的措施来预控事故的发生。

2. 及时破断事故链,防止事故的发生

海上事故和灾难很少是由单个因素造成的,他们几乎是由一系列的不利因素共同导致的,这些不利因素之间或许有关联,也许互不相关,但他们的共同作用结果都是形成事故。记得看过一个 VCD 教育片,是关于一名船员买回一盏台灯,加上船上一系列并不显眼的失误的产生,结果引起一场火灾寻致船毁人亡。其中的教训是船上人人犯一点点小错误的积累,最后酿成重大事故。这一系列的失误就是事故链,刘有钟船长以前在杂志上发表过文章,提到过这个概念。他总结出了"大鹰轮"碰撞宝钢码头的 18 个"多米诺"骨牌,提出只要船长作出努力,消除其中 1~2 个不利因素,这起特大事故即可避免。这种提法无疑对我们预防事故起到一个积极的指导作用。

事故虽然不可预料,但有其形成的规律和阶段,值得我们研究思考,我们可以做的事情很多,我们本可以做得更好。但时到如今,还有人认为是运气不好导致的。看那些经历了事故的船长,痛定思痛,"四不放过"甚至抬不起头。其实是鸡也好,猴也好,看到血都怕。但那些经历了险情的船长，是不是已经吸取了教训呢？大量的险情是事故的催生剂。我们要控制事故，对险情不能避而不谈。不要说我们没有发生过事故，而是我们天天在努力工作，以便能及时破断事故的某一个链。每一个规章制度的监督与执行就是你防止和及时破断事故链的实际行动。事故其实离你很近，只是没有敲开你的门而已。我对此也有一次难忘的经历。2005年5月某日"SHH轮"外五期右舷靠泊开落水船船尾受流。此次上海港主机调速器拆检送厂修理并更换了部件，由于船直接开外港，所以厂方人员安装调试后即离了船。船长要求驾驶人员备车时，多次冲车试验的结果正常。泊位前后都有船，前后船间距约25米，两条拖船就位，在引航员下令前后单绑后，船头误解掉了倒缆，只剩一根头缆，船首倒缆对船尾受流离泊很重要，因此船长命令，尽快重新带上船首倒缆，但大副报告码头工人不肯，船长和引航员都默认了，待缆清船船尾先斜出码头后，船受流作用开始前冲，引航员喊出关键的第一个倒车，机舱竟然启动4次不成功。时不我待，船长立即命令老轨机旁操纵。驾驶台开始紧张混乱，大副报告离前船太近，待机舱成功开出倒车时，引航员因急于将船拉住叫了后退三。当发现船舶开始后退，引航员叫出停车时，但由于机旁操纵，操作时间延迟及用车过大，船一时停不住向后船逼近。车还没翻过来又要进车，哪有那么得心应手。船出现了可怕的前冲后缩，险象环生。此时机舱报告，启动空气不够。在这紧要关头，船长立即告诉引航员，命令两条拖船后八字快拖，将船稳住，留出时间让机舱补气，险情得以控制。事后船长组织全体船员开会，用事故链的方法分析险情经过及原因：①水流急落流2~3节；②东北风5级吹拢；③调速器启动油门太小倒车开不出；④船船首莫名其妙解掉了倒缆；⑤对机旁操作时间差了解不够；⑥对讲机未充足电，一度联系困难；⑦第一次倒车没开出三副报告车后退一；⑧频繁用车造成启动空气不足；⑨紧急中一水操了一个反舵；⑩上海港引航员疲劳，出现错误概率明显提高。在这个事例中最关键的一个因素是车，用拖船代替车有力破坏了事故链的形成。这一系列的不利因素平时很少会凑到一起，而这种情况的发生使自己经受了一次严峻的考验。

在船舶事故中船长是责无旁贷的，但船长也可以用自己的智慧和临场发挥控制了许多事故的形成，将事故降为险情，化险情为事情。船长既然常在河边走，为自己准备一双雨鞋才是明智的。他们在险情和事故中跌打滚爬，他们的教训和经验是第一宝贵资源。

3. 增强情景意识，防止事故的发生

情景意识，即在一个特定的时间对影响船舶的因素和条件的准确感知，有点接近我们常说的船长专业判断能力。要知道你周围将会发生什么，正确地感知敏捷地察觉事故链形成的过程和后果，这是你采取正确措施的必然条件。在一个特定的环境中，每个人的感知会有所不同。在驾驶台资源管理中，引航员对航道、水深、环境、会船、靠离泊等方面的感知会胜过船长；在本船操作特性、停船、船速、旋回等方面船长的感知更敏锐。显然我们期望的是一个驾驶台的综合情景意识，是一个团队的情景意识，这个情景意识与安全的关系毋庸置疑，情景意识越好，事故风险越小。丧失情景意识就意味着事故链形成。船舶航行安全是一个动态概念，情景意识亦是呈现为动态的。它需要高超的驾驶台资源管理技能，要充分地利用驾驶台所有资源来确保船舶航行安全。

好的情景意识首先来自于知识、经验、经历和实践，一个称职的船长应该在自己的航海生涯中不断总结和积累自己的航海经验，在洞察事故链形成的过程中比自己的船员们要先知一步。一个有感知的人在事故发生前感到危险，一个感知较差的人在事故发生后才觉得后果严重。要提高自己的情景意识，要接受培训，重视学习，不断提高自己的知识和技能，提高自己适

应环境变化的能力。从某种意义上来讲,船长不断地改变服务船舶种类,不断地改变服务船舶航线,不断的进行船员更替,对团队情景意识是一个负面的影响,所以船长对本船的团队情景意识和综合能力时刻有一个清醒的评估。公司正在实施船员相对定员的尝试,我认为这对船舶安全是非常有利的。船长为了提高自己情景意识,应该对所要抵达的港口做一些计划和准备工作,认真研究相关资料,对可能出现的险情作一个推测,从最坏处作打算,向最好处作努力,努力营造船舶安全氛围。

驾驶台是船舶的指挥中心,是船舶安全工作的重要环节。随着船舶的大型化、快速化、国际化和通航密度的增大,我们公司开展驾驶台资源管理的培训与研究,提高船长情景意识以及控制风险和事故的能力,保证船舶航行安全,具有更加重要的现实意义。

五、船长管理能力对船舶安全的影响
——浅谈驾驶台资源的管理

上海远洋运输公司船长　王力明

“驾驶台资源管理(BRM)”是船舶向现代化发展和管理进程中所引入的一门新兴学科。许多远洋船舶的船长虽然长期从事船舶的管理工作的实践,但是由于缺乏系统的学习和受到工作的限制,所以对如何理性化地做好船舶管理工作还缺乏相应理论知识,从而影响到工作的效力。参加 BRM 课程的学习,使自己从理论上对船舶管理方面有了新的认识和收获,并进一步认识到如何充分、正确地利用驾驶台的各种设备资源及人力资源是自己工作中为船舶航行及靠、离泊过程中提供安全保障的关键所在。

1　船上人力资源管理

作为船舶安全的主要负责人,船长对驾驶台人力与物力等资源的管理是船舶管理中的核心工作。管理是一个组织或单位通过计划、组织、控制、协调、指挥等手段,利用团队的力量和对各种资源的有效整合与充分运用,以达到预定目标。在船舶资源管理中,为了更有效的实现船舶安全这个既定的目标,其中所涉及的人员包括值班驾驶员、轮机员、值班水手、进出港时的引航员,而参加系泊的人员在不同时段、不同地点的安全操作要求也有所不同。船舶进出港航行与靠、离泊作业这段时间是事故的最易发生的时期,船长在确保自己对该航段条件有充分了解的前提下,应随时关注引航员、驾驶员、操舵水手的每个操船指令及动作,同时判断其正确性。驾驶台是一个团队,最终决策者是船长。为达到船舶安全营运的目的,船长要充分运用和协调好船舶驾驶台团队内的全部人员(包括引航员)所能应用的技能、经验与资源;要不断提高团队人员的风险意识,使任何人对当时的局面一定要相当的了解;要制定应急计划,对团队资源要进行有效的利用、监督、并作出判断。判断能力对于决策者来说是非常重要的,由于许多事情是错综复杂的,常常需要决策者去洞察先机、未雨绸缪。只有这样,才能化危机为转机,最后将转机变成良机。

船长应充分利用驾驶台的团队资源,合理组织和安排值班船员的工作。这项工作包括各自在值班的位置、角度、应负职责、信息沟通交流方式、应急处置等,以便能形成一个注意力范围足够广泛,反应灵敏、信息畅通互补,完整而无瞭望与技术死角的操船整体,以避免由于个体的错觉和主观臆断造成的失误。要使相关船员清楚了解你自己周围局面的情况(即情景意识)

帮助你认识一个过失链的形成，把事故消灭在萌芽状态。在各尽其责的前提下，提高大家的团队精神，让他们处于最佳运转状态下，更好的履行安全工作的目标。

船舶进出港靠离泊时，大副、二副、三副根据其职责分工的不同分别在首、尾和驾驶台负责瞭望、安全监督和现场指挥，同时应将所有与本船有关的安全信息及时反馈给驾驶台，并报告船长，以便船长对本船前后左右及周边的情况了如指掌，控制好船舶的安全。例如以某轮在美国奥克兰港进港靠泊为例，就驾驶台资源管理方面的问题做个分析。由于该水域经常会发生能见度不良的情况，所以在引航员登轮后，当船舶在进航道不久，船长就应命令大副到船首做好备锚、瞭头及靠泊准备，三副上驾驶台负责航行值班，继续保持正规有效地瞭望、操纵车钟、信息传递、随时注意船舶速度、监督引航员的操作和水手的操舵情况，必要时及时提醒和纠正，并协助船长做好其他相关工作，二副做好船尾的带缆准备工作。船长与引航员要保持良好的沟通，当船舶驶入港池准备靠泊时，由于需要掉头且航道狭窄，掉头区域较小，所以船长一定要与大副、二副之间保持信息畅通，做到信息传递的及时、准确和闭环，掌握好船舶前后与岸边的距离。同时，在车钟、舵使用频繁的情况下，船长应及时掌握船舶的余速与转角速率。三副也应将舵角、转船速率、车头、余速及其他相关情况随时报告船长(因为此时船长和引航员往往都在驾驶台两翼甲板上)，只有这样才能有保证船舶人员的合理使用和发挥好团队的作用，保证船舶的安全。

2. 船上设备资源管理

对驾驶台人员的业务技术水平、驾驶台设备工况及其正确操作也是船长对驾驶台资源管理的重要工作之一，所以船长要经常组织驾驶员进行学习和工作交流。所谓学习，主要是指对驾驶员操船技术的指导和驾驶台内航海仪器设备操作和使用方法进行学习，使每位驾驶员能够正确、熟练利用驾驶台各种航海仪器设备进行操船；所谓工作交流，因每位驾驶员值班时间不同，所遇到的情况不同，大家经常在一起交流所见、所闻和所感。例如所经海区的船舶的通航密度、潮汐水流、避让特点、气象环境等特点、值班水手的工作能力等，并进行探讨、相互提醒、相互帮助，善用资源。船长要给予指导性的意见，以便建立一个能够和谐沟通、配合、协作的工作氛围，统一朝保证船舶安全目标迈进。所谓驾驶台设备资源，就是指 GPS、雷达、VHF、电子海图标绘仪、车钟、操舵装置等能够提供出直接与航行安全相关数据的电子设备。例如纳西河轮航行于华北—美西线，在韩国沿岸附近水域，来往船只较多，同时由于釜山、光阳等几个国际港口的存在，使得各船之间交汇的态势比较复杂。在这种情况下，可通过雷达、AIS、VHF等相结合，正确判断过往船舶的航行态势，及时沟通，从而作出正确的避让措施，真正做到知己知彼、保障安全。

3. 加强工作责任感

在实际工作中，船员必须牢固树立每个人的工作责任感。所谓责任感，就是对公司负责，对自己负责，对他人负责。一个人有了责任感，就能对自己负责，就能时时刻刻牢记自己的任务和责任使命，就能提高工作效率，从而产生强烈的工作热情。他必将对公司负责，对他人负责，反之则不然。如：某船夜航，三副发现右前方有亮光，方位不变，望远镜观察未见他船，立刻叫船长并减速航行，光亮方位仍无变化，走出驾驶台一看，原来是本船住舱灯光外泄照到浓雾上所形成的反光，真是一场虚惊。海上视线恶化至此，三副竟目无所视，如果这位三副能认真地查核和具有一定责任心的话，就不至于发生这种令人啼笑皆非的低级失误。雾季夜航，密切监视能见度的变化是极为重要的。夜航时,最简便的方法是察看航行灯的余辉情况,驾驶员走出驾驶室观察海面及航行灯情况是海员的通常做法。而这位三副对海上何时起雾,能见度如何,一概不知,不备车缓速、不鸣笛、不开雷达毫无戒备地在浓雾中高速航行,真令人冷汗一身。因此,提高每位船员的责任性和端正工作态度也正是我们的当务之急。仔细分析每件事故,究其原因,总是由一些看似不严重的一系列事件构成一条失误链,这就象多米诺骨牌一样,我们只要切断导致事故的某一事件,也就是破断失误链的任何一环,事故就得以避免。如在前几年某轮在大洋上发生的撞山搁浅事故中,如果当时二副在画航线时没有将航线画在小山上,如果船长在审核航线时仔细一点及时发现,如果当值驾驶员在值班时保持了正规的瞭望等,只要在其中的任何一个环节及时发现了问题,切断失误链,那么这一事故就能得以避免。

4. 结束语

诚然,航运是一个高风险的职业,知易行难,所以作为一船之长考虑的问题越周密越高明,工作越细越好。这样,可能被人讥为谨小慎微知难而退,但总比陷入险境好的多。防微杜渐"不出事故"是船长最大的本事,这样的船长才是真正的强者。作为一名优秀的管理者,应该能够及时认识和发现自己在船舶资源管理方面的偏差,并能尽快采取一些有效的措施,纠正这些的偏差。在船舶管理方面,通过对计划性、执行力、组织控制、团队力量,资源的有效整合等和严格按照规章制度来实施相关的工作,从而达到船舶安全管理的目的。必须强调的是执行力表现为面对难关时的一种坚韧风度,船长在船舶管理工作中应养成和坚持这种力度。此外,船长作为管理者的判断能力也非常重要。实践证明,只有通过认真学习和运用先进的管理理念与方法,船舶管理者才能抱着负责任的工作态度,有计划、有组织、有目的地开展工作,并在工作中不断地学习和总结,圆满地完成自己的工作任务。

六、高度重视船舶"缺陷性资源"与船员"走神"的问题——学习 BRM 的两点深切体会

上海远洋运输公司船长　卫建平

今年一月我们公司与上海海事大学合作举办了"驾驶台资源管理(BRM)研修班",自己在参加该这种研修班的过程中,认真学习了一些涉及船舶安全管理方面的系统性理论和方法,觉得自己的思路拓宽和理顺了,自己的一些观念与理念更新了,大有收获。结合自己工作的实践和体会,特就船舶 BRM 中相关的船舶"缺陷性资源"和船员"走神"两个问题谈谈自己的一些看法与观点。

1 船舶"缺陷性资源"

"驾驶台资源管理(BRM)"培训课程中对"船舶驾驶台的资源"作了如下具体定义和说明:

(1)船员(指在船上工作的人员);

(2)硬件(设备、仪器、物品、备件等);

(3)软件(命令簿、工作手册、指导书、海图、航路计划、教材课本等);

(4)其他(时间、技能与经验等)。

如果将一切有利于确保船舶航行安全和海上生产活动的上述各项资源表述为"正常资源",

的话，那么当上述资源中的某一项或多项资源存在缺点、欠缺而可能导致事故的发生时，这种带有潜伏危机状态的资源可称为“缺陷性资源”。它可以包括船员生病或技能低下；硬件中设备损坏、仪器故障、物品备件缺乏；软件中资料不齐、计划不周密和诸如时间紧迫、空间狭窄等等容易导致事故发生的不安全因素等。

采用“过失链”理论与方法对事故进行分析，“缺陷性资源”即人或物的不安全因素往往是导致事故发生的直接原因。但是，人和物的不安全因素的形成是有其主观与客观条件的，而管理不善则是与人和物的不安全因素最根本的源头。因此，人们在抓安全工作时，一般都是从源头上着手，即强调安全管理，做好做细各项工作，防止不安全因素即“缺陷性资源”的产生，从而达到杜绝事故发生的目的。

这里想要阐述的一种观点是：当不安全因素已经形成但事故尚未发生时，如何控制已经存在的“缺陷性资源”，转化不利因素以避免事故的发生。即对“缺陷性资源”的管理问题。

1)“缺陷性资源”是普遍存在和不可避免的

人、物或环境上的有些“缺陷性资源”可以在工作中被发现或通过检查被查到，但可能有更多的这类“缺陷资源”已经存在或正在形成却没有被发现或查到。如某船员对其岗位所要求的部分技术性工作不熟悉、不熟练；机械或设备的磨损与不适用；初次挂靠或或久违的港口资料不齐；某航次的班期特别紧张等等。“缺陷资源”小的如机器上某个不太重要螺丝松动，大的到船体结构由于某种原因受到严重损伤。客观上每条船舶或多或少、或在某个时段总是存在这样那样“缺陷性资源”。老龄船的机器设备甚至船体结构问题多多，“缺陷性资源”比比皆是，随处可见；即使是新船也可能存在如仪器调试不精确、机器设备之间安装磨合没到位而处于存在“缺陷性资源”的等状况。

航海要求每一条船舶在开航之前、开航当时乃至整个航海过程中都能保持适航状态。这是人类充分认识了海洋和海上风险后，对航海船舶的最基本要求。随着航海经验的积累，科学技术的进步和发展，船舶越来越先进和大型化，使用的机器、设备和仪器日臻完美，物资物料齐全充裕，规章制度详尽完善，人员训练有素。即使如此，船舶这样那样的“缺陷资源”还总是存在的。

2)“缺陷性资源”会对船舶的安全产生威胁

凡是“缺陷性资源”总是对船舶的安全生产有威胁的，而“缺陷性资源”导致事故发生的可能性又是不确定的。“缺陷性资源”有大小轻重各种程度的差别，但是大“缺陷性资源”不一定造成事故。如某船进港前发现主机操纵有问题，倒车启动不出来。虽然这种问题比较大，进港靠泊时可能会造成事故。但因为谨慎采取了各种弥补措施(如抵泊位前尽早停车，使用极慢车控制余速，备妥双锚，多要协靠拖船等等)，最后并没有发生事故；小“缺陷性资源”则有可能造成大事故。如某船上船员房间的垃圾桶不是铁皮做的，并且没有放水，这种情况应当说是个小问题，不太会引起注意。但因船员将没有掐灭火焰的烟蒂连同废纸杂物一起倒入这种垃圾桶内，导致发生火灾而烧毁全船的惨痛的事故也确实曾发生过。因此，船上“缺陷性资源”无论其大小轻重都有可能导致船舶事故的发生，会对船舶安全产生严重的威胁，需要予以高度的重视。

3)“缺陷性资源”需要查明、及时纠正或加以控制

事实证明，“缺陷性资源”的存在并不意味着事故一定会造成。如果它们能被及时发现，主管人员给与相当的重视和采取了相应的预防措施后，就有可能避免事故的发生。反之，若主管人员对已经存在的“缺陷性资源”熟视无睹，置若罔闻，不采取任何预防措施，则最终必然导致

事故的发生。船公司、船旗国、港口国有关主管机关经常以多种形式对船舶进行检查,意义就在于督促船舶做好各方面的安全工作,查找“缺陷性资源”的目的在于消除潜在地安全隐患,对已经查明的问题及时予以纠正,或对一时无法解决的问题在其得到纠正之前进行有效的控制。

一般情况下,船上“缺陷性资源”的存在并不可怕,要紧的是主管人员必须及时加以查明和发现,并及时采取措施加以处理。对一些一时无法适当处理的“缺陷性资源”,则应想办法弥补其不足,找其他相近的资源替代,采取预防措施防止事故发生,关键时刻也能化险为夷。

例如某船开船后发现组合引航员梯收放装置发生故障,上部硬梯只能放,不能收,人站到平放的梯板上也会引起梯子下滑,此时这个梯子就成了一种“缺陷性资源”。因当时船上缺乏备件,一时不能修复,而到下一个港口时还必须使用这一架组合引航员梯。为此,船员就想法用葫芦链条替代马达钢丝,梯梁上设置保险绳索,收放时谨慎操作,最终同样保证了引航员登离船时的安全。如果这部梯子的“缺陷”没有被及时发现,或者在明知有“缺陷”的情况下不采取任何措施,就有可能在引航员登、离船时发生事故或因不能使用而造成其他后果。

就船舶而言,各岗位人员都有明确分工。各人在自己分管的范围内做好日常工作,查找自己管辖范围内的“缺陷性资源”,如物品是否齐全、设备有无损坏、仪器工作是否正常等等也是十分重要的工作内容。船员相互之间的提醒,是找出“缺陷性资源”的好办法,值得提倡。同时,可以充分利用船上每月举行的安全会,定期进行“缺陷性资源”的确认和风险分析工作,拟定应对紧急情况的行动方案,使主管人员注意及时加以纠正湖或采取其他相应措施。平时船舶领导应经常组织引导船员以多种方式对这方面的工作进行自查和互查。

如同资源的多样性一样,各种资源可能出现的“缺陷”也各不相同。针对不同的“缺陷”,需要采取不同措施才能予以纠正和修复。如航行中某一船员得病或受伤,值班资源出现“缺陷”,部门长将安排其他船员顶班;当驾驶员刚上船之初对某种新设备操作不太熟悉时,也属于值班资源的“缺陷”,需要交班船员仔细介绍和在船船员的相互指点,更需要其本人用心学习。

机器设备、仪器装置、图书资料等等硬件、软件方面存在“缺陷”,更是形式繁多,层出不穷。在船舶每月部门上报的设备状况报告上,经常可以看到船长这样的批注:“尽量自修解决,无法自修的报安技科”,意在尽快将问题在船上解决,意在要求船员动手、动脑筋解决问题。

2. 船员“走神”

沧海茫茫无垠,水域轻云簿雾。巨轮在大洋腹地潺潺前行,和风细浪海况悠悠,年轻的值班驾驶员忙完了许多日常必做的事情,一个人在驾驶台窗前安静地瞭望着。连续数日正常而又枯燥的大洋航行,长时间宁静的环境,随着浓浓的水汽蒸腾出水面,海面渐渐有点模糊,驾驶员的思绪有点茫然,感觉中似乎自己驾驶着宇宙飞船在太空之间畅游,远离了人间的喧嚣。猛一激灵发觉自己“走神”了,赶紧回过“神”来,集中精力保持正常的值班瞭望。夜深了,引航员离船,水域宽阔了,船航行到了预定的航线上,驾驶台只有值班驾驶员和当班水手。连日来在港口停泊时诸事奔忙和劳累加上开航前后没有适当和充分的休息,使人显的格外疲倦。伴随着机舱传来隆隆的机器声轻柔而又单调,挡不住阵阵倦意袭上头来,水手的神情有点惶惑,值班驾驶员吩咐他做某事,迷茫的水手竟有点不知所云。

1)船员走神的危害性

生活中,也许大多数人都有过“走神”的经历。“走神”究竟属于生理现象还是心理现象有待有关专家学者们的专门研究。在一般情况下偶尔发生“走神”现象,于工作并无大碍。但在特殊环境中“走神”可能导致险情甚至事故的发生。由于船舶工作的特殊性,船员在海上工作中容易发生“走神”现象，因为“走神”而造成紧张局面，造成事故发生的事情时有耳闻。

某轮在某港口进(出)狭窄航道时由于舵工操了反舵，与本来欲与之相让的船舶发生了碰撞。事故分析中有一条是当事水手听错了舵令什么的。怎么会呢？水手是不是“走神”了？

某轮在某交通繁忙的河道中，因一舷突然发生紧张情况，引航员一时精神高度集中于处置单边局面，发出的指令完全罔顾了另一舷存在的危险从而导致更严重的险情。对于全局而言，由于紧张造成了引航员顾此失彼，也可以说是一种“走神”。

更有甚者，有二艘在宽阔洋面上航行的对驶船，由于值班驾驶员十分投入的在 VHF 高频电话上畅谈，对于航行的分心“走神”最终导致了船舶的相碰。

好多年以前有一次船过苏伊士运河出塞的港，引航员离船之前正值午夜水手(舵工)换班不久。因为与前船距离较近(前面的船舶也准备在这一片水域下引航员)，引航员为了避让它船，叫了“左舵 20”的口令，刚接了班的水手(舵长)回答“左舵 20”，却操了右舵 20 度。船首开始向右转向使情况突然紧张起来，引航员询问、船长、驾驶员奔向操舵仪，这时的舵工也猛然醒过神来，赶紧操左满舵，随后在船长、引航员的指挥下，连续几个操舵动作，终于化险为夷，避免了一场事故(据当时船长事后介绍，因船舶装载着特殊的货物和避让当时船舶所处的特别位置，一旦发生碰撞很可能就是一桩恶性事故)。事后水手回顾操反舵的经过时说，半夜被叫醒起来接班，尽管人已经上了驾驶台，脑子还没有完全清醒，以致口中回答左舵 20 而实际却操出了右舵的情况发生。因为当时我刚上船工作，这件事留给我很深的印象。这件事是否也是一种“走神”现象。

这里谈论“走神”现象，并不是因为这种现象有趣，而是如上所说的认识到了“走神”在航海工作中带有潜在的危险性。很多事故都是人的因素造成的，而“走神”往往是导致事故发生的一种较为常见的人的因素。基于这种观点，是否能想办法抑制或减少船员在平常工作中出现的“走神”现象，从而达到减少人的因素的事故发生。

2)船员走神的主要原因

想要杜绝或减少船员的“走神”现象，先要了解是什么原因导致了他们“走神”现象的发生。以本人肤浅的见识，认为下列种种情况是船舶日常生活中比较常见的诱发船员在工作中“走神”现象的发生的原因：

(1)疲劳 (工作强度大和缺乏休息)。

每个人的精力都是有限的。在一段时间内过分的劳累或较长时间得不到很好的休息，人会感到体力不支，精力不足。如果仍然坚持工作很可能会出现神情延滞，身体动作与大脑指令不相协调的情况。就容易发生“走神”现象。

海上生活中，在抗御了一场大风浪(较长时间的与风浪搏击)后的海况相对缓和时，在连续数日耗费精力抢修重要的机械设备后进行最后调试时，人会显得疲劳；白天工作紧张，晚上没有充分休息，或者水手更换值班时间后还没适应过来，人也显得疲劳；船舶停靠港口码头期间，部分船员过分留恋于岸上的生活气息，耗费太多的时间和精力而没有充分的休息，开船后这部分船员显得特别疲倦等等。

(2)分心(心事过重和兴趣过浓)。

因为对家人家事的牵挂、对船舶和个人处境的担忧、对仕途未来的期望等等，一个人心里有事总是放心不下；或某人对某事特别感兴趣、特别爱好，总是痴痴地往某一方面去想；即使是上班时间，心还是钻在牛角尖内，或忧心忡忡、或神情痴呆、或思绪涣散，对所从事的工作心不在焉。在做简单的体力劳动时也容易出差错，当要求进行像航行值班，保持瞭望这类工作时，由于特定的工作环境,其忧心忡忡或想入非非的状态容易造成分心"走神"。尤其是性格比较内向的船员,各方面与他人沟通相对较少,这种情况也就容易产生。

(3)精神高度集中于一事。

因为某一突然发生的事情比较重要,需要予以特别的关注,往往会引起某些人员的注意力在短时间内高度集中于该事,而将其他本来也应加以考虑的事情置于脑后。在交通繁忙的河道、航道中,交会船只的突然异常行动造成对本船的威胁时,船长、引航员容易发生这种"走神"现象。

(4)长时间单调和过于宁静的环境。

由于航海工作的特殊性,尤其像驾驶台航行值班当处于大洋航行保持较长时间的正常瞭望时,单调的机器声和相对较宁静的环境,容易麻痹人的神经,倦意使人神情渐渐麻木而"走神"。这种现象在海上经历不久的年轻驾驶员中容易发生;在所航行的洋区空旷周围无船且海况比较温和时,在下半夜至天亮前这个时间段内或气温比较适宜的下午等等时段亦容易发生"走神"现象。

(5)其他。

走神现象的发生还与船员本人主观因素和外界客观因素有关。例如涉及到个人的性格习惯、责任心和诸多不确定的外界诱因等。

3)解决船员走神问题的方法

在上述造成船员走神现象产生的各种原因中,本人认为最为重要的原因是疲劳。控制船员工作中产生疲劳的问题甚至已经被像IMO、ILO这样重要的国际组织所重视,就船员在船工作和休息时间有文件、有规定。一般情况下(我们公司)船舶日常作业的劳动强度也不至于造成船员过分疲劳。问题在于船员自己要充分利用休息时间学会休息好好休息,在船遵守作息制度,不管有无时差影响,正当的娱乐活动也不能纵情过分。船舶领导要关心和监督船员适度的娱乐生活和休息,特别是船舶停靠港口码头期间提醒船员要学会控制自己。

针对其他各种不同的原因,采取不同的方法予以弥补。如对船员的关心、交流沟通,在力所能及的范围内帮助解决困难;平时创造良好的协作氛围,遇事相互提醒,营造团队精神;维持正常的驾驶台秩序和保持适度热情的工作环境,勉励船员自觉加强责任心;根据不同值班时段、环境、人员航海经验的丰富欠缺,安排船员协助配合等等。

现在船舶工作中,有很多优良传统习惯,有很多优秀的管理方法。充分掌握和利用这些好习惯好方法,抑制和减少船员工作中的"走神"现象,从而消除由此而产生的对船舶安全潜在的威胁。

以上是自己通过学习"驾驶台资源管理"的一些新概念和知识,结合以往自己的工作中经历与体会所提出的一些肤浅的观点与意见,恳请各位同行专家指正。

七、人为失误的控制与船舶驾驶台资源管理

上海远洋运输公司船长　裘　荣

尽管现代航海设备的可靠性和航海技术水平越来越高,然而船舶的营运管理、设备的使用和操作仍然都必须通过人来完成的,所以人的失误和错误仍然是造成海上事故的主要原因。许多事故案例分析的结果表明,许多事故的主要产生原因并不是船员航海技能或智力低下,也

不是缺乏相关的规章制度或操作程序，而是船员没有正确的工作态度和责任心，缺乏相互之间的配合和交流，缺乏一定的驾驶台资源管理知识与经验。

1. 人为失误的理解

从系统论观点看，系统是由一组相互连接、相互聚集或相互依赖的事物构成的一个复杂统一体。系统和要素之间的关系是相互依存、互为条件，而且也是相互作用的。构成海上事故这一系统的基本元素往往包括了人、船舶和环境的因素，它们是互相依存，互相影响和制约的，见附图 2-1。

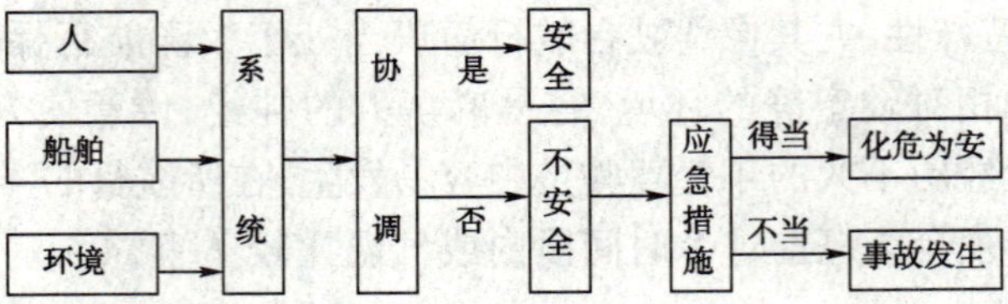

附图 2-1　人、船舶、环境与事故的关系图

如图所示：事故是否发生要看这三者相互作用的结果，其中起关键作用的是人的因素。这是因为随着科学技术的不断发展，人可以适应环境并改造环境为我所用。环境虽然是造成海上事故的原因之一，但只要人们充分认识它，利用其有利的一面，减少或避免其不利的一面，就可避免绝大多数由此而引起的事故。其次作为营运工具的船舶，其性能好坏、技术状况优劣直接决定了运输任务能否顺利完成，但船舶最终是由人去操作的。不管一条船的性能有多好，如果把它交给一班低素质船员去指挥、操作，海事仍会发生。

通过系统论分析的结果表明，人的因素在事故中的作用远远大于其他因素，海难事故中有80%是由于人的因素引起的，其余部分是由于技术缺陷和外界环境因素引起的。造成事故的人的因素多属未能用管理来控制的非标准行为，而造成技术缺陷与人的因素又有很大的关系。但这些人的因素很多不是航海人员的技术问题，而是他们的工作态度、相互间的配合和交流、决策过程、领导艺术和才能方面出了问题。目前我们船员的最大弱点不是在技术能力上，而是在敬业精神、服从意识和对外通信交流等方面。很难想象一个不热爱本职工作、责任心不强的人，能够保证航行安全。情绪低落、心情烦躁、紧张等不健康的心理状态，不仅降低工作效率，而且会造成操作失常。

2. 驾驶台资源管理应用实践的分析

在实际工作中运用驾驶台资源管理(BRM)原理来处理问题，在作业中必须端正工作态度、改变工作策略、合理利用资源，在驾驶台这一团队里建立共同协作的精神境界。每一成员应具备良好的责任意识和端正的工作态度，在面临复杂局面时具有分清轻重缓急、处惊不乱和化危为安的能力。结合 BRM 的原理与方法，通过几个月的实践，自己在工作中进一步体会到以下诸方面工作的重要性：

(1)要创造良好的环境、氛围和明确岗位与工作任务；

(2)很好地估计船员所能承受的压力强度及疲劳对其的智力的影响；

(3)顾及文化意识和当时的情景意识，来激发每一个船员的潜在能力，形成共同的价值观和愿望；

(4)使船员能在各自的岗位上充分发挥自己的聪明才智，又互相配合和协调，互相信赖和支持,互相了解和尊重,形成一个宽松、和谐的团队。

船长是船舶安全营运的组织者、指挥者和管理者。作为这支团队的领导者,船长需要坚定,但又必须灵活和友好,热情和幽默(人性化),以激励团队成员和调动他们的积极性,从而能发挥主观能动性,有效高质地执行和完成工作任务。

船长应加强包括安全管理意识方面自身修养,模范地带领驾驶台团队成员忠实执行法令,法规和公司的各项规章制度,充分发挥核心作用和表率作用。在工作中要讲究方法,做到宽松但不放松、严格又不过于严肃;多集体智慧,注意发挥每一个人的长处,多表扬鼓励,把全体成员紧密地团结起来,群策群力,克服困难。船长应协调和利用驾驶台所有人力的技能、知识、经验和驾驶台以外的其他资源,来帮助驾驶台团队完成和达到预期的营运安全性和有效性的目标。

3. 驾驶台资源管理的在船培训

根据公司的安排与要求,本人结合参加 BRM 培训的一些体会和收获,通过不同方式的培训和交谈的方式,将自己掌握的 BRM 知识,逐步传递给驾驶台其他成员,以便使他们了解和增强 BRM 应用技能的自觉性,使他们在工作提升正确的理念。

比如,从 2005 年 3 月起,我船先后有 10 位船长来船进行"三自"培训,在进行技能培训的同时,根据航线和船舶的特点,也进行了一些管理风格及对局面的判断和决策、工作压力等方面的探讨。同时,在条件许可的情况下,由驾驶员操纵过关门海峡和来岛海峡等复杂危险航区,使其对特殊情况下(急流、航道狭窄、船舶密集)的判断和决策的重要性有所了解和感悟,同时也提高了他们学习的积极性。以上各种手段的运用,其目的是为了提高船员的自身素质,积累更多的经验,减少人为失误。

要真正做到减少人为失误,根据戴维·考伯的研究,要掌握所经历的事件,学习者必须完成附图 2-2 学习环中左侧几个环节,且可能需要多次重复。任何一环的中断,都掌握不了这件事。

(1)"学习环"最易中断于"反应"阶段,即学习者对所经历的事没有弄清楚是怎么回事,则此类事件必然会再次发生。

(2)培训能培养船员的反应能力,通过"学习环"得到巩固,以后工作中遇到此类事件,就能按学习得出的结论,"自动地"迅速作出反应,从而赢得应对和处理事件的宝贵时间和减少人为的失误,同样,船员的经历越丰富,所积累的经验(结论)也越丰富,应对各种事件的能力就大大提高,人为失误也会大幅度地降低。

4. 安全意识的培养与人的失误的预防

安全意识是一种养成的思维和工作习惯,它决不是光靠学习和理解就能具有的,而是要靠一点一滴的积累而形成的一种意识,从而在遇到某种情况时,就能不假思索地按照条规的要求自觉地加以执行。在实践中,强调了驾驶台成员在沟通和情况通报中要按闭环的方式进行,见附图 2-2。即每一信息或口令要有回复,确保传递无误,并养成这种闭环式的习惯。由此可见,人的意识是可以培养和养成的。

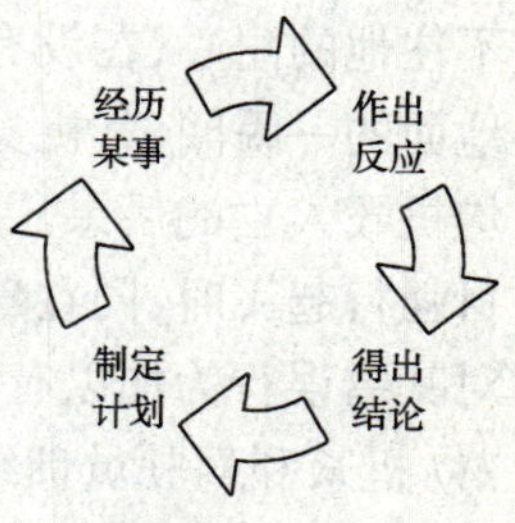

附图 2-2 学习环

船上的工作环境的特殊性要求船员必须建立起一种融洽的人际关系,不管是在工作上还是在生活上都应该互相照应、合作愉快、共同提醒、工作效率自然会高，就算出现了危险也能及早避开或化解。如果船上的人际关系没处理好，相互间的气氛就非常紧张，注意力就会大大降低，从而带来潜伏着危险。作为船长更应该注意驾驶台团队成员的情绪，及时协调好成员之间的关系，使团队成员有一个轻松愉快的工作环境。只有这样，人的压力自然就能减轻，工作热情更加高涨，人为失误减少，安全更有保障。

5. 结束语

在充分认知"BRM"重要性的基础上，通过实践和应用，自己深刻认识和体会到"BRM"理论在船上的正确应用将对船舶航行安全、保护海洋环境带来非常积极的作用。进一步强化安全意识，明确和认真履行自己应尽的工作职责和义务是每个驾驶台团队成员的根本。船长在领导驾驶台成员共同参与和承担驾驶台的工作任务中，必须正确、有效、合理应用好驾驶台人力和设备资源，尽可能早地获得相关信息；保持良好的、畅通的信息交流与沟通；正确认识和了解各种内外界因素对船舶的影响；掌握船舶的实际状态，对即将发生的情况或局面作出正确的判断；检查和监督其他驾驶台成员所采取的操作行动，注意这些行动对船舶航行安全的影响。从而在具有较大风险的船舶营运过程中利用集体的智慧来规避风险和确保安全。

八、团队精神对船舶安全影响的分析

上海远洋运输公司船长　严　敏

我们常常会惊讶地发现许多船舶事故的案例是如此地相似，以至于被上一级管理的领导者视为"低级错误"，就连事故当事人也会在事后怎么都想不通这样的过失会发生在他自己身上，甚至会敲打着自己的脑袋而后悔不迭。然而，当我们冷静地进一步地去思考一下后，也许我们会理解甚至原谅当事人的过失。因为，我们会发现每一个人身上都有与生俱来的弱点。这包括团队的领导或决策者，他们在某一时期或某一时刻的判断和决策往往会深深地受其自身的智力、体力、情绪等生理与心理特点周期等方面的影响。同时，各人都受到自己所受的教育和自身修养的局限，正所谓人无完人。只不过船舶这一级别的团队因其所处的特殊环境，决策者的错误会即刻产生后果，而另一些团队的错误决策所造成的后果也许要待一段时期后才能被人们所认识，且其后果可能会更严重。

1. 团队精神的引入

在学习驾驶台资源管理课程的过程中，学员曾共同观看过一部电教录像片。在该录像片的场景中有以下的一些内容：一架波音 747 飞机正在跑道等待起飞的过程，当时能见度较差，机长曾多次催问控制台何时可起飞，可得到的回答总是"请稍等！"。自负的机长最后终于按捺不住他的耐心，在没有得到控制台同意起飞指令的情况下强行起飞了。就在该飞机机头刚离地面的一瞬间，其机身与另一架已降落在跑道正在滑行的另一架波音 747 客机相撞，导致两机均机毁人亡的后果。据事后对该失事飞机黑匣子(飞行记录仪)信息的检查和分析，在机长盲目强行起飞时，同在驾驶舱内的二位驾驶员和另一位机械师在明知其违章操作的过程中，无人对其错误行为加以有效的质疑和制止，因为该机长是荷兰皇家航空公司的一位专门负责波音 747 机长和驾驶员训练的资深机长和教练员，他平时是一名作风非常专制的老机长……

至此，我们也许可进入到一番沉思之中了，我们也许会去作如果或假设的分析，并反复地叩问究竟是为什么？我们也许从中会想到一个常常被我们所忽略的但又确确实实至关重要的问题——集体的力量，即团队的力量。

2. 案例分析与思考

事实上，就船舶而言，团队的力量不仅仅表现在于某一环境中对某人判断或操纵失误的提醒和纠正，更体现在最大限度地在集体工作中发挥每一个人的智慧和才能，以能够步调一致地达到团队的预定目标——安全营运。

船长的个人责任感无疑对于整个团队作用巨大，但我们应该看到，当我们研究安全的人员正在冥思苦想所谓的事故链或多米诺骨牌效应时，船舶这一级别的团队领导——船长正也苦恼地思考着如何去激活船舶团队人员中的责任感。

例一：10年前，笔者所在的某轮离韩国蔚山港。刚出港，一阵浓雾袭来，能见度几乎为零。此时驾驶台全体人员都处于高度戒备状态，船长一边小心翼翼地观察着雷达，一边下达一道道操纵指令。"右舵20！"。当船长下达此口令时，当时担任大副的我在另一部雷达里观察到在我轮右正横约一海里处有一微弱回波，为此，我立即报告："船长，右舷有船！"。船长在我提醒后，马上发出了"正舵，左满舵！"的命令，我轮船首由向右始向左偏转，此时，在朦胧的雾中，我们看到在右舷约不到一百米处，有一拖带船正悠哉悠哉地驶过……

例二：X轮正进港停车等候引航，能见度时好时坏，船长操船，三副在驾驶台协助。不久，船长在雷达上发现右后方有一小回波正很快接近，船长将此回波误认为是引航船，于是就下达了"前进二"的车钟令。几分钟后，该回波快速至X轮船首，船长这才醒悟并下达了停车！后退一！"的命令，但时机已晚，X轮船首与一艘小型货轮的船中相撞，致使该货轮很快沉没，所幸船上十几名船员跳入海中后得救。在后来的事故调查中，X轮三副说："我当时在雷达上也发现了这条船，而且心里想着：这不可能是引航船。"

如果X轮三副把当时心里的想法大胆地告诉船长，也许船长就不会使用那个致命的"前进二"，至少也会对自己的判断作重新斟酌评估；如果在那架飞机驾驶舱里的另一位驾驶人员或者机械师提醒一下机长必须按程序操作，那位自负的机长教练员也许会迟疑或放下他那只正要拉动起飞操纵杆的罪恶之手。然而，人呢，他们都到哪里去了？他们都在想什么？难道他们都不明白身处同一环境中和为了同一目标吗？

这正是在一些团队的工作中往往都会出现的问题：很少有一个人说实话。他们不是真的撒谎：他们只是关注于琐碎的事情，或是害怕担负大的责任。因此，他们没有讲实情，或者没有讲出全部实情，甚至连一丁点小问题也不肯涉及。很难想象这样缺乏责任感没有进取心的团队人员你还能指望其全身心地做好他的工作吗？也很难想象一个这样的团队还会有希望和生命力吗？另外，一些船长的工作作风与方式也常会导致船员不愿意或不敢随时随地地向他的工作与指令提出质疑。

3. 团队精神对船舶营运安全的影响

人力资源的开发，团队管理模式的设计，在现代管理工作中正愈来愈引起人们的重视和被推广应用。当我们在传统的船舶管理圈里因一次次或苦口婆心般的灌输指导或独断专横的发号施令而疲惫不堪时；当我们因一次次船舶海上事故和问题不断地重复发生而困惑时，我们是否该作一下深刻地反思了；我们是否该有新的尝试和突破了，我们是否真正认识到了集体智慧的重要性和团队力量的强有力。

无论如何，船长必须正视团队力量在船舶工作和安全中的作用，应该看到团队中的每一个人像你一样，拥有巨大的尚未使用的潜力。随着每一个团队人员——船员的认识的提高和对既定目标的明确，这些潜力更能发挥作用，因为这里面有着未被发掘的资源。

4. 结束语

这里，我不再去赘述如何去调动和发挥船舶团队力量的问题，一是怕落入早已被渲染过的诸如影响力、凝聚力、人性化管理等的旧套中，二是自己也仅仅在刚刚尝试和探索中，实在没有很多体会可言。但我想，作为处于特殊环境中的最底层一级团队的领导者和决策者，船长始终站在风口浪尖上，你无路可退，且任何时候仅仅依靠你个人的力量是远远不够的。你必须以你对职业的忠诚去影响你团队中的每一个人员，以你的诚实和诚恳去了解和吸引他们，以你的周密的计划和明确的目标去提高他们的兴趣，并真正让他们能参与到你的团队中来共同完成团队的任务和达到共同的目标。

九、驾驶台资源管理理念在船舶安全管理中的应用

上海远洋运输公司船长　常　征

提高船舶的资源管理的水平，特别是驾驶台资源管理的水平，从而使我们的船舶管理更为科学化、船员管理更为人性化，这对船舶营运的安全而言，其现实意义是不言自明的。根据现代船舶管理工作的需要，我们在参加驾驶台资源管理培训课程中学到了一些先进的管理理念，但是如何将这些先进的管理理念运用于实际工作之中是船长值得研讨的重要问题。以下自己结合船舶管理方面的实际一些切身体会，从4个方面谈谈本人的一些学习体会。

1. 用现代知识来管理船舶

作为一名船长要不断地给自己充电，要全面地掌握和了解法律、法规的知识。只有这样，才能正确地运用公司所授予的权力来有效地管理船舶和对外的业务交往。要满足上述要求，船长对现代知识的不断更新和了解显得尤为重要。

1)提高知识采集的能力

如果船长没有良好的采集知识能力，则难以全面地更新和掌握好现代业务知识，而他们的管理也往往很难从感性化管理转化或提升为理性管理的方式。要提高采集知识的能力，信息技术的利用发挥着重要的推动作用，我司的海监部编写的“海务信息”是给船长们提供了一个很好的高效率、低成本的知识信息采集渠道之一。充分利用这些资源，可极大地帮助船舶实现安全管理的目的。

2)提高知识的利用能力

知识通过有效的采集就成为管理者的知识资产，而知识资产的利用是表现其价值的重要环节，良好的知识利用就是当船舶需要知识支持时，能够迅速地提供丰富的相关知识来处理和解决问题。岸基部门的有关领导们、手中把持着大量的知识和信息的老船长们，打破了知识传播的壁垒，将大量的、及时的知识不定期的发往船舶，使船舶能够及时了解和掌握信息。如果我们的船长们都能认真阅读、不断充值，那么以前的事故是不会再重复发生，至少能大幅度地减少事故的发生。

3)不断培养创新的能力

创新是知识创造的一种表达形式。想要做一名管理有成的船长,创新是形成的竞争优势的良好途径。今天的航海技术的发展与上个世纪的后几十年有了很大的不同,无论是业务技术、营运管理,还是对外交流等方面,它们的表现形式更加复杂、要求更高。因此,在一个个人知识受到重视和鼓励的环境里,正确认识创新知识的价值,并鼓励船员不断培养和提高创新的能力,能使我们的船员自愿而不是被要求表达出他们的知识和经验。同时,这也可以为船员提供了一个体现他们个人价值观的场所。

2. 用营造团队概念的方法来管理船舶

作为一名船长必须时刻牢记,一艘船舶有效与安全运作靠的是船舶整个团队良好合作的机制。建立起一个好的团队工作组织,可以使每一个船员在不必再次被告知应该做什么的情况下,各自能发挥自我管理和主动工作的能力,达到船长所要求的工作进度和目的。

在船上,由于工作性质的各不相同,每个人都承担着特定的工作任务。从某种程度上来看,他们可能是独立的个体。在这些独立的个体中,有相当部分是优秀和能相互合作的,但也有部分个体倾向于多思考个人的行为(即使他们被告知他们是团队的一部分)。在这种情况下,船长的基本工作便是帮助这些个体将注意力从个人行为转移到整个团队的表现中来。如果船长没有帮助他们完成这样的转换、或继续让他们专注于个人的行为,那么就会阻碍船舶形成一个有效的工作团队。只有团队中的每一个成员都严格遵守和执行团队的基本制度时,团队工作的效力才能得以充分的发挥,团队的整体努力才不会白费。

船长是团队工作制度的制定者和团队工作的监督者。同时,船长要清醒地认识到一个团队的整体效应是非常关键的。应确保每个船员都有这样的概念,即:我们是船舶团队工作中的一员,我们的每一次工作都直接影响团队的下一个工作环节,相互之间是息息相关和缺一不可的。只有这样,船上的团队才不会出现支离破碎的局面。这在以人为本的今天尤为重要。

3. 以良好的自身素质来管理船舶

船长不但自己要有良好的素质,包括拥有成熟、包容的胸襟,善于、乐于接受不同的意见、广纳不同的观点,而且要通过开展教育活动来提高船员的素质,包括职业道德素质,身心素质,技术素质,语言素质等。

(1)作为一船之长,要多一些宽容,开诚布公,要会容忍下属对自己的评价并鼓励下属说出自己的想法。即使下属的评价不正确,也应该保持一种良好的心态加以训练和指导,促使他们能够认识到自己的不足并让他们知道如何改善心态。

(2)作为一名船长要以身作则,言必行,行必果。我们知道信任是一种言出必行的信念,是对传统美德"诚实"的恪守。船长的行为与他口头上宣称的信念要相吻合。有效领导的基础不是卖弄聪明、不是欺上瞒下,而是言行合一。

(3)协调一致、及时沟通——这又是船长应该掌握的艺术。我们知道有效的沟通有利于船一岸之间意图和目标的明确,也有利于船员之间的相互了解和交流。有效的沟通、协调是组织运作与发展的前提,是解决问题的润滑剂,是将事故消灭在萌芽状态的有效方法之一,是鼓励船员创新、提出合理化建议,从而充分调动其主观能动性的有效方法。

(4)船长要敢于承担责任。船长要正确认识自己的错误和失误,勇敢地承担个人责任,不要文过饰非、互相推诿。发生了事情就把责任推给下属的船长不是个好船长。

4．多采用鼓励的方法来管理船舶

一个人的成长和成功都离不开鼓励，而船长的管理艺术不仅仅是在于做指示、下命令，还在于用激励、唤醒、鼓舞船员的方法，让他们共同的工作目标去奋斗。

1)认可每一名船员

一艘船舶的船员们不可能总在一起工作，他们要休假，所以船员的频繁更换也是船舶管理中的难题。前任船员与接班船员在同工种上的敬业精神、工作方式是不一定一样的。船长万万不可用有色眼睛来看待新上岗船员，不能以你的方法来界定船员的做法，只能以最后的结果来评定船员的工作绩效。

2)让船员参与决策

通常，人们广泛参与的工作方式似乎更能激发好奇心和动力。如果船员觉得他们正在或已成为一个计划和项目中不可分割的一部分时，那他们的积极性会空前高涨。船长应充分认识到，没有人愿意长期受管理者的任意摆布。如果不让他们参与到决策的过程中，或没有人听取他们的意见、或没有人重视他们的话，则有可能会发生使船长头痛，并不得不面对的局面。解决该问题的方法是不定期的组织船员参加的"听证会"。

3)让船员们从工作中找到乐趣

人生的乐趣是在寻找一种快乐的满足，职业的本质也是如此。如果能把这种满足加以正确引导，比如：工作上的成就感所引发的快乐，就一定会对船员持久的热情起到惊人的效果。只有不断受到鼓励，人们才会在一个工作的乐趣消失后，不断地探索着新的工作乐趣。

4)用不同的鼓励方法来鼓励不同的船员

每一个船员的兴趣爱好和能力都不尽相同，比如有的人重视和谐的工作环境和开放的沟通渠道；有的人需要明确个人在航海生涯的前途和是否有充分的培训机会、提升机会；还有的人非常注意自己是否有足够的隐私空间以及平和的人事安排等。而作为一船之长应该在船上营造一种相互尊重、关心、理解的和谐氛围。应该切记：尊重他人就是尊重自己。

5)为船员制定一个合适的目标

船员在工作中都具有一定的自我目标。船长要清楚地认识和帮助船员制定适合自己情况的目标。在帮助船员制定工作目标时，不要一下子制定太高，而要符合各自的实际情况。有些人认为制定高目标可以激发人们的斗志，但是如果大多数人都觉得这种过高目标是不可能达到的话，其结果将是整个团队对此失去信心。

综上所述，如果船长们多用鼓励的方法来领导船员、尤其是管理有文化、有知识、有思想的船员的话，那么，船舶管理水平肯定会上一个台阶。记得有一句话是这样说的："你可以把马牵到河边，却不能强迫马儿喝水"，如果把这句话套用在我们的管理上，何尝不是如此。除非它愿意，否则马儿是不会喝水的。鼓励船员的士气的道理也是一样，除非船员具有发自内心的愿望，否则再多的鞭策其收获也是甚微的。

总之，通过参加"驾驶台资源管理"研修班的学习，给我在管理船舶的工作中将带来很大的提高，也使我更明确了怎样充分发挥和调动团队工作的积极性。一个船长的一举一动都将对船员的工作情趣和工作效力带来一定的影响。而通过驾驶台资源管理的学习，启示我们应采用现代管理知识，进一步加强人性化的管理，为船员在船上营造一个和谐的工作与生活环境，同舟共济，确保船舶营运的高效和安全。

十、驾驶台资源管理理论指导实践的几点体会

上海远洋运输公司船长　丁经国

1. 前言

驾驶台资源管理(BRM)在当前的航海界是个比较时髦的名词。它是在北欧航空公司为有效防止各类空难事故发生而实施"驾驶舱资源管理(CBM)"培训的基础上,结合船舶安全的实际情况进行了深入的研究以及对安全管理思路的探讨,揉合了现代《管理学》的理论,形成了相对独立的船舶安全管理理论体系,以期有效控制诸多因素对水上交通安全的影响,并最终达到预防和控制船舶各类事故发生的目的。

就传统的航海知识领域而言,BRM 管理理论可以说是一门新的科目,按学科分其当归属于《管理学》的范畴。就 BRM 的现代管理理论相对于庞大、严密而完整的《管理学》理论体系来说,它形成的时间并不很长、也不够那么完善,但由于其从航海安全管理的实际出发,将可能影响船舶安全的诸多因素作为研究的切入点,并采用了现代《管理学》中最新的研究理论、成果、经验、方法与理念,使之更为贴切于船舶的实际操作,因而显示了其强大的生命力。该理论在提高我们对现代化船舶的管理技能、保障船舶的安全、指导我们的实际工作,大有潜力可挖,且其作用将是不可低估的。

2. BRM 理论的作用

涉及船舶的管理可以分为很多层次和方面,从某种程度而言,它可以说是错综复杂的。但无论如何,一条船管理得好坏、安全与否与船舶管理者的管理理念和管理水平的高低是密不可分的。

作为船舶的管理者,每日需要处理的事情很多,但能否在繁忙的日常管理中把握重点、利用一切有效的资源并有条不紊的将船舶的各项管理工作做好,是需要相当学问的。

过去,在船舶的管理中我们偏多注重的往往是实际操作层面上的问题,有头痛医头,脚痛医脚的现实问题存在,没有或很少从深层次的理论层面去发问、去思考,多数情况是要等发生了问题再去找原因(找到的原因也可能是浅层的或表面的),从而工作中非常被动、成为事后诸葛亮。

要想改变船舶的现实管理状况,管理好一条船,并确保船舶的安全,管理者需要彻底更新管理理念和不断提高管理水平。BRM 管理理论体系为我们提供了相当实用的有效工具。它从理论的高度、从最底层的角度对问题进行思考并寻找发生问题最根本的原因,同时用理论来指导实践,以防止可能发生的失误,所有这些值得我们认真学习和运用。

因此,船舶管理者管理理念的更新,对船舶的管理和安全是相当重要的。对同样出现的一个问题,在掌握了 BRM 管理理论的前提下,我们的思考与分析同过去相比就会自觉换一个角度,就会自觉地运用 BRM 管理理论来进行深层次思考和分析,这对船舶管理者管理水平的提高、防止船舶的事故来说,将会产生一个"质"的飞跃。

3. 运用 BRM 管理理论指导实践有感

BRM 管理理论是一个完整的系统,其包括了很多方面的管理理论知识,就自己在船舶管

理工作的实践感受而言，以下就其中的部分理论来谈一些个人的体会。

1)驾驶台团队的作用

现代管理理论与实践均已证明："团队的能力大于个人的能力，团队的作用也大于个人的作用，团队的能力高于个人能力的简单相加"，因此，卓越的领导就其个人能力而言，并不需要他是全才。

在船舶的日常管理和工作中，我们的体验也确实如此。如在船舶各项技能的掌握方面，作为船长，理应是驾驶员中水平最高的，但由于各人的分工不同，每个人各有所长，船长在船也不可能掌握其全部。如对船舶的货物配载技巧而言，你就可能不如大副；在掌握船舶导航仪器的使用方面，你也可能不如二副；在掌握报房设备方面，你可能不如报务员或实际负有管理该项设备责任的驾驶人员；在把握船舶机器修理和维护方面，你更不可能超过轮机员，可以说连机工都不如，如此等等，举不枚举。同时，由于每个人的知识面、能力和精力都是有限的，船长不可能掌握船舶的全部知识和技能。

另外，在当今新科技不断发展的新形势下，诸葛亮事必躬亲的管理模式也已经落后。因为，船舶的全体船员就是一个团队，管理者在团队中的作用就是如何使团队的每个成员紧密地团结在其周围，各司其职，尽心尽力共同高效地完成生产任务，要学会用管理科学来创建高绩效的团队。本人在阅读《水煮三国》的文章时，看到和学到了"箍水桶"的学问。其意义深刻，特摘录如下："公司就象一只木桶，一只木桶能装多少水取决于最短一块木板的长度，而不是最长的那块。其次，一只木桶能装多少水，还取决于木板与木板之间的结合是否紧密，如果木板间存在缝隙或缝隙过大，同样无法装水，一个综合能力比较优秀，其仅仅是个人的力量，一个团队的战斗力，不仅取决于每一名成员的能力，也取决于成员之间的相互协作，相互配合，相互团结，这样才能平衡，紧密地结合成一个强大的整体"。这段话是非常有哲理的。同时，团队合作的过程是一种永无止境的过程，虽然合作的成败取决于各成员的态度，但是，维系良好的合作关系却是领导(船长)责无旁贷的工作。可以肯定的是：管理者是团队的"凝结核和灵魂"。

2)船舶管理者管理模式的改变

船长作为一船之长，要保持自己在船的威严，这无可厚非，但过分的威严往往会形成"老虎式"的管理方法。从现代管理学的角度来说，这种专制式的领导方式是不合时宜的。作为管理者必须了解和不断地学习新的管理方法与模式，要能充分利用和发挥团队的智慧和力量，要使每个船员思考起来和负起责任来，让他们敢于提出自己的见解或否定的意见来。坚持有团队合作的精神，避免一言堂，这对管理好船舶以及保障船舶的安全是大有作用的。

举例而言：如船舶在穿越密集的渔船群时，当时海面捕鱼船的背景灯光很亮，此时又有灯光比较暗的渔船夹在其中，船长可能为忙于避让操船而又未能及时发现。此时，当值驾驶人员却发现了这种情况，他以为船长可能知道，加上由于该驾驶人员以前可能在相同的情况下提醒过船长而被船长认为是多话训斥过，所以慑于船长平时的威严而不敢多言。因为他怕提醒船长而再遭训斥，这样可能会造成他不提醒或提醒不及时的现象，而这种情况可能会造成不堪设想的后果。这方面的例子还可以举很多，此处不再赘言。

3)"失误链"的概念

"失误链"的概念对于船舶的安全工作显得尤为重要，一个事故的发生，因单一因素而造成的非常少见，往往是多个因素的综合体，对每一起事故的事后分析，一般均能找到一条完整的"失误链"，这如同本公司安全警示片中"每人只错了一点点"的案例那样，每个人小小错误的积累，就可能会酿成一起船毁人亡的重大事故。

研究证明,人的潜力是非常大的,同一个人,对待同一项工作,取用不同的工作态度和责任心就会产生截然不同的结果。现代船舶的管理模式,更凸现了人的重要,可以说对船员的管理是船舶管理者管理船舶一切要务的重中之重,因为它是切断“失误链”形成的一个最重要环节。为此,作为管理者要学习领导艺术,要了解如何调整船员的工作心态、如何激发船员的工作积极性和责任心,要使每个船员做每项工作时做到最优化,并严格遵守操作规程,切断可能形成的“失误链”,将一切事故消灭在萌芽状态。以上这些对船舶的管理者而言确实大有文章可做。它也富含艺术性,如运用得当,必将发挥事半功倍的巨大作用,反之也可能会走向反面。

4)沟通与协调

加强船员间、船舶部门间包括与外界的沟通与协调是管理者的基本功,也是管理者必须学习与掌握的,从管理的定义角度来分析不难看出沟通与协调的重要。事实也是如此,一条船的人际关系和谐与否、效率的高低、政令的贯通程度等等均离不开管理者与被管理人员之间的沟通与协调,其好坏直接影响到船舶管理的方方面面。

举例如下:我所工作过的“荣河”轮有四名菲律宾船员,由于他们首次来中远工作,生活不习惯、语言沟通有障碍,工作方式与外轮也不尽相同,一开始各方面确实有些问题,他们非常苦恼,问题也就接踵而来。为此,船上利用了早上工前会及一切时机开展了长时间大规模的英语培训,加强全体中国船员与菲律宾船员的语言沟通交流的能力,并给菲律宾船员生活上的一切便利,因此在不长的时间里,菲律宾船员已融入了我们的工作与生活。他们深切感觉到自己在中远船舶上工作心情非常舒畅,所以工作效率与积极性也大有提高。

5)加强“情景意识”

加强“情景意识”,提高紧急情况下的应急能力,这是作为管理者必须思考的问题。航海是项高风险的行业,随时随地均可能遇见各种风险,事先的准备是完全必要的,面对紧急情况有无应急预案其结果也肯定是不相同的,临危不乱,不是口中说说的,也不是一般人所能做到的,故管理者,特别是船长对可能出现的紧急情况应事先有情景意识,要做到心中有谱、有底,出现问题后要有对策和应变能力,靠临时抱佛脚其后果可能是很严重的。宁肯备而不遇,而不要在遇到时措手不及。事故处理的初始阶段是非常关键的,处理得当,往往会大事化小,小事化了;反之就可能会手忙脚乱,因小而失大,将本来可以缩小或避免的事故扩大了,这方面的事例也是举不胜举的。

4. 结束语

作者虽以前也曾学过管理专业,但通过 BRM 管理理论的进一步学习,自己确实很受启发,感受到以前学到的一些管理知识在现代船舶管理方面有点落伍了,一些已有的管理理念也有点跟不上趟。对一个船舶管理者而言,我们所需要的不仅仅是学习书本上的知识,也不仅仅是聆听各种各样的教诲,新的 BRM 管理理论更需要的是我们去不断的实践与体验,愿 BRM 管理理论能更新现代船长的管理理念,愿我们的船舶管理更上一层楼,愿我们的船舶更安全。

参考文献

[1] J. Swift. Bridge Team Management[M]. The Nautical Institute UK. Great Britain, 1993.

[2] SAS Flight Academy. Bridge Recourse Management[M]. Student Book Edition 6. Sweden, 1997.

[3] Maritime Simulation Rotterdam. Bridge and Engine Resource Management[M]. Netherlands, 2002.

[4] California Maritime Academy. Bridge Recourse Management with Simulator Seminar (Participant Guide)[M]. USA, 1998.

[5] Orient Overseas Container Line LTD (OOCL). Handout for Bridge Resources Management Course [M]. China, Hong Kong, 2001.

[6] IMO. Guidance on Fatigue Mitigation and Management MSC/Circ[S]. 1014, 2001.

[7] 上海海事局《航运公司安全管理体系内部审核培训教程》编委会. 航运公司安全管理体系内部审核培训教程[M]. 上海：上海交通大学出版社，2005.

[8] 沈肇圻. 国际安全管理规则和港口国监督问答[M]. 大连：大连海事出版社，2001.

[9] 古文贤. 船舶运输安全学[M]. 大连：大连海运学院出版社，1995.

[10] 陈宝智. 安全原理[M]. 北京：冶金工业出版社，2002.

[11] 乔归民. 关于船长权力的思考[J]. 中国航海，2006 年第一期.

[12] 周三多，陈传明，鲁明泓. 管理学——原理与方法[M]. 上海：复旦大学出版社，1999.

[13] 崔国璋. 安全管理[M]. 北京：中国电力出版社，2004.

[14] 徐新中，段庆礼. 国内安全管理规则与实施[M]. 大连：大连海事出版社，2003.

[15] 杨杜. 管理理论[M]. 北京：中国人民大学出版社，2001.

[16] 吴玉良. 团队为王：凝聚群体的力量[M]. 北京：中国物资出版社，2004.1.

[17] 章义伍. 如何打造高绩效团队[M]. 北京：北京大学出版社，2003.9.

[18] 赵慧军. 管理沟通—理论·技能·实务[M]. 北京：首都经济贸易大学出版社，2003.

[19] 张静河. 跨文化管理[M]. 合肥：安徽科学技术出版社，2002.

[20] 管永义. ISM 规则与海事案例分析[M]. 大连：大连海事出版社，2003.

[21] 陈伟炯. 船舶安全管理[M]. 大连：大连海事出版社，1998.

[22] 尤庆华. 船长、引航员的关系与船舶安全[J]，中国航海，2005 年第一期.